現代の経営組織論

文　載皓［編著］

郭　智雄・村瀬慶紀・北野　康［著］

創 成 社

はしがき

　世の中に満ち溢れている組織は，今後の役割や方向性を決める岐路に立っている。それほど現代組織を取り巻く環境は時事刻々目まぐるしい変化の中にある。

　このような環境の中，本書が「組織とは何か」「組織はなぜ重要なのか」「組織の役割は何か」という根源的な問いはもちろん，「現代の企業組織はどのように発展しているのか」「近未来の組織はどのような形態と役割を果たすのか」というさらに高次元の問いに答えることの一助となることを期待している。一昔前，「なぜ学生たちに学問の進歩が見られないのか」という素朴な疑問に対し，「世の中にまともな教科書がないから」といった先輩の不思議な理由づけに接したことがある。そういった面では率直に少々不安もある。

　本書は全体として3部で構成されているが，各々4章ずつでその詳細が記述されている。第1部では組織と一般理論，第2部ではマクロ組織論，そして第3部ではミクロ組織論について検討した。第1部では組織の意義，組織論の理論的展開，組織の発展，未来の組織について取り上げた。とりわけ経営組織理論をモダン・アプローチとポストモダン・アプローチに区分し，時系列的に発展してきた諸理論について取り上げた。前者のモダン・アプローチには，古典的組織論，新古典的組織論，近代的組織論，適応的組織論がその範疇に入る。後者のポストモダン・アプローチでは，戦略的組織論，文化的組織論，創発的組織論，社会的組織論について検討した。紙面の制約上，現代の経営組織論をすべて網羅することはできないが，オーソドックスな組織理論について触れる貴重な機会となることを期待している。特に，第4章では近未来で現れるであろうと思われる組織の特徴とその事例を取り上げ，他の書物との差別化を図った。第2部のミクロ組織論ではコミュニケーション，モチベーション，組織コミットメント，コンフリクト（葛藤）について取り上げた。そして第3部のマクロ組織論では，組織構造，組

織学習，組織変革，組織文化を主なキーワードにしている。

　本書の執筆メンバーは，日本マネジメント学会の役員あるいは会員で構成されている。各章に学習目標とまとめを設け，本書を学ぶ読者の理解が深められるように工夫している。大学や企業研修においてテキストとして利用されることを想定し，現実の経営組織がどのような方向性を目指して発展および変化しているのかについて取り上げた。

　最後に，執筆者を代表して，本書のために献身的にサポートしてくれた創成社の塚田尚寛社長と編集担当の西田徹さんに深甚なる感謝の意を表する。

2023 年 4 月

文　　載皓

目　次

第2部　ミクロ組織論

第 **1** 部

組織と一般理論

第 *1* 章

組織の意義

学習目標

1　組織がなぜ重要なのかについて明らかにする。
2　組織と市場との関係について検討する。
3　経営組織の基本的な課題について理解する。

はじめに

　現代社会を生きている私たちは何らかの形で日々組織と関わっている。それらの形態は趣味が同じで集まる同好会から，学校，病院，軍隊，警察，官庁，グローバルな事業展開を行っている多国籍企業まで実にさまざまである。これを「組織の偏在性」という。すなわち，世のあらゆるところに組織が散在していることを意味する。「少子高齢化が急激に進行する中，未来の成長動力をどこで見つければいいのか」と毎日腐心しているのは多国籍企業の最高経営責任者たちだけではないはずである。家庭の崩壊が懸念されている中，よく考えてみれば，この家庭も組織の最も基本的な単位の1つであろう。いずれにせよ，私たちはこれらの組織と無縁で人生を歩むのはとても不可能であろう。

　しかし，私たちが意識する組織という存在は実に漠然とした抽象的なものが多い。実際には毎日のように触れ合うスーパーの職員，電車の乗務員，ビルディングの受付のカウンターの女子職員などのような身近な存在から，不祥事などを起こしたと報道される多国籍企業のミスコンダクト，電気自動車やス

ペース X など奇抜な発想に満ちている優れた外国籍の経営者など，意外と限られた範囲でしか組織の実態を把握できないかもしれない。さらに近年のパンデミック下で国民のワクチン接種を担当している政府の中央組織や地方自治体組織などのような非営利組織までに範囲を広げると，ますますその実態を把握することは容易ではない。それほど組織は，その形態の多様性や数の多さをあえて語らなくても私たちの日常の生活にかけがえのない存在になっている。

　では現在，社会において数多く存在する組織はいつごろから急激に増加したのか。現在のような規模や重要性を備えたものが出現したのは，人類の歴史の中でそれほど古くない。現代社会に見られるような組織の形態が存在するようになったのは産業革命や大規模組織の発展がきっかけであるという。これらの組織が重要な理由についてダフト（Daft, 2001）は以下の 7 つの要因を取り上げている。

①　資源を結集して望みの目標と成果を達成する。
②　商品やサービスを能率的に生産する。
③　イノベーションを促す。
④　近代的な製造技術とコンピューター・ベースの技術を活用する。
⑤　変化する環境に適応し，環境に影響を与える。
⑥　オーナー，顧客，従業員のために価値を生み出す。
⑦　多様性，倫理，従業員の意欲と統制にかかわる挑戦課題に取り組む。

　このように個人の力ではとてもできなくても，組織を作ることによってさまざまなミッションの達成が可能なことは組織の有する「正」の側面として認識される。しかし，組織を作ることによって生じる「負」の側面や逆機能があることも否めない。例えば，地球温暖化に代表される環境問題や公害問題，政治との癒着を通して行われる不祥事の問題，法制度の死角を利用して行われた人権・労働問題なども決して看過できない。

　経営学という学問分野で先進国の地位を手に入れている米国に限って考えてみても，特に組織論という学問分野はせいぜい 100 年足らずの歴史しか有していない。科学的管理法という優れた経営管理手法を発見したテイラーから，官

僚制を制度として考案したウェーバー，管理過程理論の普遍性や一般性を世に広げたファヨールという古典的な管理理論をその起源と見なしたとしても，組織に対する研究は現代に入ってから飛躍的な発展を成し遂げたといえるであろう。さらに，その後に展開された近代組織論も，その分野が行動科学的組織論，意思決定論的組織論，コンティンジェンシー理論，コンフリクト理論，システム的組織論など詳細に分かれていたとしても，その歴史は発展途上にあるといっても過言ではない。具体的な理論の特徴の考察については，第2章で触れることにする。

　一方で，1990年代以後，急に現れたグローバル化，ICT化，モノづくりルールの変化などに代表される経営環境の急激な変化に戸惑いを隠せない経営者たちも後を絶たない。このような時々刻々新たな経営環境の変化に直面している企業の経営者たちは，メガ・コンピティションが「毎日のように，一定の条件として，当たり前のように偏在している」ことを自覚してすでにかなりの年月が経っているといえる。もちろん組織存続の条件として，それらへの機敏かつ的確な対応も問われている。このような状況では当然のように，今日の大組織の経営者たちにかけられているプレッシャーは想像を絶するのである。組織が世の中の変化についていけない光景すらしばしば目撃されている。そのような光景を目の当たりにし，一部の性急な研究者たちの中には組織無用論まで主張する声すらある。

　さらに，1990年代後半以後，日の企業経営には収益性追求以外に，経営理念や経営哲学に社会性や倫理性までを含んだより複雑な経営環境への対応を要求する声はもう珍しくない。これらの動向への対応はもはや選択ではなく，避けられない関門として認識され，場合によっては多様なステークホルダーからの評判（reputation）が経営戦略の一部として認識されている。

　本章では，「組織の意義とは何か」「組織と市場との関係は何か」「組織の構成に必要な要素には何があるか」「近年の組織の課題には何があるのか」について明らかにする。

第 1 節　組織とは

「現代は組織の時代」といわれている。先述したように，現代社会を生きている私たちは何らかの形で組織と関わっており，場合によってはこれらの組織なしでは生きていけないのが現状である。この組織の概念を紹介する際に最も多く取り上げられているのがバーナード（C. I. Barnard, 1938）の定義であり，「2人以上の人々の，意識的に調整された諸活動，諸力の体系」とされている。バーナードは組織を「協同システム（cooperation system）」としてみなし，単なる集団ではなく，人間の行動システム化された社会的作用として捉える。彼はもともと協同努力の考察から組織概念を導き出したが，主著である『経営者の役割』の執筆過程において協同システムの概念を新しく取り入れたことが知られている。

また，ダフト（2001）によれば，「組織とは，①社会的な存在で，②目標によって駆動され，③意図的に構成され，調整されるシステムであり，外部環境と結びついている」とされている。さらに，田尾（2012）は「組織とは，何かをなすためのヒトの集合であり，そのためにヒトを動員させる仕掛けであり，システムである」と定義している。

さらに，車戸（1985）は，組織の次元について①「企業や学校という具体的な実在物」を意味する組織体（organization entity）として捉える視点と，②その組織体における「秩序づけられた人間の活動の体系」として捉える視点という2つがあることを強調している。すなわち，社会的存在物である以上，本来の目的達成のために構造化された時に，その集団を組織体として呼ぶにふさわしいという視点だけでなく，その組織体の組織目的を達成するための具体的な活動や仕事として組織を捉える視点も重要であるという。

しばしば登場する「経営組織」という用語は，「経営という機能を果たすために形成された組織」を意味しており，「経営管理組織」とも言われている（猪狩，1973）。この経営組織は，図表 1 - 1 のように，意思決定の体系を意味する狭義の概念と広義に分けて分類されている場合もある。

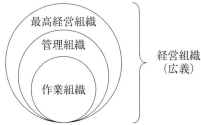

図表1－1　経営組織の次元

出所：車戸（1985），9ページ。

　さらに，バーナード（1938）は，組織が継続的に存続するためには以下のような前提が必要であるという。

① 組織自体が多くの参加者で構成されるが，彼らは相互に関連して社会的行動の体系を成している。

② 参加者とその集団はそれぞれ組織から誘引（inducements, incentives）を受け，その見返りとして貢献（contributions）を行う。

③ 基本的に，組織への参加者が継続的に参加する条件は「誘引≦貢献」である。

④ 参加者が提供する貢献が組織の参加者に提供する誘因を創り出す源である。

⑤ したがって，十分な貢献があり，その貢献を引き出すのに十分な量の誘因が提供される限りに組織は存続し続ける。

　また，組織が継続的に維持・存続するために必要とされる条件を「組織均衡（organizational equilibrium）」ないし「組織経済（organizational economy）」という（March and Simon, 1958）。ここでいう組織均衡とは，「組織がその参加者に対して継続的な参加を動機づけるのに十分な支払いを整えることに成功しているこ

と」を意味する。サイモンら（Simon, Smithburg and Thompson, 1950）は組織均衡の中心的な公準として以下の 5 つを取り上げている。

① 組織とは，組織の参加者である多くの人々の相互に関連した社会的行動の体系である。

② 参加者は組織から誘因を受け取り，その対価として，組織に対して貢献をなす。

③ 参加者は提供される誘因が提供する貢献と同じか，それ以上の大きさである場合に，組織への参加を継続する。

④ 参加者が組織へ提供する貢献が，組織が参加者に提供する誘因を作り出す源泉である。

⑤ 組織は参加者の貢献を引き出すに足りる誘因を提供するのに十分な貢献がある場合にのみ，存続可能である。

　個人が組織に参加する理由について森本（2011）は以下のように主張している。個人は自ら目標を設定し，それを達成するために努力をするが，その行動のプロセスにおいて多かれ少なかれさまざまな制約に直面する。そこで個人はその目標を変更するか，他の個人からの協働（cooperation）を求めることになる。この協働の仕組みを「協働システム」という。

　一方，その協働システムに参加する個人には，特定の目的を達成するために協働システムの中に拘束されるとともに，その目的達成のために貢献をしなければならない。さらに，その協働システムを造り上げた組織には，協働システムに参加した個人に対して，協働の結果として得られた成果を分配する責任が発生する。この両者の利害が一致する場合に，特定の目的のために生成された組織は継続的に維持できる。

　この組織均衡は，組織と個人をつなぐ重要な概念である。組織が組織成員に提供する「誘因」と組織成員が組織に対して行う「貢献」が均衡状態であることを意味する。先述したように，組織が成立・存続・発展するのに欠かせない条件として「誘因≧貢献」を満たさなければならない。これは企業とそれをめぐるさまざまなステークホルダーとの間にも適用され，数多くの誘因と貢献が

見られる。

　当然のように，組織が継続的に存続するという目標を達成するためには，個人の目標と組織の目標を一致させるなどの努力が伴う。組織の管理者は，個人の目標を組織の目標に反映させるために努力をし，また組織成員に対する動機付けを通して組織成員自らがそれらの目標を受容し，指示を受けなければならない。

　また，当該組織がその主な目的を達成するために強調される要因に「有効性（effectiveness）」と「能率（efficiency）」がある。ここでいう組織の有効性が，共通の目的を達成するためにいかなる手段を選ぶのかに関するものであるのに対し，能率はインプットをアウトプットへ変換する場合の比率に関わるものである（Simon, 1947）。これは経済学や経営学の出発点である「資源の希少性」が大前提である。すなわち組織にとって必要と思われる資源が世の中に無尽蔵にあるならば組織を造る意味はなくなるからである。

　次に，組織構造についてである。これは組織の分業状態と調整状態の安定的なパターンのことをいう。具体的には，軍隊組織に代表される最も古くから存在していたライン型組織をはじめ，職能別組織，事業部制組織，カンパニー制組織，持株会社制，プロジェクト組織，マトリックス組織などが取り上げられる。これらの組織形態は，組織が置かれた状況や環境によって最も望ましい組織形態が選択されることになる。

　近年，中小企業白書などに発表されている日本の企業数は 400 万社を超えている。さらに，従業員の数だけでいえば，米国の有名経済雑誌の 1 つとして知られているフォーチュン誌で毎年発表されている「世界で最も大きい企業 500 社（the largest 500 companies in the world）」の中には，ウォルマートのように 230 万人を超えるほどの規模を誇っている営利組織も存在するほどである。

　営利組織の形態である企業がこのように急増している背景には，さまざまな理由がある。具体的には，利用する技術が高度化していることや処理すべき問題や社会環境が複雑化していること（Galbraith, 1967），知識の増加とスピードの加速化（Bell, 1973），多様な要素間の相互依存関係が飛躍的に増大し，その複雑性がますます高まっている傾向（Huber and Glick, 1993）などがある。さら

に，かつて解決の主役であった個人や市場が果たす役割には限界があるため，組織の果たす役割はますます大きくなる傾向にある。

　それらの課題を解決するために必要とされる個人の解決能力の不足はいうまでもなく，完全競争を前提にして展開してきた市場の役割には「市場の失敗」にたとえられているようにさまざまな限界がある。さらに，政府の役割も多くの自己矛盾に直面し，実際に身動きがとれないと批判されている。

　組織論について語る場合，必ず登場する用語に組織行動論がある。組織自体を研究領域にしているのが組織論であるのに対し，組織の中の人間の行動を対象にしているのが組織行動論である。さらに，図表1－2が示しているように，論者によっては前者をマクロ組織論に，後者をミクロ組織論と区分している場合もある。マクロ組織論が組織の構造・変化・ネットワークなど組織の行動自体を研究対象にしているのに対し，ミクロ組織論は組織の中の人間行動を研究対象にしているのが特徴である。

　さらに，田尾ら（2010）が組織論と組織化論をあえて区分しているのも興味

図表1－2　組織論の体系

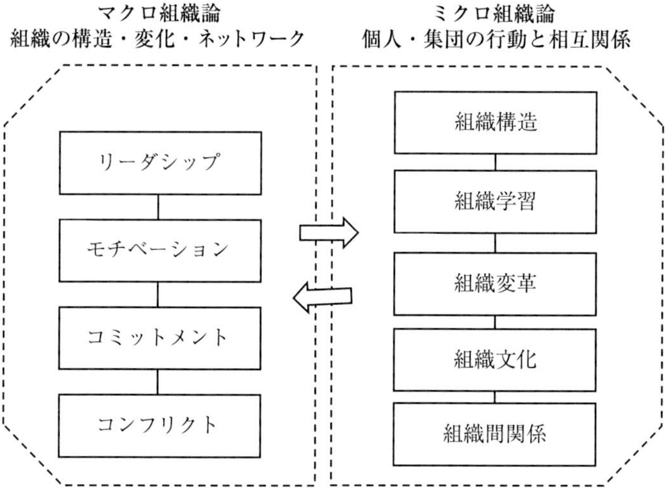

マクロ組織論　　　　　　　　　　　ミクロ組織論
組織の構造・変化・ネットワーク　　個人・集団の行動と相互関係

マクロ組織論	ミクロ組織論
リーダシップ	組織構造
モチベーション	組織学習
コミットメント	組織変革
コンフリクト	組織文化
	組織間関係

出所：筆者作成。

深い。すなわち，組織論が「今そこにあるものを研究対象」にしているのに対
し，組織化論は組織の流れ・過程・変化に現れている生物学的かつ生理学的な
視点で「組織の生成過程」について論じている。

　さらに，経営組織論の対象領域の基本単位を個人―集団―組織とするが，当
該組織とその他の組織との関係を規定する組織間関係まで含むとさらに分析範
囲が広がる。

　組織を対象にしている学問領域には，経営学をはじめ経済学，法律学，行政
学など広範囲に広がる。それほど組織には多岐にわたって議論されなければな
らないさまざまな課題が山積している。組織の中の個人については，心理学，
社会学，社会心理学，政治学などにも及んでいることが現実である。これにつ
いてロビンス（Robbins, 2005）は，主に組織の中にいる個人について取り扱う
学習，動機付け，パーソナリティ，感情，訓練，個人の意思決定，職務満足，
業績評価，態度測定，職務設計，ストレスなどが心理学に，ワークダイナミッ
クス，ワーク・チーム，コミュニケーション，地位，パワー，コンフリクト，
組織変革，組織文化などが社会学に，そして行動変容，態度変容，コミュニ
ケーション，集団の意思決定，集団過程などが社会心理学に関連する領域とし
て認識している。

第2節　組織と市場

　組織が世の中に存在する理由について説得力のある根拠を示した著名な経済
学者にコース（R. H. Coase）がいる。彼はノーベル経済学賞の受賞者でもある
が，1937年に発表された論文「企業の本質」（The Nature of the Firm）を通し
て，世の中に組織が必要な根拠を取引コストで説明している。すなわち，組織
がその取引コストを節約するための有効な手段となっているという。

　さらに，「組織は戦略に従う」という命題で有名なチャンドラー（Chandler
Jr., 1977）は，ありとあらゆる調整を余儀なくされている市場メカニズムより
は，企業の経営管理者によって行われる経営管理的調整が市場や製品と関連す
る取引コストを削減できるという。

　コースは契約の特性を取り上げ，契約が成立する時，それぞれの取引コスト
が必要となる短期契約よりは，将来に対する予測の難しさの故に，取引に関わ
る人々のリスクに相対的に対応しやすい長期契約が望ましいと主張した。これ
を「不確実性」（uncertainty）の問題といい，これらの問題に対応するために
は，市場メカニズムより企業内取引の方が取引コストを減少させる優位性を有
するという。ここでいう取引コストとは，個人間，または組織間で取引が行わ
れる際に必要とされる費用のことをいう。具体的には，新しい相手を探す費用
を意味する探索費用，当事者間で取引上問題があったら調整する費用である調
整費用，取引相手を変える費用である変更費用，そして相手に信頼を得るため
にかかる費用を指す信用形成費用などがある。

　コースによって提起された企業の生成原理は，さらにアロー（Arrow, 1974）
とウィリアムソン（Williamson, 1975）により体系化された。彼らが共通に取り
上げた取引コストの概念は，もともとコモンズ（Commons, 1951）が主張した概
念である。コモンズによれば，当時のアメリカ人は生計を立てるために組織化
された企業の一員として集団的活動を余儀なくされたという。したがって，諸
個人の意志はそれらが合致された組織の「集団的行動（collective action）」とし
て現れる。集団的行動が支配的な現代における個人の行動は，個人的行為であ
ると同時に，実際には「諸個人間の行動（trans-action）」となるため，経済分
析の基本単位は「取引（transaction）」になるという。

　その後，ウィリアムソン（1975）は，伝統的な経済理論では無視されがちな
この取引コストの概念を用いて，大規模化や官僚制化した組織は「組織失敗」
に陥りやすいことを力説した。彼によれば，この組織失敗の枠組みは，基本的
に不確実性と少数性（small numbers）という環境の諸要因，および「限定され
た合理性」（bounded rationality）と「機会主義」（opportunism）という人間的諸
要因との結合から発生すると主張した。そして「不確実性」「複雑性」と「機
会 主 義」が 絡 み 合 っ て 派 生 的 に 発 生 す る「情 報 の 偏 在」（information
impactedness）と，特定の取引に限定される種類の打算的な関係を助長するこ
とから生ずる「雰囲気」（atmosphere）という要素が加わる。つまり，これら
の7つの諸要因がもたらす取引上の困難を抑制する点で，市場メカニズムに対

して組織が優位に立つということである。

　ここでいう「限定された合理性」とは，人間の合理性には限界があるため，人間は問題の複雑性のすべてをとらえることができないことを意味する。言い換えれば，人間は不完全な情報処理能力しか有していないため，結果的に完全ではないが，受容できる範囲内で見られる選択肢の中から意思決定を行うことになる。これは後述する「経営人（administrative man）」モデルの最も根源的な前提となっている概念であり，意思決定のルールとして最適化ではなく，満足化ルールの採用が大前提となることを意味する。

　そして「機会主義」とは，日和見主義ともいわれるものであり，古典経済学で取り上げている人間の行動の前提を指しており，個人が行動する目的は自分の利益の最大化を目指していることを意味する。言い換えれば，この問題は，ある個人が自己利益（self-interest）を自由に追求するという面から発生するものである。これは場合によっては人間の行動するパターンの1つとして情報を戦略的に操作したり，意図を偽った形で伝達したりするような形でも現れる。

　これらの問題は，エージェンシーコスト・アプローチという観点から取り扱った場合に，必ず登場する。取引が「契約」という形で進められているのが一般的であるため，最初から発生しうるすべての問題を想定できない。したがって，取引当事者間ではモラルに反しない範囲内で利己的な行動をとろうとしている。これは自己利益の追求と戦略的な行動として，経済学の分野では古くから重要な課題として取り扱ってきたといえる。一方で，機会主義を回避するために，取引当事者間の相互の利益に合致させるためのインセンティブを提供する必要がある。これは，相手の行動を監視したり，成果の報酬を計算したりすることによって実現される。

第3節　組織の3要素

　バーナード（1938）の主張した組織の3要素には，①組織の構成員の共通の目的（common purpose）の達成，②個々の構成員のコミュニケーション，③貢献意欲（willingness to serve）を結集することがあげられる。

　これを基準にして「信号待ちをしている群れを組織体として見なせるのか」という問いについて考えよう。この組織 3 要素を構成するものから分析すると，そこには確かに 2 人以上が集まっている条件はクリアしているが，共通の目的がない点，人々の間でコミュニケーションをとっていない点，そして相互に協力する意思がない点から組織というカテゴリーには入らない。

　では，ここで組織の 3 要素について具体的に考察する。

　まず，組織の構成員の共通の目的は組織目標のことを指し，これは組織有効性と関わっている。バーナード（1938）によれば，組織有効性は，組織目的の適切性（relevancy），組織目的の達成（attainment），組織目的の達成度（degree of accomplishment）からなっているという。組織目標は「組織が達成しようとしている状態」のことを意味する。当然，組織成員によって共有されている目標のことをいう。この組織目標を共有しないと，組織の中にいる個人は自分の利益のみを追求することになる。

　この組織目標は次の 3 つの機能を有する（田尾，1991）。①「組織の行動基準を作り出し，組織のまとまりを作り出すこと」，②「組織の内部にいる人間と外部にいる人間を区別する基準を作り出すこと」，③「組織目標を共有することで組織メンバーにある目標に対して協力関係をもつこと」である。さらに，田尾ら（2010）によれば，この組織目標は，組織の階層化とともに自然に階層性を有するという。上位の階層にある目標が先に決まり，その目標の範囲内で下位目標が編成される。

　ダフト（2001）は図表 1 - 3 に示しているように，ミッション，オペレーション上の目標，組織全体のパフォーマンス目標，経営資源上の目標，市場目標，人材開発における目標，イノベーションと変革における目標，生産性の目標に分けて組織目標の詳細について明らかにしている。

　そして当該組織の目標を効率よく達成するためには，基本的なルールに従って組織を作ることが求められる。これを「組織の編成原理」という。この組織の編成原理は，分業と調整の原理によって運営されるべきである（十川ら，2013）。すなわち組織成員一人一人が担当可能な単位に職務を分ける作業をし，その後，その仕事を割り当てるプロセスが必要である。この分業によって生産

図表1−3　組織目標のイメージ

項　　目	内　　容
ミッション	組織のビジョンや共有の価値観，信念や存在理由を描くもの
オペレーション上の目標	組織の実際のオペレーション手順によって求められる目標
組織全体の パフォーマンス目標	純所得，EPS，ROIという形で表される収益性
経営資源上の目標	必要とされる原材料と財務的資源を環境から獲得するもの
市場目標	組織が望むシェアや市場での地位と関連する目標
人材開発における目標	従業員の研究，昇進，安全，成長に関する目標
イノベーションと 変革における目標	内部の柔軟性と環境の予期しない変化への即応性とかかわる 目標
生産性の目標	利用できる資源で達成されるアウトプットの量にかかわる目 標

出所：ダフト（2001），31～34ページを整理。

性が急激に高まることを理論的に証明したのが，アダム・スミスのピンの製造
過程である。スミスが『国富論』で明らかにした分業の効果は，分業によって
生まれた生産性は，分業なしで行われた結果より240倍も向上する効果があっ
た。さらに，分業した仕事は事後的に何らかの形で統合する必要が生じる。こ
の統合作業が調整というプロセスである。例えば，同じ工場で働いている工具
の中でその熟練度の高低によって作業速度が異なったり，作業環境や状況に
よって標準化された作業ができなかったりする場合が生じることもありうるた
めである。
　第2に，コミュニケーションについてである。これは組織目標を達成するた
めに必要とされる中心的な要素として認識されている。なぜならこのコミュニ
ケーション能力が組織の構造，範囲を決めてしまうからである。このコミュニ
ケーション・システムをいかに設計するのかによって，実際にその迅速性や正
確性が決まる。そしてコミュニケーションは，経営者が各経営管理活動・職能
を遂行するための手段としての役割も果たす。
　このコミュニケーションをいかに図るかという課題は，社会心理学や言語学

の領域で個人間の課題はもちろん，経営組織の中で働いている個人の問題や組織間のコミュニケーション問題を取り扱っている経営学や組織論の領域でも重要なテーマの１つである。具体的には，社内調査のアンケートの結果をみても，このコミュニケーションの問題はその重要性がますます高まっていることが明らかである。あらゆる人間関係で生じうるさまざまなコンフリクトの原因もこのコミュニケーションの問題抜きでは語れない。

　まず，コミュニケーションとは何か。1978 年にノーベル経済学賞を受賞したことでも著名なサイモン（Simon, 1976）によれば，「組織のあるメンバーから別のメンバーに，決定の諸前提を伝達するあらゆる過程である」と定義されている。さらに，彼は組織についても，「意思決定とその実行のプロセスを含めた，人間集団におけるコミュニケーション及び関係のパターン」であると定義し，コミュニケーションがいかに重要な要因であるかについて強調されている。

　さらに，コミュニケーションを送り手と受け手間で行われる情報の交換過程として見なし，両者間に影響し合う過程として認識している場合もある（奥

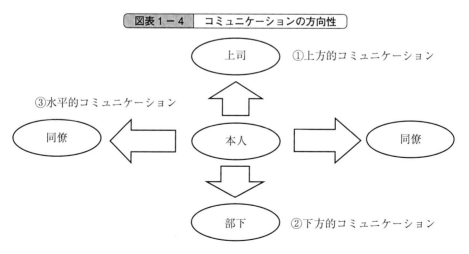

図表１－４　コミュニケーションの方向性

上司　①上方的コミュニケーション

③水平的コミュニケーション

同僚　　本人　　同僚

部下　②下方的コミュニケーション

（注）矢印はコミュニケーションの方向性を指す。
出所：ロビンス（2005）。

村，1997）。両者間の情報交換を通して「なんらかの効果」が期待されていることが必要であるという。ここでいう情報の送り手と受け手は，個人になったり，グループになったり，組織になったりすることもあり，コミュニケーションの質・量・次元・レベルが異なっていくであろう。

　このように，円満なコミュニケーションなしでは組織成員間の意思決定は実行できない。個人が有する優れたアイデアも他の組織成員に的確に伝達されない限り，組織が形成され，維持または発展することは期待できない。

　ではコミュニケーションはいかなる方向性を持って行われるのか。コミュニケーションは図表1-4が示しているように，コミュニケートをどの方向にするかによって，①上方的コミュニケーション，②下方的コミュニケーション，③水平的コミュニケーションに分類することができる（Robbins, 2005）。次に，個人間のコミュニケーションは，①口頭でのコミュニケーション，②書面によるコミュニケーション，③非言語コミュニケーションなどがある。

　さらに，コミュニケーションは基本的に発生 → 伝達 → 受理 → 行動 → 媒体 → 定式化というプロセスを経て行われるが，一回で終わらないため，必ずフィードバックによって問題点などが修正されないと，高度のコミュニケーションは期待できない。

　車戸（1985）によれば，コミュニケーションは基本的に公式コミュニケーションと非公式コミュニケーションに大別されるという。前者は「情報，声明，見解，指令が組織を通じて伝達される手段を与える」ので，これによって「命令，権限，責任，職位などの関係」が示される。後者の場合は，職場での口コミ，人づて，噂を意味する「グレープヴァイン（grapevine）」といわれるものであり，公式コミュニケーション以外に発生するコミュニケーションの形態をいう。非公式コミュニケーションのメリットとしては，①伝達の速さ，②選択的かつ識別的に行われる点，③公式コミュニケーションの補完などがあげられる。

　第3に，貢献意欲についてである。これは「個人の努力が組織目的に貢献する意欲」のことを指す。組織に対して個人的に努力するものには，忠誠心，団結心，団体精神，組織力などがある。個人の貢献意欲を引き出すためには，組

織リーダーによるリーダーシップの発揮が必要不可欠である。この貢献意欲は，先述した誘因と貢献のバランスの維持の有無によって変動する可能性がある。すなわち地位，階層，名声，報酬，能力などにおいて貢献より誘因が少ない場合，組織の中の個人は組織目標の達成のために熱心に取り組むことに消極的になるのは当然のことであろう。

第4節　今後の課題

　ここでは組織が抱えている近年の主な課題について取り上げる。

　第1に，組織への倫理的価値観の取り入れである。近年，企業に対して「公器（public entity）」としての倫理性または社会性を強力に要求する動向がある。企業倫理先進国として知られている米国においては，行政，社会活動家，マスメディアなどによって大企業の経営活動に対して厳しく責任が問われる場面がしばしば目撃されている。全世界にある企業のランクづけを行う基準では，過去において最も重視されていた企業の財務力以外に，倫理的水準を問う指標が評価の重要な項目として取り入れられている。例えば，近年，世間でよく知られている雑誌であるフォーチュン誌やニューズウィーク誌は，全世界の企業を対象にランク付けを行う基準として，財務力とCSR活動水準をほぼ同じ割合で評価している。換言すれば，従来まで1つであった物差しに，もう1つの評価基準が付け加えられていることを意味する。

　歴史的にCSR（corporate social responsibility）は二度注目されるようになった。1回目は1970年代の米国を中心に現れたCSRであり，2回目が1990年代後半のヨーロッパを中心に進展しているCSRである。

　まず，1970年代に米国で現れたのは政策見解としてのCSRであった。米国企業および教育機関のリーダー的な存在200名で構成された「経済開発委員会」（The Committee for Economic Development：CED）が1971年に5年間の成果として集約した書物が『企業の社会的責任』（Social Responsibilities of Business Corporations）であった。これは政策見解という形で公表されたが，当時，大きな問題となっていた消費者保護・環境規制・雇用平等などについて触れてい

た。

　二度目のCSRは，地球温暖化などに代表される環境問題への対応がきっかけとなった。このCSRの拡散の動向は，CSRの規格化の形で進められている。例えば，国際標準化機構（international organization for standardization: ISO）によって策定されているCSRの規格化にはISO9001（品質規格），ISO14000（環境マネジメント規格）がある。近年では，ISO22000（食品安全），ISO27001（情報セキュリティマネジメント規格），ISO45001（労働安全衛生）など次々に新たな規格が制定されている。

　環境報告書のグローバルなスタンダードである「持続可能性報告書」のガイドライン（GRI）は1997年に国連環境計画（UNEP）とNGOのセリーズが中心に設立された。

　また，このように企業を対象に個別に評価する動き以外に，社会の腐敗を監視する国際非政府組織である「国際透明性機構（Transparency Inter-national）」によって毎年行われている腐敗認識指数（Corruption Perceptions Index，以下CPI）もある。このCPIは，政治資金や談合などのような大口の腐敗についてよく熟知している専門家や実業家を対象にしているのが特徴である。近年では，国連を中心にSDGs（sustainable development goals，持続可能な開発目標）が推進され，社会的課題を解決するための動きも珍しくない。

　第2に，イノベーションなどにたとえられる「創発戦略」である。創造的なアイデアを組織の中から創出することを目指すこの新たな戦略的志向は，ミンツバーグ（Minzberg, 1989）によって提起されたものである。近年では，競争優位の源泉として，資源ベースアプローチや能力ベースアプローチなど組織資源の開発と蓄積の重要性に注目している。その主要な理論は，ワーナーフェルト（Wernerfelt, 1984）やバーニー（Barney, 1986）などの研究者たちによって継承されている。

　第3に，「ニューノーマル」（new normal）への対応戦略である。

　「ニューノーマル」という用語は，全人類が2000年代以後発生したさまざまな変化や危機的状況に直面し，それらの状況から脱却するために新たなノーマル（日常）が必要であるという認識をベースにしている（Sunday et al., 2020）。

世界的な規模で発生している「負」の影響力，例えば，まだ我々の記憶にも新しい 2008 年の金融危機や，今回発生している新型コロナウィルス感染症（COVID-19）などを含むパンデミックについて考える重要な時間と場となるであろう。このような動向の中で，テレワーク（telework）は，安倍前政権が掲げたテーマの 1 つであった働き方改革とも関連する非常に重要な社会的課題の 1 つでもある。このテレワークは，しばしば「リモートワーク（remote work）」あるいは「スマートワーク（smart work）」と言われたりもする。

　情報技術や通信技術の急激な進展が見られた 1990 年代以後，企業経営におけるテレワークの適用可能性が，IT 技術者やコピーライターなどの専門職を中心に一部の分野において試されていた。日本では 1991 年 1 月に設立された日本テレワーク協会を中心に，2021 年現在で 422 団体（正会員 101 団体，賛助会員 321 団体）が活動している。2020 年度から本格的に蔓延し始めたコロナウィルス感染症の存在は，企業の存続が試される重要な機会となった。

　実際に，日本経営倫理学会第 29 回研究発表大会の基調講演では「グリーン・チップで地球を救う戦略（Saving the Earth with Green Chips）」というテーマで，サムスン電子株式会社の常務取締役である李彰洙氏からの報告があった。李氏は，サムスン電子における近年のメモリー部品の技術的発展の動向について明らかにした。具体的には，①パンデミック以後の DX（Digital Transformation after the pandemic），②メモリーチップ技術のトレンド（Memory Tech Trend），③技術上の競争優位性（Competitive Edge in Technology），④グリーン・チップで地球を救う戦略（Saving the Earth with Green Chips）であった。

　第 1 のパンデミック以後の動きとして，パンデミックが志向する DX（COVID-driven Digital Transformation）があった。これは「IT の優先順位（IT Priorities）」の段階から「デジタル・リインベンション（Digital reinvention）」の段階を経て，徐々に「データ爆発（Data Explosion）」の段階に向かうことであった。このような動向の中でナンドフラッシュメモリーと DRAM メモリーに対する爆発的な需要の増加が見込まれると主張された。

　第 2 のメモリーチップ技術のトレンドについては，「さらなるスピード（higher speed）」「より多い容量（larger capacity）」「低電力（lower power）」が語

られた。これは「未来を加速しよう（Accelerate the Future）」「環境に優しく（Eco Friendly）」「地球を守ろう（Save the Earth）」をキャッチフレーズにしたサムスン電子のビジョンに相当する。

　第3の技術上の競争優位性については，データセンター，コンピューター・サーバー，メモリーという3分野での技術的な進展を目指していることがわかった。

　最後の「グリーン・チップで地球を救う戦略」については，同社で環境上のサステナビリティを獲得するための4つの重点分野（Four key areas to achieve environmental sustainability）が遂行されていることがわかった。すなわち①グリーン・チップ，②気候変動対策（Climate Action），③資源循環（Resource Circulation），④自然保護（Preserving Nature）という分野であった。

まとめ

　第1に，組織とは「2人以上の人々の，意識的に調整された諸活動，諸力の体系」のことをいい，協同システムではない単なる集団と区分している。

　第2に，世の中に企業が存在する理由は取引コストを節約するためであるというR. H. コースの研究は，ウィリアムソンなどの研究者によって継承・発展された。

　第3に，組織の3要素には①組織の構成員の共通の目的（common purpose）の達成に向けて，②個々の構成員のコミュニケーションを図り，③貢献意欲（willingness to serve）を結集することである。

参考文献

Arrow, K. J. (1974), *The Limit of Organization*, W. W. Norton & Co. （村上泰亮訳『組織の限界』岩波書店，1999年。

Barnard, C. I. (1938), *The Functions of the Executive*, Harvard University Press. （山本安次郎・田杉競・飯野春樹訳『新訳経営者の役割』ダイヤモンド社，1968年）

Bell, D. (1974), *The Coming of Post-Industrial Society: A Venture in Social Forecasting*, Heinemann Educational Books. （内田忠夫訳『脱工業社会の到来　下―社会予測の一つの試み』ダイヤモンド社，1975年）

Chandler Jr., A. D. (1962), *Strategy and Structure*, The MIT Press. (三菱経済研究所訳『経営戦略と組織』実業之日本社，1967 年)

Coase, R. H. (1937), *The Nature of the Firm*, Econometrica, New Series, vol.4, Issue 16, November, pp.386-405. (井上薫訳「企業の本質」『神戸学院経済学論集』17(2)，143-165 ページ，1985 年)

Commons, J. R. (1951), *The Economics of Collective Action*, Macmillan. (春日井馨・春日井敬訳『集団行動の経済学』文雅堂書店，1958 年。

Daft, R. I. (2001), *Essentionals of Organization Theory & Design*, South- Western College Publishing, 2nd Edition. (高木晴夫訳『組織の経営学』ダイヤモンド社，2002 年)

Galbraith, J. K. (1967), A Blueprint for Technocracy: The New Industrial State.

Huber, G. P., and Glick, W.H. (1993), *Organizational Change and Redesign*, Oxford University Press.

March, J. G., and Simon, H.A. (1958), *Organizations*, Wiley.

Minzberg, H. (1989), *Minzberg on Management*, Free Press. (北野利信訳『人間感覚のマネジメント』ダイヤモンド社，1991 年)

Robbins, S. P. (2005), *Essentials of Organizational Behavior*, Pearson Education Hall. (高木晴夫訳『新版　組織行動のマネジメント』ダイヤモンド社，2009 年)

Simon, H. A. (1976), *Administrative Behavior*, 3rd ed., The Free Press. (松田武彦・高柳暁・二村敏子訳『経営行動』タイヤモンド社，1989 年)

Simon, H. A., Smithburg, D. W., & V. A. Thompson, (1950), *Public administration*. New York, NY: Alfred A. Knopf. (岡本康雄・河合忠彦・増田孝治訳 (1977)『組織と管理の基礎理論』ダイヤモンド社)

Sunday, M., and Ogaboh, A.M. and Chi, Daniel Jr (2020), COVID-19 Pandemic and Workplace Adjustments/ Decentralization: A Focus on Teleworking in the New Normal, vol.11, No.4, pp.185-200.

Williamson, O. E. (1975), *Markets and Hierarchies*, Free Press. (浅沼萬理・岩崎晃訳『市場と企業組織』日本評論社，1980 年)

猪狩知之進『経営組織』白桃書房，1973 年。

石井晴夫・樋口　徹『組織マネジメント入門』中央経済社，2014 年。

奥村惠一『経営管理論』有斐閣ブックス，1997 年。

車戸實『経営組織論』八千代出版，1985 年。

十川廣國編著『第 2 版　経営組織論』中央経済社，2013 年。

田尾雅夫『組織の心理学』有斐閣，1991 年。

田尾雅夫『現代組織論』勁草書房，2012 年。

田尾雅夫編著『よくわかる組織論』ミネルヴァ書房，2010 年。
森本三男『第三版　現代経営組織論』学文社，2011 年。

第*2*章

組織論の理論的展開

学習目標

1 経営組織論の研究の潮流について取り上げる。
2 経営組織論のモダン・アプローチの特徴と限界について明らかにする。
3 経営組織論のポストモダン・アプローチの特徴と限界について取り上げる。

はじめに

　本章では，経営組織論の生成と発展過程について明らかにする。周知の通り，学問の理論的構築は経営環境の変化，時代の社会的要請，研究者の貢献など実にさまざまな要因によって行われるのが一般的である。100 年足らずの浅い歴史の中，目まぐるしい理論的発展が見られ，今後さらなる発展の余地が残されているといえよう。

　第 1 章で触れたように，組織に関する研究は，基本的に組織論と組織行動理論で構成されている。前者が組織そのものの体系，構造，形成原理などに関するものである。一方，組織行動科学とも呼ばれる後者の組織行動理論は，伝統的経営学の考え方や手法には限界があるという認識から，それらの解明と克服をいかにするのかがその理論展開の出発点となっている。この組織行動理論は，あらゆる組織内の人間行動に関する発展理論，すなわち経営者に必要な具

体的な指針（guideline）の基礎として科学的探究（scientific research）を強調する。このようなアプローチを科学方法論というが，現実の現象に対する科学的説明と予見を基礎とする。すなわち，「論理実証主義」という観点から，検証可能な仮説の立案 → その仮説の実験やコンピュータ・シミュレーションなどの方法を利用した検証 → 理論化というプロセスを経るのが企業行動理論の特徴である。これは，自然科学や社会科学などを問わず，あらゆる科学分野に共通する方法として利用されている。さらに，この理論は，組織におけるモティベーション，リーダーシップ，意思決定，個人・集団・組織間の相互作用などを研究の主な対象としている。

　本章では組織論と組織行動理論の発展段階において，いかなる理論的な展開が行われているのかについて時系列的に検討する。具体的には，経営組織論研究の潮流について概観した後，その主流であるモダン・アプローチ，ポストモダン・アプローチについて各々取り上げる。

第1節　経営組織論研究の潮流

　組織論の生成・発展理論は，一般的に時系列的な流れとして①古典的組織論（合理的組織論，管理論的組織論），②新古典的組織論，③近代的組織論という順で進められたことに異論をとなえる人は少ないであろう。しかし，近年ではその後の組織論の発展形態として，十川ら（2013）が創発的組織論を，岸川ら（2015）が適応的組織論，戦略的組織論，社会的組織論として分類をしているのは興味深い。これらの組織論の理論的展開を踏まえ，時系列的に整理したのが図表2−1である。

　一方，森本（2011）は，組織論を外部環境との連結という基準でクローズド・システム・モデル（古典的組織論と新古典的組織論）とオープン・システム・モデル（現代的組織論）に分類している。彼は現代的組織論の中にさらに行動的接近，状況的接近，システム的接近を具体的な範疇に入れている。そして岸田（2014），田尾（2012），高橋ら（2019）は，現代の組織理論をモダン・アプローチとポストモダン・アプローチに大別している。特に岸田は，ポスト・

モダン論の先駆者であるリヨタール（Jean-Francois Lyotard, 1979）の主張につい
て以下のように述べている。

　「ポスト・モダンはシステムによる効率的な全体化や安易な合意形成による
同一化を否定し，ローカルでマイナーな営み，相互に通約されてしまうことの
ない差異化のパラロジー（paralogy）に基礎づけられる」という。すなわち，
ポスト・モダンは，モダンの時代に主流であった専門家たちが主導する普遍的
で統一的な「大きな物語」より，数多くて異質な「小さい物語」への移行を大
きな特徴としている。特に，グローバル化や情報化の進展はポスト・モダンの

| 図表2-1　経営組織論の歴史的な発展 |

区　分	名　称	本格的な展開時期	主な内容	限　界
モダン・アプローチ	古典的組織論	1900年以後	合理性の追求	人間性疎外
	新古典的組織論	1920年代以後	人間性の追求	制度的導入の困難さ
	近代的組織論	1940年代以後	協同システムの追求，意思決定システムの追求	理論的根拠が弱い点
	適応的組織論	1960年代以後	状況に応じたリーダーシップの追求	環境決定論的な観点
ポストモダン・アプローチ	戦略的組織論	1970年代以後	外部環境への適応の追求	環境適応に対する経営者の役割を軽視
	文化的組織論	1980年代以後	組織内部の強い文化の有する役割を強調	組織リーダーの関与のみに集中
	創発的組織論	1980年代以後	組織内部の模倣困難な資源の蓄積を強調	計画を考えない無謀な結果になる点
	社会的組織論	1990年代以後	組織が追求する目標として収益性以外に倫理性や社会性にも注目	法律など制度による規制が困難な点

出所：筆者作成。

傾向をさらに強化しているといえる。ここではモダン・アプローチとポストモダン・アプローチに分類し，それらの理論を時系列的に展開する。

第2節　モダン・アプローチ

1．古典的組織論

　古典的組織論の典型的な形態としてしばしば取り上げられているのが，テイラー（F. W. Taylor）の科学的管理法，ファヨール（J. H. Fayol）の管理過程理論，そしてウェーバー（M. Weber）の官僚制組織理論である。この3人の人物が主な舞台として活動した地域が，米国，フランス，ドイツという異なる3地域であることは興味深い。しかし，この3人が異なる領域において組織理論の礎となる経営思想を論文や書籍として残した点は非常に高く評価されている。さらに，テイラーとファヨールが自らの産業現場での経験をもとに，それらを実践的方法として理論として提示したのは非常に大きな意義を有している。しかし，理論的な根拠を提示するような体系化に挑むという面では限界があった。

1）テイラー

　科学的管理法の創始者として知られているテイラーは，長年勤めていた工場の経営技師の経験を生かし，それまでに成り行きで行われていた工場労働者の管理の礎を確立したと評価されている。彼の著名な著書である『科学的管理法』は，それまでの成り行き管理，使用者側の根拠の乏しい賃率切り下げ，そしてその反発として現れた労働者側の組織的怠業などが主な原因で，複合的に発生した当時の低い生産性を改善するために考案されたものであった。当時アメリカン・ドリームを目指して米国に移住してきたヨーロッパ人のほとんどが農民であったという現実的な問題，すなわち生産性向上に貢献できない非熟練労働者が高い比重を占めていたという労働者構成問題を抱えていた。このような状況は，労働者側と使用者側から相互の不信感を招き，結果的に社会秩序を揺るがす深刻な労働運動へと発展する大きな原因ともなった。このような時代的な背景の中で，その矛盾を解決するために経営管理や組織面での新たな手法

を模索する社会的なニーズを生じさせたといえる。

　テイラーの基本的な考え方は，工員の賃金を決める際の有用な手段として，科学的な根拠をベースにして決定した点にある。これを支える基本的な要因に，①課業，②差別出来高賃金制，③機能別職長制がある。当時最も重要な課題であった給与を支払う基準として，熟練労働者が 1 日で達成しなければならない仕事量を「課業（task）」として提示した。さらに「時間研究」や「動作研究」を通して，最も効率的に作業ができる手順として標準作業も考案した。その結果，それまでに工場内で職長たちによって恣意的に行われていた作業方法や作業量などの労働環境の基準が明確になり，労働者側と使用者側の賃金の支払いに関する曖昧だった基準を定立することができた。これがテイラーシステムという独自の管理手法であり，これによって出身国や職長によってバラつきがあった作業を標準化することに成功した。

　さらに，機能的職長制（functional foreman）に見られるようないくつかの職能組織を作ることによって，工場内での作業がより効率的に運用できるようになった。具体的には，生産日程計画係，指図票係，時間原価係，職場監督係という 4 種の計画職能と，準備係，速度係，検査係，修繕係という 4 種の執行職能に職長の作業を分離することによって工場管理の合理化を図った。科学的管理法を導入した米国のベツレヘム鉄鋼会社などでは，短期間に高度の生産性を上げるなどの効果もあった。

　しかし，①合理性を追求するあまり，人を単なる道具としてみなす人間性欠如の問題，②管理の視点が工場内で留まっていたため全社的な管理が問われるなどの問題も抱えていた。

2）ファヨール

　テイラーが作業現場の監督者が作業と作業者を管理するという狭義の管理に注目したならば，ファヨールは会社の全般的な管理に注意を払った。彼は1888 年にコマンボール社の社長に就任し，当時，経営危機に見舞われていた同社を優良企業に変えた。さらに，このような経験をベースに「産業ならびに一般の管理」という論文を著した。これは後に英訳され，フランス以外の国に

も紹介された。フランス語で書かれていたファヨールの研究業績は，後に英訳されることをきっかけに世界の産業界に広がった。ファヨールの業績は，科学的管理法とともに組織の人間を管理する際に必要とされる手本としての重要な役割を果たした。

　彼によって主張された最も重要なポイントは，人の管理の重要性が問われるのは企業だけでなく，あらゆる組織にも適用できるという普遍性が強調されたことであった。

　彼は管理に必要な6つの職能を，技術，商業，財務，保全，会計，経営に分類し，管理職能を遂行するための学校教育の必要性について力説した。そしてそのような管理職能はすべての組織に必要とされるため，管理教育の必要性と可能性についても強調した。

3）ウェーバー

　社会学者であるウェーバーは，組織内の権力関係について研究し，権限構造理論（authority system theory）を構築した。ここでいう権限構造理論の主な内容は，すでに定められた職務権限の範囲内で命令に従う義務に動機づけられることである。組織成員は，与えられた地位に付随している職務の内容と範囲が決まっている。ウェーバーが活動していた当時，これらの内容は必ずしも文書の形で定められてはいなかったが，現在は「職務権限明細書」にその具体的な内容が記載されていることが多い。

　彼が1920年に著した『プロテスタンティズムの倫理と資本主義の精神』と，1922年に出版された『支配の社会学』を通して官僚制組織に対する主な理論を主張した。彼は組織運営と構成員の支配類型について以下の3つの類型，すなわち①リーダーの生まれつきの資質や個人的な能力によるカリスマ的支配，②伝統的支配，③すでに定められたルールや基礎に基づく合法的支配があることを明らかにした。ウェーバーが官僚制組織理論を発表した当時は，多くの社会組織が前近代的な形態に過ぎず，リーダーの支配力やカリスマ性に依存する傾向があったため，合理的で理想的な組織形態の必要性が問われていた。彼は，近代国家や資本主義企業の成立に必要不可欠な要因として，この官僚制の

導入を主張した。

　官僚制組織の特徴について以下のように集約できる。

　第 1 に，ルールや規則によって権限が明確に提示される権限の原則がある。

　第 2 に，権限のヒエラルキーが明確に定められている官僚階層性がある。

　第 3 に，明文化または成文化ともいわれるものであり，意思決定に至るプロセスや事業の実績を事後的に検証するための文書主義がある。

　第 4 に，高度の技能が専門化された訓練や経験によって習得される専門性がある。これは客観的な試験などによって測定される場合が多い。

　しかし，行き過ぎた官僚制は以下のような数多くの逆機能も誘発した。

　①硬直性や環境変化への不適応，②組織構成員の疎外，③目標と手段の転移，④「訓練された無能力」，⑤形式主義などがある。

2．新古典的組織論

　古典的組織論は公式組織を研究対象とし，合理的で効率的な人間モデルを仮定している。公式組織は社長，部長，課長，係長などのような職位に基づく権限によって職務が与えられる組織形態のことをいう。これに対し，新古典的組織論は，価値観，人間関係，趣味などによって形成される非公式組織を研究対象にし，組織内に影響を及ぼすであろうと思われる従業員の非合理的で感情的な側面に注目した。言い換えれば，古典的組織論の前提が「能率と費用の論理（logic of efficiency）」であるのに対し，新古典的組織論の前提は「感情の論理（logic of emotion）」である。

1）メイヨーとレスリスバーガー

　西部電機会社（western electric company）のホーソン工場での実験で有名になったホーソン実験は，ハーバード大学のメイヨー（E. Mayo）やレスリスバーガー（F. J. Roethlisberger）らによって行われた。彼らは 1924 年から 1932 年まで計 4 回（照明実験，継電器組立実験，面接実験，バンク配線実験）にわたって行われた研究成果をまとめた。その結果，第 1 に，人間は経済的要因によってではなく，社会的・心理的要因によっても動機づけられる多面的な側面を有する

存在であること，第2に，カウンセリング制度，第一線の監督者の教育，提案
制度など制度としての具体的な成果があった点，第3に，経営の民主化と近代
化の理論的基盤を提供した点，第4に，労使関係の対立をある程度緩和した点
などがある。これらの実験の結果は，後に人間関係論（human relations）と名
付けられた。

　しかし，彼らの理論は，①人間行動の動機への関心が希薄な点，②経営実践
への制度的な適用が困難な点，③経営者側の立場による一方的なイデオロギー
に立っている点，④人間関係のすべてが対立的な関係にあることを前提にして
いる点などが限界としてしばしば指摘されている。

2）マグレガー

　米国の社会心理学者のマグレガー（D. McGregor）は，伝統的で権威主義的な
経営や一方的・命令的なリーダーシップを前提にしている X 理論（X theory）
と，人間の自己統制能力を重視する Y 理論（Y theory）を対立的なアプローチ
として示した。1960 年代に提唱されたこれらの理論では，経営者のマネジメ
ント・スタイルに影響を及ぼす諸要因には何があるかについて検討された。こ
れらの相反する 2 つの理論は，今日の経営の現場においても威力を発揮してい
るようにみえる。すなわち，「人々は何によって動機づけられているのか」と
いう根本的な問いに答えるための理論的な基盤を提供した。前者の X 理論が，
①人々は本来仕事を嫌う，②責任を負うのを嫌うため，継続的に方向づけるこ
とが必要である，③そのため，統制や威嚇が必要である，④すべての段階にお
いて管理が必要である，⑤仕事やビジョンに対するインセンティブがないと働
かないため，目標達成に向けての報酬を備えなければならない人間であること
が前提条件となっている。この X 理論は，組織原則として組織成員の行動を
統制するためには権限の行使や命令が必要であるという階層原則（scalar
principle）に基づいている。

　後者の Y 理論は，①自発的に働くことを喜ぶ，②意思決定に積極的に参加
する，③目標に向かって自ら動機づける，④仕事に対して自ら責任をとる，⑤
自ら責任をとるため指示をする必要性がない，⑥組織の問題を解決するために

創造性や想像力を使う，という人間であることが前提条件となっている。この理論は，近代的管理の基盤となり，参加的経営，職務拡大，自主管理作業集団などの形で実現されている。さらに同理論は，組織目標と組織成員の個人的な欲求や目標との統合を意味する統合の原則（principle of integration）に基づいている。

3. 近代組織論

　現代社会において大規模化・複雑化を特徴とする近代組織の重要性はますます大きくなっている。このような環境の中で近代組織行動の解明に貢献した最も代表的な人物に，バーナード（C. I. Barnard），サイモン（H. A. Simon），サイヤート（R. M. Cyert）とマーチ（J. G. March）などがいる。この中で特にバーナードが近代組織論の土台となる理論的な基盤を構築したことに異を唱える人は少ないであろう。

　次に，組織の一般理論の構築に貢献したのは，おそらくサイヤートとマーチであろう。彼らの理論は以下のような3つの顕著な特徴を有している。彼は人間理解を基盤とした協同体系を中心とする組織理論を開発し整理した。

　しかし，近代組織論は何を指すのかということについては，論者によってさまざまである。すなわち，①バーナードとサイモンの理論そのものを指す見解，②バーナードとサイモンの組織理論を橋渡しにした後に現れたシステム理論と行動科学をベースとする組織理論と見る見解，③システム理論をベースとするマクロ的な組織論と行動科学理論をベースとするミクロ組織論を組み合わせた理論という3つの見解がある。ここでは形成された理論を時系列的な流れで取り上げる。

1）バーナード

　先述したように，経営組織論の父といわれているバーナードは，組織均衡理論の提唱者として知られている。ここでは組織を複数の人間が協力して組織目標を達成するために働く仕組みと見なした協同システムと組織均衡理論について取り上げる。

　バーナードによれば，組織は共通目的，協同意欲，コミュニケーションという3要素によって成り立つ。彼は，個人では到底達成不可能な目標を人間同士による協同システムによって達成できるという協同システムの重要性について力説した。この協同システムについては，彼の主著『経営者の役割』の中で以下のように語られている。「協同システムとは，少なくとも一つの明確な目的のために二人以上の人々が協同することによって，特殊の体系的関係にある物的，生物的，個人的，社会的構成要素の複合体である」と定義した。ここで生物的要素と個人的要素は人間に関わる要素であるため，人的要素に置き換えることができる。物的要素には，原材料，設備，土地，建物などがあり，人的要素には，経営者，労働者，管理者などがいる。さらに社会的要素には，法的関係，経済的関係，政治的関係，文化的関係などがある。これらの諸要素は組織目的のために体系的に結びついている。

　また，彼の組織均衡理論で取り上げている内容は，組織が維持されるための条件として「誘因（inducement）≧貢献（contribution）」になっていることである。すなわち組織成員が組織に対して行う何らかの貢献が誘因と同等なものになるか，それ以上になければならないことである。例えば，従業員の場合，自分が属している企業に対して注ぎ込んだ能力，学歴，情熱にふさわしい給与やソーシャルステータスを手に入れていない場合，彼ら／彼女らはその企業に不満を持ち，いずれ職場を離れることになるであろう。

2）サイモン

　ここでは意思決定論で著名なサイモンのさまざまな主張の中で，特に重要と思われる内容について取り上げる。

　第1に，組織においては，目的 → 手段の検索 → 手段の評価 → 手段の選択 → 意思決定 → 行動という「問題解決の過程」を通して意思決定が行われることである。これは組織のプロセスを意思決定のプロセスと見なし，組織行動の中心概念として捉えていることを意味する。

　第2に，「制約された合理性（bounded rationality）」についてである。これは当初「合理性の限界」といわれたものであったが，人間における脳の情報処理

能力に限界があることを示している。従来までの人間モデルが意思決定に必要とされるすべての情報を入手できる「経済人モデル」を前提としていたが，人間の能力や合理性には制約があるため，自分にとって満足できる水準で意思決定を許すことを現実的なものとして受け入れる「経営人モデル」が展開される。これは人間が限られた合理性しか有していないという認識に立ち，「意思決定」を「プログラム化できる意思決定」と「プログラム化できない意思決定」に区分し，その特徴を整理し，コンピュータ化の可能性と限界を整理したものである。また，意思決定は，情報収集活動 → 設計活動 → 選択活動という要素から構成される 1 つのプロセスであるとしている。この「制約された合理性」は後にウィリアムソン（O. E. Williamson）によって継承され，個人の有する情報処理能力（理解力，分析力，暗記力等々）の限界を克服するための代替案として組織が存在する必然性が強調された。

3）サイヤートとマーチ

　企業の行動理論は，サイヤートとマーチが発表した 1955 年，1956 年，1959 年，そして 1963 年の成果によって生成・体系化されたといえよう。これについて吉原（1969）は，1955 年と 1956 年の論文を企業の行動理論の前史として捉え，企業の行動理論の中核的な方法論的概念のうち，いくつかが提示されているだけにとどまり，体系的な理論の創出までは至っていないという。さらに 1959 年に報告された論文では，行動科学的意思決定とコンピュータ・シミュレーションという特徴を有するアプローチが採用され，企業行動理論の生成に大きく貢献した業績として捉えている。いよいよ 1963 年に彼らによって集大成された『企業の行動理論』は，企業の行動理論に対する体系的な展開がなされ，近代組織論から企業行動科学への転換に導く大きな足跡を残したのである。

　サイヤートとマーチは，それまでの組織一般理論として展開されていた行動科学的意思決定において企業組織を対象とした新しい理論を展開しているが，それには組織目的・組織期待・組織選択・組織統制という 4 つの下位要素がある。彼らは組織一般の理論について企業を対象にするための基本的な条件とし

て，①研究単位を基本的に企業にすること，②研究目標を価格，生産量，資源配分等の決定に関する企業行動の予定にすること，③研究態度を企業の組織的意思決定プロセスを重視すること等々を取り上げている（吉原，1969）。

しかし，彼らのモデルは以下の3点の限界を有している。

第1に，企業行動の短期的適応モデルとして展開されていることである。すなわち，既存の意思決定ルールの廃棄や新たな意思決定ルールの導入などといった長期的な観点から当然考えられる意思決定過程の変化を見過ごしている点である。

第2に，サイヤートとマーチ・モデルは企業内部で行われている意思決定において価格と生産量の決定を主な対象としている点である。これはアンゾフ（Ansoff, 1965）が主張した3つの階層別意思決定で考察すると，企業の中で日常的に行われている業務的意思決定に偏り，戦略的意思決定や管理的意思決定も含んだ総合的なアプローチが欠けていることが指摘できる。

第3に，「組織影響力の理論」を十分に生かしていない点である。ここでいう「組織影響力の理論」とは「組織の各成員は意思決定を行うさいに組織からどのような影響をうけるか，そしてそのことによって，意思決定の整合性と統合性がどのように確保されるか，を解明するもの」のことをいう（吉原，1967）。

4．適応的組織論

1960年代の英米で各々の実証研究として始まった適応的組織論には，単に現在の組織の在り方を環境や状況に適合させるという考え方と，行動理論をベースとした環境状況に適応した行動が組織を最適化するという2つの考え方とがある。前者をコンティンジェンシー理論というのに対し，後者を条件適応理論として区分されている場合もある。しかし，いずれにしてもここでは詳細な区分はせずに適応的組織理論を展開する。

先述した古典的組織論，新古典的組織論，近代的組織論と，適応的組織論の最も重要な相違点は，環境に対して組織が開かれているかどうかという点である。要するに，適応的組織論ではいくら組織のシステムが同様であったとして

も外部の環境からの影響を受けるためである。前者をクローズド・システムといい，後者をオープン・システムという。このような組織と環境との一連の研究を条件適応（コンティンジェンシー）理論と名付けている。この理論の要は，外部の環境がいかなる状況であっても最高のパフォーマンスを導き出すリーダーの役割が強調される。ここでは条件的組織論の代表的な研究者としてローレンスとローシュ（Lawrence and Lorch, 1967），マイルズとスノー（Miles, and Snow, 1978），トンプソン（Thomson, 1967）について紹介する。

1）ローレンスとローシュ

　ローレンスとローシュは，基本的にチャンドラー（A. D. Chandler）の主張した有名な命題「組織は環境に従う」という環境決定論に基づいている。彼らは，先述したように，実証研究に基づいて「組織と環境」「組織と技術」による組織の分化と統合のパターンをいかに決定するのかに関する研究を行った。彼らがいう「分化」を「異なる職能部門の管理者の認知的・感情的志向の相違」と定義づけ，これらの分化の程度によって目的志向性，時間志向性，対人志向性，構造の公式性に区分することができるという。さらに，「統合」については部門間の協力の度合いを意味し，統合のパターン，統合の手段，葛藤解消の型という次元で分析ができるという。この理論が想定しているのがクローズド・システムであり，組織のシステムと環境との相互作用を基本的に認めていない。換言すれば，この理論では組織が環境から孤立され，独立した単位としてのシステムを前提にしている。

　さらに，彼らは環境の不確実性という条件下で組織構造をいかに作り上げるのかに関する研究も行った。その結果，環境の不確実性が高い状況で高いパフォーマンスが発揮できた組織は，部門間の分化の度合いが高いことがわかった。さらに，部門間の活動や意思決定のプロセスが明確に区分されていると，統合の度合いも高いことが明らかにされた。

2）マイルズとスノー

　マイルズとスノーは，環境が組織の構造を決めてしまうという受動的な視点

から脱却し，置かれた環境に積極的に影響を及ぼす能力を組織がいかに有するかに注目した。そのような観点は「ネオ・コンティンジェンシー理論」といわれている。というのは，ローレンスとローシュが組織と環境との関係を二分法で規定しているのに対し，マイルズとスノーの研究では両者間の関係を相互浸透的な関係で考察している。すなわち，彼らはローレンスとローシュの理論で想定しているものとは異なるオープン・システムを基本的に想定している。

3）トンプソン

トンプソンは，環境や技術に対応して組織構造をいかに変えていくかについて分析した。これは不確実性削減パラダイムといい，環境が不安定または不確実であればあるほど標準手続きの確実性や計画化による調整が難しくなることを強調している。トンプソンは，組織に対して技術と環境は常に変化するものとして想定し，そのような状況が組織に対して不確実性（uncertainty）を与える要因として考えられている。要するに，技術と環境が変われば，組織行動の基本的なパターンにも大きく影響するという。

トンプソンによれば，伝統的な組織論で定められている理論的背景では合理性を確保することができないという。なぜなら，先述したように組織に対する不確実性が増大する環境では，作業を単純化したり標準化したりしなければならない。しかし，そのような状況では日々変化する環境への対応は不可能である。

第3節　ポストモダン・アプローチ

モダン組織論の特徴は「官僚制組織を基本的な前提にし」「巨大な組織で」「階層の高い」「上命下達の」「一方的なコミュニケーションの」「組織内のヒーローが導く」「統一的なルールの下で」というキーワードに示されているように，画一的で統一的な色彩を見せていた。しかし，時代が変わり，「マトリックス組織的な」「階層の低い」「緩やかな連結のような」「個人の個性を尊重する」「小さい」「双方向のコミュニケーションの」「多様な」「柔軟な」「組織内

の誰からでも導く」というキーワードを特徴づける時代になると，従来のモダン組織論では対応が非常に困難となった。このような状況で新たなアプローチ，すなわちポスト・モダンの組織論の必要性が問われた。これをポストモダン・アプローチという（田尾，2010）。

　さらに，高橋ら（2019）によれば，1980 年代以後の特徴をポストモダン・アプローチとして特徴づけ，「組織ポピュレーション・エコロジー」「組織のルースカップリングの理論」「組織化理論」「組織シンボリズム」「組織文化論」など組織の新制度学派の研究が登場したという。

1．戦略的組織論

　外部環境との関わりで組織の将来の発展の方向性を示したのが戦略的組織論である。1970 年代のコンティンジェンシー理論に対する白熱した議論が終わり，1970 年代後半から登場したのが組織の環境への戦略的アプローチであった。

　「将軍の術」という戦略の概念が経営学に導入され，学問の一分野として定着し始めたのが 1960 年であった。当時「組織は戦略に従う」という格言的考え方を提示し，経営戦略の理論的な枠組みに成功したのがチャンドラー（A. D. Jr. Chandler）であった。これは最初に戦略が策定され，次にこれを効率的に実行できる組織が設計されるという意味である。経営戦略を企業が環境に適応するための基本構図と見なし，それを実行していくのが組織であるという見方である。彼は，組織形態を静態的分析ではなく，米国企業の事業部制組織構造がいかに成立されたかという歴史的研究に基づいた分析から，企業が多角化戦略をとると，職能別組織構造から分権的事業部制構造へと移行すると主張した。この考え方は，分析的アプローチともいわれ，後述するプロセス的アプローチとも対比される。なお，1960 年代の研究者として SWOT 分析（SWOT Analysis）で有名なアンドリュウス（K. R. Andrews）がいる。彼によれば，戦略の評価は企業の強み（Strengths），弱み（Weaknesses），機会（Opportunities），脅威（Threats）からなる。このモデルは外的状況と内的状況の評価に重点をおいているのが特徴である。ここでいう外的状況の評価とは，外部環境に潜む脅

威や機会を捉えることであり，内的状況の評価とは，組織がもつ強み・弱みを明らかにすることである。

その後，企業の成長戦略の理論的基盤，すなわち成長ベクトル，製品・市場のマトリックス，競争優位性，シナジー効果などの概念を提供したのがアンゾフ（H. I. Anzoff）であった。

さらに，戦略経営論の分野で絶大な貢献をしたのがポーター（Porter, 1980）である。

彼は，企業がいかにして競争優位を創造して維持するのか，という問題を理解するための枠組みを開発した。企業が競争戦略を策定する際には2つの選択，すなわち，産業の魅力度と産業における自社の位置付け（ポジショニング）の判断，選択が必要であるという主張である。

市場構造とその市場にある企業行動が成果・業績を決定する前提としたSCP（structure-conduct-performance）パラダイムを考え直したものが，戦略的経営に用いられる業界分析の枠組みの基本であり，その最も有名なものが1980年代初頭に開発した「五つの競争要因（five forces）」である。さらに，コスト・リーダーシップ，差別化，集中化といった基本戦略の展開を5つの競争要因から説明した『競争の戦略』（1980）や競争優位戦略が国によっていかに異なっているかを明確にした『国家の競争戦略』（1990）などがある。また，編著の『グローバル企業の競争戦略』（1986）では，多国籍企業の経営諸活動の配置と調整を軸にして，価値連鎖の中での競争優位の追求方法を描いている。

その後，資源ベースアプローチが，経営環境の変化とグローバル化が急展開する1990年代に，企業がより効果的に競争するのを助けるための理論として現れた。この理論はポジショニング・アプローチとは対照的に，企業の能力，力量，技能，戦略的資産などを持続的な競争優位の源泉と見る。この分野を代表するのが，プラハラードとハメル（Prahalad and Hamel, 1990），ストーク，エバンズ，シュールマン（Stalk, Evans and Shulman, 1992）の業績などである。資源ベースアプローチの信奉者たちは，1990年代に見られる劇的な変化をポーターの競争優位性枠組みに代表される構造的アプローチで明らかにするのは限界があると主張する。今日の競争は「動きのある競争」であり，その成功は市

場動向の予測と変化しつづける顧客ニーズへの素早い対応にかかっているとしている。成功した企業は，商品，市場，ときにはビジネス全体へ素早く参入し，あるいはそれらから素早く撤退するのである。

2．創発的組織論

　創発（emergence）とは本来，物理学や生物学で使用されていた概念であり，近年では組織学の分野などで広く使われている。すなわち，個々人の能力や発想を組み合わせることによってイノベーションを引き起こすことを意味している。十川ら（2013）によれば，従来のマネジメント研究では組織は，策定された戦略・計画を単に実行する場に過ぎなかったという。したがって，組織成員の役割はすでに策定された職務をいかに実行するのかが重要な責務であった。このような前提が成り立ち，計画した戦略が計画通り実行されるためには経営環境は一定であるという。しかし，現実では経営環境の目まぐるしい変化が常に生み出され，それらに対応するためには組織内での戦略的イノベーションが必要である。これをミンツバーグ（H. Mintzberg）は「創発戦略」と呼んでいた。すなわち，戦略が先に策定され，それに組織が従うという一方向的な考え方から，組織から戦略を変えていくという逆方向または双方向という根本的なパラダイム転換が必要であるという。

　彼の主張は，先述した分析的アプローチを批判的にとらえているプロセスアプローチとも同様の見地にあり，戦略と組織との関係を主従関係と考えるのではなく，基本的に戦略と組織との関係は適切な相互補強関係を持つ必要があるという見方である。

　ミンツバーグは彼の名著である『戦略サファリ』で「戦略とは事前に計画されたものではなく，実際ビジネスを進めて顧客の反応を知り，現場の声を聞き，試行錯誤の上でわき上がってくるものだ」と主張している。特に，今日のスタートアップのような企業は，最初から変えることができない完成度の高い計画を立てるのではなく，置かれた状況に対応しながら頻繁に計画を調整していくことが重要である。彼は経営戦略の学派を 10 に分類している。その中でデザイン・スクール，プランニング・スクール，ポジショニング・スクールにつ

いては批判的な見解を述べている。その理由としてあげられているのが，現場において事後的な調整を加えるのではなく，事前の戦略の策定のみを重視している点である。興味深いのは，よいポジショニングをとることが戦略的に有利になるというポーターのポジショニング・アプローチを真っ向から批判していることである。

　その後，彼は1985年にアレクサンドラ・マクヒュと共著で書いた論文「臨機応変な戦略形成」（strategy formation in an adhocracy）で従来の考え方，すなわち事前に策定された経営戦略を組織が実行するという一般的な見解から脱却し，経営戦略の実行段階で潜んでいるさまざまな変化に機敏かつ的確に対応し，意図せぬ計画を事後的に受け入れなければならないという。これを「意図されなかった行動の集合体」といい，創発的戦略は事前に確固たるものでなく，臨機応変に戦略を形成しなければならないことを強調している。

3．文化的組織論

　シャイン（E. H. Shein）を代表的な研究者とする文化的組織論は，当初から組織論の分野で注目されたのではなく，むしろ社会学や文化論からのアプローチが多かった。例えば，ホフステッド（Hofstede, 2001）の研究で明らかにされたように，文化的要因のみによって組織特性を捉えようとする「文化的アプローチ」に留まっていた。言い換えれば，環境としての文化が組織に与える影響はいかなるものなのかという検証が欠如していた。さらに，ハリスとモラン（Harris and Moran, 1979）の研究も文化論一般に即して文化の変数を分析していた。彼らの分析の視点は，国レベルでの比較研究に留まっており，企業システムや労使関係の相違に焦点を当てて研究がなされていた。

　しかし，1980年代に入り，企業レベルで存在する企業文化の影響力や外部環境への適応の問題を解決する手段として，企業文化または組織文化が必要不可欠であるという認識が生まれた。これは優れた組織文化または企業文化には，組織目標や業績との間に強い相関があることを意味する。この研究アプローチは，組織内での文化のあり方と意義，管理，変革など多岐にわたってそれらの究明に携わっていた。具体的には，ディールとケネディの企業文化論，

シャインの組織文化論，超優良企業（excellent company）の条件を提示した
ピーターズとウォーターマンの研究，コッターとヘスケット（Kotter and
Hesket, 1994）の企業文化の変革などによってそれまで漠然としていた経営にお
ける組織文化または企業文化の役割について明らかにされた。

4．社会的組織論

　近年「企業と社会（business and society）論」，企業倫理（business ethics），企
業の社会的責任（corporate social responsibility），SDGs（sustainable development
goals）などが注目されている。これらの動向が注目される理由は，1990 年代
以後グローバル化や情報化の進展など経営環境の急激な変化に伴い，多国籍企
業への厳格な規制の必要性が問われることになったからに他ならない。しか
し，企業自らが倫理的かつ社会的な価値観を企業経営に積極的に取り入れるこ
とはなかった。

　1950 年代の米国では，企業や経営教育の現場において企業倫理や CSR に高
い関心が寄せられてはいなかった。1960 年代から 1970 年代にかけて国全体で
発生した非倫理的かつ反社会的な問題，すなわち公民権運動，消費者問題，環
境問題，労働問題，反戦運動などをきっかけに大企業の行動様式を法律で規制
しなければならない気運が高まった。1980 年代に入り，旧ソ連のアフガニス
タン侵攻とともに，パックス・アメリカーナ政策を掲げたレーガン政権によっ
て軍備体制が増強された。しかし，これらの軍備増強を進める過程で多くの不
正が発覚し，それらの不正を未然に防ぐために組織に対するコンプライアンス
強化策が連邦政府によって実施された。

　一方で，企業の社会的責任に対する理論的な基盤が脆弱であった課題を解決
するために登場したのがステークホルダー概念であった。1984 年のフリーマ
ン（R. E. Freeman）の著書『戦略経営論（Strategic Management)』の公刊をきっ
かけに，ステークホルダー（stakeholder）という概念が経営学の中で一般的に
使用されるようになった。換言すれば，従来まで規範的倫理論に偏向した議論
に終始していた傾向から脱却し，倫理学と経営学を融合する基盤が整ったので
ある。

　フリーマンは，チャンドラー，アンゾフなどによって確立されていた戦略経営論の考え方をベースに，ステークホルダーを積極的に採用した規範的アプローチを提唱した。これはステークホルダー・アプローチと言われるが，その後の展開では，企業と社会論，企業倫理学という応用倫理学の形に発展している。フリーマンはその後，1988 年にギルバートとともに著した『企業戦略と倫理の探求』を通して，企業倫理が経営戦略の要であることを主張している（水村，2003）。

　ダフトによれば，組織における倫理的な価値観の源となっているのが，個人の信条や倫理観，組織内における価値観の基本的なフレームワークを形づくる組織文化，組織の方針の基準や報酬制度に則って価値観や行動に影響を及ぼす組織システム，企業の行動様式にさまざまな利害関係を有する外部のステークホルダーである。これらの諸要因が企業倫理を決定づける直接的な影響力になっているという。

　日本では，企業倫理学または経営倫理学の理論的構築に貢献した中村瑞穂，水谷雅一などがいる。中村は，規範倫理学の水準に留まっている日本に，「企業倫理の制度化」の考え方を紹介し，経営学と倫理学の融合を図った。そして水谷は，日本で経営倫理学会を創立し，経営倫理の実践に励んだ。

　近年の G7 や G20 を加えた国際協力の動きは，地球環境破壊への迅速で的確な対応の必要性が問われていることを意味している。特に国連が主導し世界的に注目されている SDGs は，「持続可能な開発目標」とも訳されるが，2015 年9 月に国連サミットに参加した加盟国が全会一致で採択したものである。これは「持続可能な開発のための 2030 アジェンダ」に明記された国際目標を 17 の目標と 169 のターゲットから構成されている。しかし，この SDGs に関しては，CSR に比べて全地球規模での目標設定にとらわれ，理論的な根拠の乏しさやそれらの目標を実現可能にする強制力の欠如がしばしば指摘されているのも現実である。

まとめ

　第1に，経営組織論の研究の潮流は，基本的にモダン・アプローチとポストモダン・アプローチに大別される。

　第2に，モダン・アプローチは，専門家たちが主導する普遍的で統一的な「大きな物語」が主流であり，古典的組織論，新古典的組織論，近代的組織論，適応的組織論などがある。

　第3に，ポストモダン・アプローチは，モダンの「大きな物語」から数多くて異質な「小さい物語」への移行を意味し，近年のグローバル化や情報化の進展はポスト・モダンの傾向をさらに強化している。このアプローチには，戦略的組織論，創発的組織論，文化的組織論，社会的組織論などがある。

参考文献

Barnard, C. I. (1938), *The Functions of the Executive*, Harvard University Press. (山本安次郎・田杉競・飯野春樹訳『新訳経営者の役割』ダイヤモンド社，1968年)

Chandler Jr., A. D. (1962), *Strategy and Structure*, The MIT Press. (三菱経済研究所訳『経営戦略と組織』実業之日本社，1967年)

Daft, R. I. (2001), *Essentionals of Organization Theory & Design*, South-Western College Publishing, 2nd Edition. (高木晴夫訳『組織の経営学』ダイヤモンド社，2002年)

Fayol, H. (1916), *Administration Industielle et Generale*, Dunod. (山本安次郎訳『産業ならびに一般の管理』ダイヤモンド社，1985年)

Freeman, R. E. (1984), *Strategic Management: A Stakeholder Approach*, Boston: Pitman.

Simon, H. A. (1976), *Administrative Behavior*, 3rd ed., The Free Press. (松田武彦・高柳暁・二村敏子訳『経営行動』ダイヤモンド社，1989年)

Simon, H. A., Smithburg, D. W., & Thompson, V. A. (1950), *Public administration*. New York, NY: Alfred A. Knopf. (岡本康雄・河合忠彦・増田孝治訳 (1977)『組織と管理の基礎理論』ダイヤモンド社)

Taylor, F. W. (1964), *Scientific Management*, Harper International Student Reprinter, Harper & Row and John Weatherhill. (上野陽一訳編『科学的管理法』産能大学出版部，1969年)

Williamson, O. E. (1975), *Markets and Hierarchies*, Free Press. (浅沼萬理・岩崎晃訳『市場と企業組織』日本評論社，1980年)

アンゾフ，H. I. 著・広田寿亮訳『企業戦略論』産業能率短期大学出版部，1969年。

岸川善光・朴慶心『経営組織要論』同文館出版，2015年。

岸田民樹『現代経営組織論』有斐閣ブックス，2005 年。

岸田民樹編著『組織学の道』文眞堂，2014 年。

十川廣國編著『第 2 版　経営組織論』中央経済社，2013 年。

田尾雅夫編著『現代組織論』勁草書房，2012 年。

田尾雅夫編著『よくわかる組織論』ミネルヴァ書房，2010 年。

高橋正泰『マクロ組織論』学文社，2019 年。

テイラー，F. 著・有賀裕子訳（2009）『新訳　科学的管理法』ダイヤモンド社。

中村瑞穂編著『企業倫理と企業統治－国際比較－』文眞堂，2002 年。

フリーマン，R. E.，ギルバート Jr., D. R. 著・笠原清志監訳『企業戦略と倫理の探究』文眞堂，1998 年。

水谷雅一『経営倫理学の実践と課題』白桃書房，1995 年。

水村典弘「経営学における利害関係者研究の生成と発展：フリーマン学説の検討を中心として」経営学史学会編『現代経営と経営学史の挑戦：グローバル化・地球環境・組織と個人』（経営学史学会年報第 10 輯）文眞堂，2003 年，148 ～ 159 ページ。

ミンツバーグ，H. 著・中村元一ら訳『戦略計画　創造的破壊の時代』産能大学出版部，1997 年。

森本三男『第三版　現代経営組織論』学文社，2011 年。

吉原英樹（1967）「組織スラックと企業の適応的行動―立石電機のケースを中心にして」『経済経営研究』神戸大学経済経営研究所，121 ～ 152 ページ。

吉原英樹（1969）『行動科学的意思決定論』白桃書房。

第 *3* 章

組織の発展

学習目標

1　組織が成長するプロセスについて学習する。
2　組織の5段階成長モデルについて学習する。
3　組織の中で個人がいかに成長するかを学習する。

　本章では，組織の発展というテーマに焦点を当て，企業が長期にわたって維持・発展していくためのマネジメントのあり方について論じていくことにしよう。

　一般的に，組織が成長しているかどうかは，売上高，総資産，資本金，従業員数など組織の規模を量的に測定し，判断されることが多い。しかし，組織の成長は，それだけで捉えられるわけではない。バーナード（C. I. Barnard）が指摘するように，組織は，個人やチームなど組織を構成するメンバーが，何らかの活動を提供し，それが効果的に組み合わさることで成立・存続する。したがって，組織の成長ないし発展を論じていくにあたっては，組織の内部にも目を向け，組織メンバーの成長にも焦点を当てなければならない。

　本章は，これらの内容を詳述したものであり，前半部分では，グレイナー（L. E. Greiner）の5段階成長モデルを取り上げ，そもそも組織の成長とは何を意味するのか，組織の成長過程はどのように特徴づけられるのかを論じる。さらに，本章の後半部分では，組織の成長と密接に関連する，①組織社会化，②人的資源管理，③個人のキャリアといったテーマについても取り上げ，包括的

に組織の成長について論じる。

第1節　組織そのものの成長

　本節では，組織の成長過程に関するグレイナーの研究を概観し，組織の成長が何を意味するのか，組織の成長過程はどのように特徴づけられるのかを説明することにしよう。

1．グレイナーの5段階成長モデル

　組織の成長とは，端的に言えば，「長期にわたって規模を拡大し，組織メンバーの成長など質的な発展も遂げていく過程」のことである。また，組織の成長過程に関する諸研究を見れば，組織は，いくつかの異なる段階を経て成長するという点で共通している。そして，組織の成長過程を端的に示したのが，グレイナーの5段階成長モデルである（図表3－1）。

　このモデルでは，組織の成長する期間が，進化と革命といった2つの期間で分けられている。進化の期間とは，組織が特に大きな問題を経験することなく，順調に成長していく期間のことである。革命の期間とは，組織が順調に成長していく中で，組織の成長を揺るがす問題が発生する期間のことである。そして，グレイナーの5段階成長モデルでは，革命の期間を経ることで，組織の発展が次のステップへと進むことが示されている。

　グレイナーが指摘する組織が成長するための5段階（進化期間の成長と革命期間に起きる問題）とは，①創造性による成長とリーダーシップの危機，②指揮による成長と自主の危機，③権限委譲による成長と統制の危機，④調整による成長と形式偏重主義の危機，⑤協調による成長と新たな危機の5つである。以下では，この5つの成長段階について，その内容を述べていこう。

2．創造性による成長とリーダーシップの危機（第1段階）

　第1段階は，企業の創業当初の段階である。この段階では，企業の創業者が経営戦略を考え，マーケティングを行い，投資の意思決定がなされる。また，

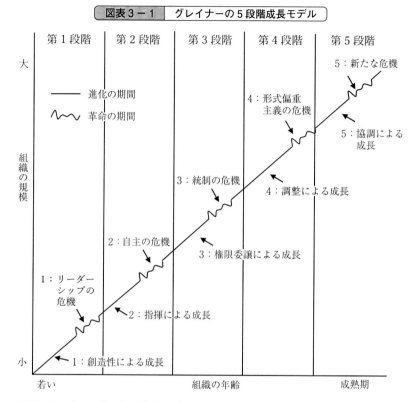

図表 3 − 1　グレイナーの 5 段階成長モデル

出所：グレイナー著，藤田訳（1983）より引用。

部下は，創業者が掲げる理念や企業目標に共感したメンバーが集まり，事業は組織全体で補完しながら行われる。言い換えれば，創業当初の段階では，企業の成長は，創業者の創造性に拠るところが多く，創業者が卓越した創造性を発揮することで，組織は順調に成長していく（進化の期間＝創造性による成長）。

　組織が成長するにつれて，生産量が増え，従業員数も増加し，事業も拡大する。そして，こうした状況において，組織がさらなる発展を目指すためには，生産効率を向上させることが必要になる。また，企業の成長と共に，新たに入社したメンバーは，創業当初のメンバーと異なり，創業者が掲げる理念や企業目標に深く共感していない可能性もあり，従来のように部下を管理することが

48

困難なものとなる。

　このように，創業者の創造性を中心として成長する段階においては，生産性効率の向上と部下のマネジメントといったリーダーシップの危機が発生する（革命の期間＝リーダーシップの危機）。こうした危機を乗り越えるための方法として，例えば，創業者の意向と組織メンバーを上手く橋渡しするマネジャーを置き，組織を効率的に運営していくなどが考えられる。

3．指揮による成長と自主の危機（第2段階）

　マネジャーの設置など組織の基盤が整備されてくると，企業は再び持続的な成長の期間へと入る。そこでは，指揮的なリーダーシップのもと，商品を作る製造部門，商品を販売する営業部門，市場の調査などを行うマーケティング部門など職能的な分業が行われる。そして，経営者は組織全体を俯瞰し，最も効率よく経営資源をコントロールするようになる。これが，リーダーシップの危機を乗り越えた組織に見られる指揮による成長である（進化の期間＝指揮による成長）。

　しかし，マネジャーの設置や分業という形で成長した組織も，組織が大規模化するにつれて，管理上の問題に直面する。例えば，経営者は，各部門のマネジャーに的確な指示を出すことが求められるが，現場に精通したマネジャーの方が知識も豊富となり，方針を巡って衝突する可能性がある。これは，各部門におけるマネジャーと下位の従業員との関係においても同様である。

　この結果，組織内部から集権的な体制に対して自主の要求が高まり，経営者やマネジャーが組織全体を管理することが困難なものとなる（革命の期間＝自主の危機）。こうした自主の危機が生じた場合，多くの組織では，権限委譲や意思決定への参加などの方法を取り，分権化によって危機を乗り越えていく。

4．権限委譲による成長と統制の危機（第3段階）

　権限委譲や意思決定への参加など，分権化を促進することで自主の危機は回避され，組織は再び成長する。分権化によって，これまでになかった権限が与えられることで，各部門のマネジャーあるいは，下位の従業員は，顧客の要求

に対して素早く反応し，商品の改善・改良などにスピード感を持って行動できるようになる（進化の期間＝権限委譲による成長）。

　しかし，分権化を進めることは，組織のトップや各部門のマネジャーのコントロールが困難になることを意味している。例えば，トップと各部門のマネジャー，各部門のマネジャーと下位の従業員が同じビジョンを持ち，互いの信頼関係が十分に構築されていれば大きな問題は起きないであろう。

　しかし，この段階になれば，組織の規模も大きくなり，必ずしもすべての従業員をコントロールできるわけではない。これが，第3段階で起きる統制の危機である（革命の期間＝統制の危機）。分権化が進み，従業員のコントロールが上手くできなくなった場合，多くの組織では，全体的な統率力を取り戻すことに努力が傾けられるようになる。

5．調整による成長と形式偏重主義の危機（第4段階）

　分権化が過度に進んだ場合，経営者や各部門のマネジャーは，全体的な統率力を取り戻すことに努力を傾ける。具体的には，分権化によって生じる非効率を解消するために組織再編成などを行い，組織内に公式的なビジネス・モデルを確立し，分権化を維持したまま組織全体を統制できるようにする。こうした公式的な調整システムは，経営者やマネジャーの統率力を取り戻すだけでなく，企業内の経営資源を効果的に配分することにも貢献し，組織を再び成長へと導いていく（進化の期間＝調整による成長）。

　しかし，調整のために公式的なビジネス・モデルが確立されると，組織は官僚化し，形式偏重主義の危機が生じてくる。例えば，各自が割り当てられた職務のみをこなすようになり，働くモチベーションが低下する。あるいは，組織全体を成長に導くような創造的な活動が行われなくなるなどは，形式偏重主義によって起こる弊害といえる（革命の期間＝形式偏重主義の危機）。

6．協調による成長と新たな危機（第5段階）

　既存のビジネス・モデルの安定化を図りながらも，形式偏重主義の危機を乗り越え，従業員の創造性発揮が起こりやすい組織体制を作ることで，組織はさらに成長することが可能になる。そして，そのような組織を作るためには，組織内のメンバーが互いに協働の意識を持つことが必要である（進化の期間＝協調による成長）。

　協働の意識を持つとは，メンバー間の異なる意見を受け入れるということである。そして，それらの違いを上手く結びつけることで，これまでにはなかった斬新なアイディアが生み出され，組織は，既存のビジネス・モデルを維持したまま，成長を図ることが可能になる。また，メンバー間で協働の意識が芽生えた組織は，これ以降，新たに危機が生じた場合であっても，上手く乗り越えられるようになる。

第2節　組織社会化

　これまで，グレイナーの5段階成長モデルに基づき，組織そのものがいかに成長するのかを述べてきた。本節以降は，組織の成長と密接に関連する，①組織社会化，②人的資源管理，③個人のキャリアといった3つのテーマに焦点を当てていく。本節では，組織社会化を取り上げることにしたい。

1．組織社会化の定義

　組織社会化（organizational socialization）とは，新たに組織に加わったメンバーが，組織にどのように馴染んでいくのか，組織への適応プロセスを示すものであり，「組織への参入者が組織の一員になるために，組織の規範・価値・行動様式を受け入れ，職務遂行に必要な技能を習得し，組織に適応していく過程」と定義されている。

　組織に新たに加わったメンバーは，組織の一員として仕事を進めていくために，組織内で求められる役割や知識，規範，価値観などを獲得し，組織に適応していかなければならない。新入社員など新たに組織に加わったメンバーは，

その組織や仕事，他のメンバーの考え方など，当初は何もわからないが，やがて研修を終え，職場に配属され，OJT などの従業員教育を受けることで，次第に組織の一員になっていく。

　こうした組織社会化がうまくいかないということは，そのメンバーが，組織や職場に適応できず，十分に能力を発揮できないことを意味している。また，冒頭で述べた通り，組織は，個人やチームなど組織を構成するメンバーが，何らかの活動を提供し，それが効果的に組み合わさることで成立・存続していく。したがって，組織が成長するためには，組織社会化を，いかに迅速に行うかが重要となる。

２．組織社会化のプロセス

　組織社会化のプロセスは，予期的社会化，適応，および役割管理といった３つの段階があるとされている（図表３-２）。

　組織参入前の第１段階は予期的社会化であり，新しいメンバーが組織に入る前のすべての学習や経験が含まれる。第１段階の組織参入前に，新入社員は大学など学校で，かなりの社会化を身につけている。そして，この時の経験を踏まえて，自分に合った就職先を探ることになる。このような組織参入前の予期的社会化である。

　第２段階の適応は新入社員が企業に入社する，つまり組織に参加することで始まる。ここでは，自ら所属する組織がどんな組織かを実際に見る段階であ

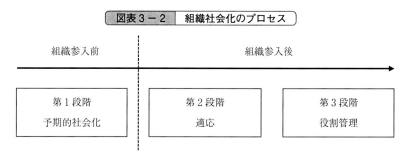

図表３-２　組織社会化のプロセス

出所：東・當間編著（2021）より引用。

り，期待と現実とのギャップに直面する可能性がある。そのギャップが小さい，つまり期待と現実があまり変わらなければさほど問題にならない。しかし，期待と現実が異なる場合，新入社員はこれまでの想定を捨てて，組織の現実に対応するために想定を新しいものにする必要が出てくる。そして，第2段階で発見した期待と現実のギャップを埋めるため，変化の過程を経験することになるが，それが第3段階の役割管理である。

　第3段階の役割管理は，その後の長期間にわたる変化である。第3段階を経て，新入社員は組織に留まるかどうかを決定することになるが，それと同時に，その組織でどれほどの生産性を上げられるか，どれほど組織目標にコミットできるかといった結果に影響を与える決定を行うことになる。

　どのような役割が果たせるかは重要であり，組織や仕事を快適と感じられれば，社会化のプロセスは成功したことになる。そのような新入社員は組織の規範を理解し，それを受け入れていく。しかし，新入社員がそうした役割をうまく管理できない場合は離職につながることになる。

　また，ここまで述べてきた社会化プロセスは，新入社員に限らず，既存の組織メンバーにもいえることである。例えば，人事異動によって新しい職場に順応することはその例といえる。そして，そこでまた新たな組織社会化が行われる。

第3節　人的資源管理

　組織が成長するためには，限りある資源を有効に活用することが必要となる。企業が持つ資源は，ヒト（人材），モノ（製品・設備），カネ（資金），情報，知的財産などさまざまなものが考えられるが，ここでは，企業がこれら経営資源をいかにマネジメントしているのかを，人的資源管理の視点から述べてみたい。

1．人的資源管理の定義
　企業は，限りある資源を有効に活用し，組織の目標を達成する必要がある。

そして，そのためのマネジメントが人的資源管理である。人的資源管理とは，英語のヒューマンリソース・マネジメント（human resource management）を日本語に訳したものであり，その言葉が示す通り，特に，従業員の採用，配置転換，昇進昇格，退職といった労働力の配分を管理する制度面に焦点を当てている。

　第１節で述べた通り，組織はその規模が拡大するにつれて，限りある資源をいかに効率的に分配するかという問題に直面することになる。人が企業で働く上で，その目的は，何よりも生きていくために必要となる報酬の獲得である。しかし，報酬を与える側の企業からすれば，無限に報酬を与えることはできない。当然，資金には限界があり，最適な賃金を決定するための何らかの制度が必要となってくる。さらに，賃金水準の決定は，個々の従業員のモチベーションに大きな影響を与えるため，そうした面も踏まえて，組織メンバー全員が納得し，モチベーションを維持できるような制度設計が必要となる。

　このように，人的資源管理において，その中心となるのは，賃金水準の決定を含めた人材のマネジメントである。賃金水準がいかに決定されるかについては，国ごとによって異なるが，例えば，欧米諸国では，横断的な労働市場が成立しているため，職種ごとに賃金水準についての相場が形成されている。一方，日本では，横断的な労働市場は形成されておらず，企業ごとの経営判断に基づき個別に決定される。そのため，年齢や産業間，企業規模によって，さまざまな格差が生じることになる。

2. 日本企業の人的資源管理

　日本企業の多くは，人事評価によって従業員の報酬が決定される。具体的には，従業員の報酬は，職務遂行能力や実際の業績を基盤とした能力・成果主義管理によって決定される。ここでいう能力とは，企業の目標達成のために必要となる従業員の職務遂行能力のことであり，職務適性，知識，経験，職務意欲といった要素から成り立っている。

　そして，こうした能力主義を制度として具現化したものが職能資格制度であり，従業員の報酬は，職能資格制度に基づき決定される。職能資格制度とは，

| 図表3−3 | 職能資格制度 |
| | |

	営 業 部	製 造 部	マーケティング部
1級	1級に基づく給与	1級に基づく給与	1級に基づく給与
2級	2級に基づく給与	2級に基づく給与	2級に基づく給与
3級	3級に基づく給与	3級に基づく給与	3級に基づく給与
4級	4級に基づく給与	4級に基づく給与	4級に基づく給与
5級	5級に基づく給与	5級に基づく給与	5級に基づく給与

出所：筆者作成。

役職とは別に企業ごとに決められるものであり，社内の職務内容を分析し，それに基づく職能資格を設定し，その資格に割り当てられた水準で賃金が決定されるというものである（図表3−3参照）。

　職能資格は，企業内のすべての部門で共通した資格であり，職務内容によって賃金が決定されることはない。例えば，製造部門と営業部門では，その職務内容も異なってくるが，それぞれに割り当てられた職能資格のランクによって賃金が決定されるため，どの部門に所属するかによって賃金水準も異なるということはない。

3．職能資格制度の意義と問題点

　では，ここまで述べてきた職能資格制度には，どのような意義があるのであろうか。その第1は，従業員の柔軟な異動が可能になるということである。組織が成長する上で，従業員は与えられた職務において，自らの能力をフルに発揮することが必要になる。そして，そのためには，各々の力量に合った職務に就くことが必要である。職能資格制度に基づく賃金管理では，どのような部門に所属していても，職能資格に基づき賃金が決定されるため，異動に伴う賃金水準の変化は起こらず，従業員も異動を受け入れやすくなり，適材適所の人事配置が可能となる。

　その第2は，従業員を動機づける効果である。部長や課長といった社内の役職は数に限りがあり，誰しもが役職に就けるわけではない。しかし，職能資格

の昇格を制度化することによって，役職に就けない場合であっても，従業員は自らの成長を実感することが可能となり，社内のキャリア形成において動機づけられるようになる。

　一方で，職能資格制度に基づく賃金管理には，公正な評価という問題がある。この制度の下では，職務遂行能力によって昇格が判断されるが，同一の職能資格の従業員評価であっても，暗黙のうちに在職年数による評価がなされており，年功的な評価基準が依然として関わっている。また，職務遂行能力の判断基準には，顕在化した能力評価だけでなく，潜在的な能力評価や情意評価も併存している。こうした評価は，上司の主観に基づく判断によって決まるため，公正な評価という点において，恣意性が完全に払拭されないという問題点が指摘されている。

第4節　個人のキャリア

　組織は，組織を構成するメンバーが，何らかの活動を提供し，それが効果的に組み合わさることで成立・存続する。したがって，組織が成長するためには，組織メンバーの成長を促すことが必要である。ここでは，個人の成長と密接に関連する従業員のキャリア形成とキャリア・マネジメントについて述べることにしよう。

1．キャリアの定義
　キャリアとは，端的に言えば，「組織の中で積み重ねる職業人としての経歴」のことである。さらに，組織におけるキャリアは，①組織内キャリア，②組織間キャリアといった2つの捉え方がある。

　前者の組織内キャリアとは，単一の組織の中で，個々の従業員が積み重ねる経歴のことである。例えば，人事異動によって，製造部門から営業部門へと異動した場合，従業員は製造の仕事に関するスキルだけでなく，営業の仕事に関するスキルも身につける。こうした単一企業内で職務経験を積み重ねることが，組織内キャリアの持つ意味である。一方で，後者の組織間キャリアとは，

転職を重ねることによって，いくつもの企業で職務経験を積み重ねるキャリアのことである。

組織内キャリアと組織間キャリアは，単一の組織における職務経歴か複数の組織における職務経歴かといった違いがあるものの，この2つのキャリアは，いずれも外部から客観的に経歴の積み重ねを確認できるという点で共通している。こうした客観的に観察可能なキャリアは，客観的キャリアと呼ばれている。これとは異なり，キャリアを個人の心理的な変化と捉える考え方もある。こうしたキャリアは，主観的キャリアと呼ばれ，自らのキャリアの変化を主観的にどのように認識し，理解するのかといった個人の心理面に焦点を当てたキャリアである。次項で述べるが，近年では，客観的キャリア以上に主観的キャリアを，いかに充実させるかが重要になっている。

2．自律的キャリア

従来の日本企業やその他組織において，個人のキャリア形成は，組織側から提供されるものであった。そこでは，採用・配属から始まり，OJT や研修，人事異動などを行うことで，個人はさまざまな知識を身につけ，職務経験を積み，昇進や昇格をするといったキャリアの形成が行われていた。こうしたキャリア形成は，新卒採用，終身雇用，年功制を前提としたキャリア形成であり，組織内でのキャリア形成が個人のキャリア形成と同一であると考えられていた。

しかし，近年の企業を取り巻く環境は不確実性が高く，必ずしも従業員の長期的な雇用を保証できるわけではない。また，組織階層のフラット化により，管理職の数も減り，すべての従業員を一律に昇進させることも難しくなっている。こうした状況は，自らのキャリア形成を組織に依存することができなくなっていることを意味しており，現在では，組織に依存したキャリア形成より個人でのキャリア形成が重要となっている。

こうした個人にシフトしたキャリア形成は，自律的キャリアと呼ばれている。自分の価値観や人生観に合ったキャリアを形成し，組織主導のキャリアにとらわれず，自分自身のキャリアを自ら管理することが，自律的キャリアの持

つ意味である。自律的キャリアを形成するためには，自分自身の目標が何であるのか，また，目標を達成するためには，どのような知識やスキルを身につける必要があるのか，そして，今現在自分は何ができるのかを明確に認識する必要がある。こうした自律的キャリアの形成は，組織に依存したキャリア形成より困難なものであるが，自らのキャリアを自分自身でコントロールすることができれば，キャリア・プラトー（客観的キャリアが停滞した状態）と呼ばれるキャリア構築の壁にぶつかったとしても，自らのキャリアを発展させることが可能になる。

このように，現代社会において，自律的キャリアを形成することは重要であるが，自律的キャリアを形成するためには，組織と個人双方のニーズに合うキャリア形成の仕組みが必要である。そこで重要となる概念がエンプロイヤビリティ（employability）である。エンプロイヤビリティとは，「雇用されうる能力」のことであり，自分自身で身につけた能力と仕事を通して身につけた能力が含まれている。また，エンプロイヤビリティは，その言葉が示すように，他の企業でも通用する能力という意味が含まれている。そのため，長期雇用や年功制を前提とした組織内キャリアの形成が困難となっている現在において，企業などの組織には，個人が自律的キャリアを形成できるよう，エンプロイヤビリティを高めるための支援が求められている。

まとめ

本章では，組織の発展をテーマに，企業が長期にわたって維持・発展していくためのマネジメントのあり方について説明した。

第 1 節では，組織の成長が何を意味するのか，組織の成長過程はどのように特徴づけられるのかを，グレイナーの 5 段階成長モデルに基づいて説明した。第 2 節から第 4 節では，組織の成長と密接に関連する，①組織社会化，②人的資源管理，③個人のキャリアといった 3 つのテーマを取り上げた。

第 2 節では，個人が組織へ適応するプロセスについて説明した。第 3 節では，日本企業における人的資源管理の意義と問題点を説明した。第 4 節では，自律的キャリアの形成について説明した。

参考文献

青木幹喜編著『人と組織を活かす経営管理論』八千代出版，2009 年。

東　俊之・當間政義編著『経営組織の基礎―要点の整理―』五絃舎，2021 年。

金井壽宏・鈴木竜太編著『日本のキャリア研究：組織人のキャリア・ダイナミクス』白桃書房，2013 年。

上林憲雄・厨子直之・森田雅也『経験から学ぶ人的資源管理』有斐閣，2018 年。

グレイナー，L. E. 著，藤田昭雄訳「企業成長の " フシ " をどう乗り切るか」『ダイヤモンド・ハーバード・ビジネス』第 8 巻，第 3 号，1983 年。

桑田耕太郎・田尾雅夫『組織論』有斐閣アルマ，2015 年。

シャイン，E. H. 著，二村敏子・三善勝代訳『キャリア・ダイナミクス』白桃書房，1991 年。

十川廣國編著『経営組織論』中央経済社，2015 年。

高垣行男編著『経営学 I ―基礎理論編―』五絃舎，2018 年。

高垣行男編著『経営学 II ―応用編―』五絃舎，2018 年。

中原秀登『基本経営学』新世社，2011 年。

バーナード，C. I. 著，山本安次郎・田杉 競・飯野春樹訳『経営者の役割』ダイヤモンド社，1968 年。

開本浩矢編著『組織行動論』中央経済社，2019 年。

宮下　清『テキスト経営・人事入門』創成社，2013 年。

森　五郎監修，岩出　博著『LECTURE　人事労務管理』泉文堂，2012 年。

山本　寛『昇進の研究―キャリア・プラトー現象の観点から―』創成社，2006 年。

ロビンス，S. P. 著，高木晴夫訳『組織行動のマネジメント』ダイヤモンド社，2009 年。

第 **4** 章

未来の組織

学習目標
1 未来の組織に見られるトレンドについて検討する。
2 近未来組織の形態とその特徴について明らかにする。
3 ニューノーマル時代に解決しなければならない課題について取り上げる。

　人間は組織を作ることによって，1人では到底及ばないさまざまな目標を達成している。しかし，組織を取り巻いている外部環境の変化への対応，その変化への対応として必要とされる内部資源の蓄積というオーソドックスなテーマ以外に，現代の組織には解決しなければならない課題が山積している。

　近年，グローバル化や情報化に代表される経営環境の急激な変化にいかに対応するかは，営利・非営利組織を問わない重要な課題となっている。例えば，GAFA（ガーファ）と呼ばれているものが急に出現した。これはグーグル，アップル，フェイスブック（2021年にメタ・プラットフォームズに改名），アマゾンという4社の頭文字をとったものを指す。現在までこれらの米国のIT企業は，ビジネスモデルとして先端技術を駆使したプラットフォームを提供しており，世界各国にある数えきれない企業がそのプラットフォームを利用するような仕組みが構築されている。いずれの企業も2000年以後という短期間で世界のIT市場において支配力を急激に拡大している（近年ではマイクロソフト社を入れてGAFAM（ガーファム）と呼ばれたりもしている）。これらの企業の登場は誰もが予

測できなかったことであり，現在は大規模な組織の経営者に限らず，私たちの生活までにも及ぶ重要な変化として認識されている。

　そういった意味で，現代の組織は外部環境の変化へ適応しながら絶えずその姿を変え続ける有機体でなければならない。その結果，組織は持続的な発展が維持できる。先述した GAFAM という企業の出現を簡単に予測できなかった如く，未来の組織の形態とその体制がいかなるものになるかについては予測不能である。しかし，完成形ではないものの，近未来の組織になるであろうと注目されている組織が登場している。

　本章では，近未来の組織に見られるであろうと思われる主なトレンド，近未来に現れるであろうと思われる組織の特徴，そして近年，組織環境の変化に伴って現れている 2 つの課題について探ることを主な目的とする。

第 1 節　未来組織に見られるトレンド

　定量的かつ定性的に飛躍的な発展を成し遂げている経営組織は，数多くの問題も同時に抱えている。このような組織の抱える諸問題を「組織の病理」という。田尾（2012）はこの「組織の病理」について次のように語っている。「倫理は組織の外に関わることが多い。そしてこの社会の価値や考え方との整合性が問われるが，病理はその内部の問題として扱われることが多い。病気のようなものである。（中略）なお，深刻な病理は倫理に反映される。病んでしまえば，自らを律する意欲を欠くことになる。逆に律する意欲が欠けると，病気をいっそう促すことになる。」

　これらの組織の病理として挙げられるのが，ビュロクラシー，パワー・ポリティックスの過剰，ルーモア・ポリティックス，組織の中の軽犯罪，差別，フラストレーション，個性に由来するもの，自己愛，サイコパス，カリスマの暴走などである。これらの諸問題は，内部から腐敗していくという特徴を有している。要するに，組織を作ることに対して本来期待している組織の「正」の側面は，その組織のマネジメントの如何によって「負」の側面に変質させてしまうパラドックスに陥るかもしれない。

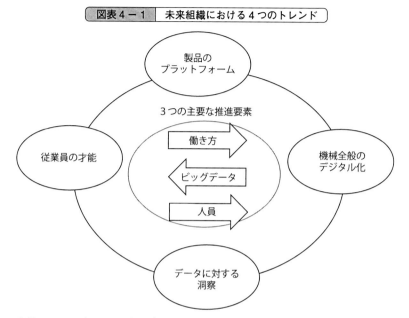

図表4－1　未来組織における4つのトレンド

製品の
プラットフォーム

3つの主要な推進要素

働き方

ビッグデータ

人員

従業員の才能

機械全般の
デジタル化

データに対する
洞察

出所：ChurchとBurke（2017），58ページ。

　過去において高く評価されていた組織理念，組織目標，組織形態，組織構造
なども時間の経過とともに陳腐化し，新たな変革が問われることも多い。先述
したように，そういった意味で組織は有機体のように，常に外部の環境に適応
しながら繰り返し変化しなければならない生き物かもしれない。さまざまな組
織を取り巻く環境に劇的な変化が訪れた時期が1990年代であろう。経済のグ
ローバル化，情報化，モノづくりルールの変化などかつては思いもよらなかっ
た新たな変化が現代の組織にとっての大きなプレッシャーとなっている。
　このような動向の中，未来組織の特徴として挙げられるトレンドがある。
チャーチとバーク（Chrch and Burke, 2017）は，図表4－1が示しているよう
に，未来の組織を形成する4つのトレンドについて取り上げている。すなわ
ち，①製品のプラットフォーム（platform over product），②従業員の才能
（talent over employees），③機械全般のデジタル化（digital over mechanical），④
データに対する洞察（insight over data）があるという。

　まず，組織上に発生している主な変化は，製品に対する関心についてである。これは，かつての関心が製品自体に寄せられているならば，今後は製品と関連するプラットフォームへと関心が移行する点である。この移行は，すでに組織構造の一部で見られている変化に関するものである。言い換えれば，組織デザインの新たな形態は，電子商取引ブームの如く，ヴァーチャルで，流動的で，ダイナミックな構造が生まれる頻度で同時に出現している。さらに，これらの組織は，何が企業なのかという境界が曖昧なままの状況に置かれている。これらの組織は，経営環境の変化とともに今後より柔軟で弾力的に変化する傾向もある。先述したように，今までプラットフォーム・ビジネスを通して世界を席巻してきたGAFAMは，今後もIT市場においてその支配力がさらに強化されるであろう。

　第2の組織上に発生している主な変化は，かつては機械的に処理していた手法が今後はデジタルな手法へと転換される点である。私たちの日常の生活と情報技術がより密接に結びつく傾向はさらに強くなり，一段と多様化された情報を要求する声に企業側が機敏かつ迅速に応じるようになっている傾向である。これらの変化を見ると，世の中のデジタル化の進展とともに，最高デジタル責任者（chief digital officer），電子商取引部門（e-commerce group），デジタルマーケティング部門（digital marketing function）などのように，デジタル化に備えた専属部署の公式的なポストがかつてより増加していることは明らかである。このような動向は，組織デジタル化をさらに強化する始まりに過ぎないが，今後に向けてのさらなる挑戦は，真のデジタル化を企業全体の至るところにまで浸透させるための変革（transformation）に見られる。

　第3の組織上に発生している主な変化は，データ利用に関するものについてである。デジタル・プラットフォームを主軸にしたような新たな組織づくりはデータをさらに量産する効果をもたらしている。企業経営において集められたデータを利用すること自体が組織にとって新しい動向ではあるが，そこから一歩進んでそれらのデータをいかに利用するかについての期待は，近年，急激に膨らんでいる。今日の経営組織は，それらのデータから抽出される洞察（insights）にさらに焦点を当てている。その洞察は，企業の意思決定に情報を

提供したり，具体的な行動に出たり，戦略など将来進むべき方向性を決めたりする際に手助けとなっている。実際，DX（digital transformation）とビッグデータを取り扱うところで生成された膨大な量のデータから得られる洞察に対するニーズは，「ビッグデータ現象（big data phenomena）」という表現に集約される。総務省によれば，このビッグデータの特徴として多量性，多種性，リアルタイム性があるという（「総務省ホームページ」，https://www.soumu.go.jp/ へ 2022 年 8 月 22 日閲覧）。ここでいう DX とは，「デジタル技術の浸透が，生活や産業などのあらゆる分野をよりよい方向に変化させる」という意味として使われている（立本・生稲, 2020）。この DX が現代社会において有する意義は，単にデジタル技術を利用して業務改善を推進するだけでなく，かつての産業革命で引き起こされた変化のように，産業構造やビジネスモデルまでを含む急激な変化に対応可能なことにある。実際に日本においても，この DX が出現した 1990 年代半ば以後にエレクトロニクス企業と非エレクトロニクス企業の営業利益率が逆転する結果をもたらしたという。要するに，これは競争のパターンが変わり，サプライチェーン上に基盤的な技術や部品を提供するプラットフォーム企業が急成長する結果をもたらした。いわゆる「垂直統合型企業」から「プラットフォーム企業」へとパラダイム変換が引き起こされたことを意味する。このような変化は製造業の分野だけでなく，小売業の分野においても新たに発生している現象である。これに対し，マーケティング分野の大家であるコトラーとスティリアーノ（2018）によれば，デジタル時代においては，① B2B（business to business）あるいは B2C（business to customer）から H2H へ（human to human），②デジタル・プレイヤーの出現による消費者の期待の進化が見られ，企業は顧客から集まったビッグデータをスマートデータに変えなければならない役割が期待されているという。

　最後の組織上に発生しているトレンドは，従業員の才能に関するものである。これは先述した 3 つの変化より物議を醸している内容が含まれている。このトレンドは HR（人的資源部門）と組織開発アジェンダ（organization development agenda）の中心的なテーマであるため，組織的意義や組織開発と密接に関わっている。なぜなら，組織開発が個人，グループ，組織の各々の成

64

長に深く関わっているからである。具体的には，ドットコムブームによって触発された人材争奪戦が発生した後，職場でしばしば見られている人口動態上の変化，すなわち今後の組織が「多世代の混在する職場環境（multi-generation workplace）」へと変わるという認識と，そのような環境においていかに彼らを管理していくかという問いに集約される。

　ジャンニコーラ（Giancola, 2008）によれば，現在の職場では4つの世代，すなわち1925年から1942年までの間に生まれた「ベビーブーマー世代」，1943年から1960年までの間に生まれた「X世代」，1961年から1981年までの間に生まれた「Y世代」，そしてそれ以後に生まれた「ミレニアム世代」が混在しているという。このような多世代の混在する職場で彼らを効率的に管理するためには特に経営者の役割が重要である。これは具体的に異なる世代間にありうる価値観（values），態度（attitude），そしてその他彼らを満足させる組織的な要因を的確に理解することに他ならない。

第2節　近未来の組織像

　では先述した組織上に見られる新たなトレンドに備えて，いかなる組織形態と体制を維持すべきか。このような動向に対応して近年台頭した新たな組織形態に，すべての組織成員が経営に参画する「アメーバ組織」[1]，セルフマネジメント（自主管理）を最も重要な手段として標榜する「ティール組織」，社内に役職やヒエラルキーが存在しないフラットな組織形態を目指す「ホラクラシー組織」などがある。これらの組織が私たちの近未来に出現するであろうと考えられる背景には，主に組織を取り巻く経営環境の変化がある。それらの変化に機敏かつ柔軟に対応する目的で考案された組織形態として認識されている。ここでは近年，特に注目されているティール組織とホラクラシー組織について取り上げる。

1．ティール組織

　フレデリック・ラルー（Frederic Laloux）によって2007年に提唱された

ティール組織は「上下関係のない」「自律型組織」「個人の裁量や自由を重視する」などの特徴を有している。

　ここではティール組織の詳細について明らかにする。

　まず，ティール組織は，時代によって変化する組織の発展型の 1 つとして認識されている点である。ラルーは組織の発展形態を時系列に羅列しているが，同組織を衝動型組織，順応型組織，達成型組織，多元型組織に続く，次の段階に現れる組織型として想定している。

　図表 4 － 2 は，各々の発展段階を整理しているものである。同図表では各々の組織形態について，概要，現代に見られる事例，主な特徴，指針となる比喩を明らかにしている。彼が各々の組織の発展状態をレッド，アンバー（琥珀），オレンジ，グリーン，ティール（青緑）という異なる色で区分しているのは興味深い。さらに，ティール組織は先述した各段階の最も上位にある段階に位置づけられ，レッド → アンバー → オレンジ → グリーンという各々の進化の段階を経て，次の段階に現れる組織形態として知られている。

　ラルーによれば，実際に現代の多くの多国籍企業の場合，「予測と統制」がマネジメントの中心となり，それは収益性や効率性を追求するオレンジ組織の形態を採用していると分析されている。具体的には，戦略計画，中期計画，年間予算サイクル，主要業績指標（key performance indicator），そして定められた目標の達成のために，実績評価，ボーナス制度，ストックオプションなどが採用されているという。

　近年では，信頼で結びついているメンバーやチームが自己修正できる仕組みを特徴とするティール組織へと転換する傾向を見せている。すなわち，組織成員個々人の意思や信頼関係を重んじる組織形態がしばしば好業績をあげている点が注目されている。

　このティール組織は，経営学のみならず経済学，行政学，教育学など組織を研究対象としている専門分野においても注目され，その組織形態とその体制が有する意義について多く語られている。例えば，影山（2021）は，労働経済学の分野においてティール組織の導入により，自主労働と社会課題の解決の次元に留まらず，労働の人間化や環境保全，人権保護などの課題と効率性や合理性

図表 4 - 2 **組織のパラダイムの変遷**

組織形態	概　要	現代に見られる事例	主な特徴	指針となる比喩（メタファー）
衝動型組織	集団をまとめるために組織のトップは常に暴力を行使。組織をつなぎとめるのは恐怖。環境変化に対して極めて受動的で，短期志向で混乱には強い。	・マフィア ・ギャング ・部族の民兵	・労働分業 ・指揮権限	・オオカミの群れ
順応型組織	ピラミッド型の階層構造に適用される極めて型にはまった役割。トップダウンによる指揮命令（何をするのかも，どうするのかも上が決める。厳格なプロセスにより何よりも「安定」が重視される。未来は過去の繰り返し）。	・カトリック教会 ・軍隊 ・大半の行政機関 ・公立学校のシステム	・「正式な」役割（安定した大きな階層組織） ・プロセス（長期的な視点）	・軍隊
達成型組織	目標は競争に勝つこと。利益を獲得し，成長を目指す。前進するための鍵はイノベーション。目標達成のための経営（何をするかは上が決める。どうするかは自由）。	・多国籍企業 ・チャーター・スクール（市民主導による公立学校）	・イノベーション ・説明責任 ・実力主義	・機械
多元型組織	古典的なピラミッド組織の中で，文化と権限委譲を重視して，従業員のモチベーションを驚くほど高める。	・文化重視の組織（サウスウエスト航空，ペン＆ジェリーズなど）	・権限の委譲 ・価値観を重視する文化 ・ステークホルダー ・モデル	・家族
進化型組織	信頼で結びついているメンバーやチームが自己修正できる仕組み。	・AES（米国の電力会社） ・FAVI（自動車部品メーカー） ・ハイリンゲンフェルト社（メンタルヘルス病院）	・セルフマネジメント（自己管理） ・ホールネス（全体性） ・常に進化する目的	・生命体

（注1）フレデリック・ラルー著，鈴木立哉訳（2018），63ページ。
（注2）進化型組織については筆者が作成。

をも同時に実現可能になるのではないかと主張している。

　次に，近年，日本でティール組織を導入している事例として「メガネ 21」について紹介する。

　まず，ティール組織を実践しているメガネ 21 の実績について明らかにする（水野，2022）。メガネ 21 では，同族経営へ逆進させた世襲社長が解雇された過去の経験を糧に，社員全体による自主経営への転換を余儀なくされた。その具体的な推進策として「1．社長と同じ情報が得られる。2．社長と同等の権限が得られる。3．社長以上の報酬や社用車が得られる。4．社長の信任を得れば新社長に推薦される。5．社長の反対を却下して社員の提案が実践できる。6．社長より大きな利益貢献をした社員は尊敬される。7．社長と社員は共に損失責任を問われる。8．社長退任後も社員の権限が守られる。9．社長の特権や責務が軽微だから簡単に交代できる」ことが必須条件として挙げられている。

　このような方針は，具体的に①社長の年収を 1,000 万円以下にすること，②社長の任期制の採用，③極めてフラットな組織の形成，④社内イントラネットを通したすべての情報の共有などによって具現化されている。

　水野（2022）はメガネ 21 の社員による自主経営に対し，ラルーの目指すティール組織と比較しながら以下のように評価している。「こうした説明と上述したメガネ 21 の特徴から，ティール組織が切り開いたブレイクスルーとして自由経営（Self-management）はすでに実践されており，全体性（Wholeness）は社員の幸福を大切に人間として人格を評価することで対応され，存在目的（Evolutionary purpose）は社是と経営方針の徹底した理解とモラルの向上によって認識されている」という。

　さらに水野は，このティール組織の特徴として挙げられているものの多くがかつての日本的経営に多く含まれていることを指摘している。現在ティール組織の重要性が問われるならば，日本的経営の良さを問い直し，日本企業自らが撤退している可能性についても再検討する必要性があるという。

　一方，このようなティール組織は，学校のような非営利組織にもその導入の必要性が問われている（五十嵐，2019）。五十嵐は教育の現場においてもピーター・M・センゲ（2011）の主張する「機械的組織論」から「有機体的組織

論」への転換が余儀なくされていることを強調し，組織全員が望む未来の組織創造が必要不可欠であるという。ここでいう「機械的組織」とは組織内部の規則や任務が厳密に規定されている組織のことをいうのに対し，「有機体的組織」とは組織内において役割分担が曖昧であり，組織課題についてその都度調整が行われる特徴を有する組織のことをいう。有機体的な組織に移行するための重要なポイントとして「対話」の重要性が問われているという。

五十嵐（2019）は具体的に，2007 年度にドイツのベルリンに設立された ESBZ（Evan-glche Schule Berlin Zentrum）について紹介した。その学校の特徴は，ディスカッションと共同作業が重視されている点である。彼によれば，その学校には「指示する教師」も「注意される生徒」も存在せず，教師はティーチングの専門家ではなく，単にその教科の専門家であるため，ひたすら生徒たちへのサポートの役割を果たすのみであるという。実際に，その学校では教師も学校も自主運営しており，3 つのクラスで 1 つのミニスクールが構成されている。

この ESBZ に対し，ティール組織の考案者であるラルー（2007）は，「どんな学校も ESBZ の成功をまねすることができる。なぜならお金や資源は成功の決定要因ではないからだ。必要なのは，こどもたちと，先生たちと，教育を新しい視点でとらえ直すということなのだ」という。

2．ホラクラシー組織

ロバートソン（Brian J. Robertson）によって 2015 年に提唱されたホラクラシー組織は，基本的に「役職をなくし生産性を上げる」ことを最大の目標としている。ロバートソンは，ホラクラシー経営を「組織を管理運営するための新しいソーシャルテクノロジー」として認識し，以下のような要素が必要であると主張している。

「・『ゲームのルール』を明示し，権限を再分配する憲法（constitution）
　・組織を構築し，人々の役割と権限の及ぶ範囲を規定する新しい方法
　・それらの役割と権限をアップデートするユニークな意思決定プロセス

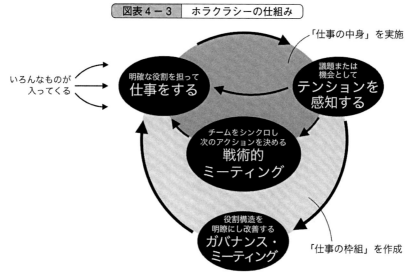

図表 4 - 3　ホラクラシーの仕組み

「仕事の中身」を実施

いろんなものが
入ってくる

明確な役割を担って
仕事をする

議題または
機会として
テンションを
感知する

チームをシンクロし
次のアクションを決める
戦術的
ミーティング

役割構造を
明瞭にし改善する
ガバナンス・
ミーティング

「仕事の枠組」を作成

出所：ロバートソン（2016），51 ページ。

　・チームを常に最新の情報に同期化し，一緒に仕事をやり遂げるための
　　ミーティング・プロセス」

　そして彼は，ホラクラシーがいかに権限を分散し，それが新たな組織構造と
していかに反映されていくかについて注目している。同組織では基本的に「権
力を人ではなくプロセスに持たせる」手法が必要不可欠であることが主張され
ている。この組織形態は単に，組織リーダーから権限を取り上げて他の組織成
員あるいはグループへ委譲するだけのことを意味しない。要するに，組織の中
核的なルールブックの機能を果たすことが重視されており，その中でホラクラ
シー憲法（holacracy constitution）が最も重要な機能を果たすことになる。この
憲法はすでにバージョン 5.0 まで改訂されており，英語版以外にも 14 カ国語
で翻訳されている。そのサイトには定められているルールがきめ細かく記述さ
れている（「ホラクラシー憲法」（www.holacracy.org/constitution）2022 年 8 月 23 日
閲覧）。

　実際に，このホラクラシー経営を導入している事例として紹介されているの

が，ザッポス社（Zappos）社である。同社はオンラインで靴，衣類，アクセサリーなどを販売している米国最大の小売業者である（加藤，2017）。同社では，伝統的な企業にありがちの「チーム」とは異なる「サークル」という組織ユニットが多く散見される。ホラクラシー組織を導入した後に見られた大きな変化に，導入前に全部署で150あったチームが500の「ゼネラル・カンパニー・サークル（GCS）」の組織に進化した点などがある。このGCSはバッジ業務にサブサークルを作ることが許され，職務内容の変化や進化によってはその姿を変えることもありうる。

　さらに，米国にはホラクラシー組織を導入した公的部門がある（ディアンジェロ，2019）。それは米国のワシントン州政府でのホラクラシー組織の導入実験として注目されている。同政府がIT部門職員の大量定年に備えて実験的に導入したのがホラクラシー組織である。この導入実験は，従来まで維持してきたヒエラルキー型組織を撤廃する大胆な改革に挑戦することを意味する。2019年当時には急務であった「①民間企業とも競争できる組織体制づくりと新たな人材の確保，②テクノロジー上の変革」が大きな課題として認識されていた。

　一方，近年，日本では不動産ITサービス業を営んでいるダイヤモンドメディア社（創業2007年），人材事業を行っているキャスター社（創業2014年）などがホラクラシー組織の導入事例としてしばしば紹介されている（田邉，2019）。その2社は小規模での事業を行っており，現在までホラクラシー経営を継続している数少ない事例として知られている。

　さらに，ホラクラシー経営で成功した事例として，2003年10月に創業され，2022年8月現在71名の社員で構成されているアトラエ社がある（鈴木，2020）。同企業ではCEO，CTO，CFO以外の役職は存在せず，企業全体にわたって活動しているサークルのみが存在する。単に営業，エンジニア，マーケッターなどの職種が存在するのみである。鈴木（2020）によれば，「上司・部下の関係もなく，出世，昇進という概念も派閥も存在しない」という。同社には，Green，yenta，wevoxというプロジェクトが出来上がり，その傘下にあるチームには各々のエンジニアやデザイナー，セールス，マーケッター，カスタマサクセスのメンバーが集合して業務に携わる形をとっている。この会社の大きな

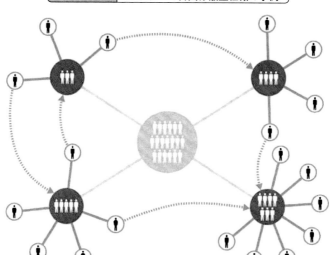

図表4－4　アトラエの自由分散型組織の事例

出所：鈴木（2020），148ページ。

特徴は，社内で推進されているほとんどの業務内容が社員一人一人に共有さ
れ，その業務の推進内容に対して意見を異にする場合には議論の場が開かれて
いる点である。上場が決まった2016年以後の同社の株価は2022年8月現在
1,723円を付けており，多少の浮沈はあるものの，全体的に増加傾向にある
（「ヤフーファイナンス」https://finance.yahoo.co.jp/quote/6194.T　2022年8月22日閲
覧）。
　鈴木は，同社におけるホラクラシー組織を支える主要な要因として「情報の
透明性」と「報酬と評価の仕組み」について明らかにしている。
　第1の「情報の透明性」については，ロバートソンによって提唱された原理
を忠実に再現しているように見える。定例会議やコミュニケーションツールを
通して，社員全員に情報が共有されている。従来のヒエラルキー型組織の盲点
として指摘されている「情報の非対称性」の問題を克服するためには，社員全
員によって遂行される迅速な意思決定を可能にする情報共有が必要不可欠であ
るという。その結果，社員全員のビジネスチャンスの増加，社員全員による経

営への参画意識の向上などの効果が期待できるという。図表4-4では、同社におけるプロジェクトチームを超えた社員間の関わり合いの全体図が明らかにされている。この会社で全社会議として定められているのは、毎週月曜日に行われる「朝礼」、月半ばに行われる「中間締め会」、月末時に行われる「締め会」などがある。

第2の「報酬と評価の仕組み」づくりも同社が抱えている最も重要な課題の1つである。いくら理想的な仕組みが構築されたとしても、社員一人一人が行った業務成果への評価が的確に行われなければ社員の士気は下がり、場合によっては離職を決断させたりする主因となるかもしれない。そのため、同社では評価の仕組みとして「360度評価」と「独自のアルゴリズム(計算手法)」が採用されている。前者の360度評価については、社員が自分の働きをよく理解している5人を自ら選出し、彼らから評価を受ける体制になっている。この評価の仕組みで興味深いのは、高い評価をされた結果には計算の比重が低く、逆に低い評価をされた結果に関しては計算の比重が高く適用されている点にある。これらの評価の結果を受け、最終的には全社員の同社への貢献度の順位が決まるという。

しかし、加藤(2017)はこのような未来型組織に対し、今後解決すべき課題として以下のように指摘している。先述したように、ビュロクラシーを標榜した組織から脱却し、組織構成員の自主管理やマネジメント全体の透明性を目指すというのがホラクラシー経営の特徴である。しかし、ホラクラシー組織の成功例として取り上げられているザッポス社の場合、売上高の好調さとは裏腹に、退職率の高さがホラクラシー組織の有する矛盾として浮かび上がっている。すなわち、同社のトニー・シェイCEOによって定められた、退職したいと希望する社員に対しては退職手当を支給するという方針は、社員全体の6%を占める社員を退職させてしまう結果をもたらしている。実際にその退職率の高さを生じさせている最も大きな原因は、昇進、報酬制度、責任の所在の曖昧さに起因するものである。

さらに、このホラクラシー組織には、全体のマネジメントの緩さの故に発生する情報漏洩の危険性、個々の社員の行動把握の困難性、新たな組織文化への

新入社員の適応困難性，そして業績向上に伴う迅速な組織拡大への対応困難性などがしばしば指摘されている。言い換えれば，すでに強い組織文化が組織内に定着している組織の場合，新たな改革案としてホラクラシー経営を導入し，それを新しい組織文化として定着させるには，組織リーダーたちによる強力な推進力だけでなく，社員全員による自発的な参加を前提にした持続的かつ献身的な日々の努力が重要な課題となっている。

第 3 節　ニューノーマル時代と組織

　近年，あらゆる組織をめぐる外部環境の大きな変化として，コロナウィルス感染症（COVID-19）の全世界的な拡散がある。これらの動向は私たちの実際の生活だけでなく，実にあらゆる分野にまで影響を及ぼしている。これは全人類が 2000 年代以後発生したさまざまな変化や危機的状況，すなわちニューノーマル（new normal）に直面し，それらの状況から脱却するための新たなノーマルが必要であることを意味している（Sunday et al., 2020）。ここでいう「ニューノーマル」は，2008 年に米国で発生した金融危機後，当時，米財務長官であったローレンス・サマーズハーバード大学教授が IMF（国際通貨基金）の救済フォーラムの場で発言した内容，すなわち「世界経済が低成長・低所得・低雇用の構造的な長期停滞状態に陥っているかもしれない」という表現に由来している（大橋，2015）。ここでいう「低成長・低所得・低雇用」という過酷な状況が常態化しており，それらへの対応に迫られていることに他ならない。

　テレワーク（telework）は，このような状況から脱却するために安倍前政権が掲げたテーマの 1 つであった。いわば「働き方改革」と関連する非常に重要な社会的課題を解決するための手段の 1 つとして挙げられたものである。このテレワークは，しばしば「リモートワーク（remote work）」あるいは「スマートワーク（smart work）」と言われたりもする。

　情報技術や通信技術の急激な進展が見られた 1990 年代以後，企業経営におけるテレワークの適用可能性が，IT 技術者やコピーライターなどの専門職を中心に一部の分野において試されていた。日本では 1991 年 1 月に設立された

日本テレワーク協会を中心に，2023年現在で441団体（正会員97団体，賛助会員344団体）が活動している（日本テレワーク協会，https://japan-telework.or.jp/ 2023年2月10日閲覧）。1999年6月には日本テレワーク学会も設立されている。

　しかし，2020年度から本格的に蔓延し始めたコロナウィルス感染症の存在は，企業の存続が試される重要な機会となった。日本で在宅勤務ともいわれているテレワークに関する研究は，近年，経営学はもちろん，行政学，法学，情報学の分野においても実に多岐にわたって議論されている。経営学の分野でのテレワークに関する研究は，インターネットが普及し始めた90年代以前から行われている（Hamilton, 1987）。

　まず，オバマ政権下の2010年に施行された米国の「テレワーク強化法（U.S. Telework Enhancement Act of 2010）」の定義によれば，テレワークとは，「指定された勤務地の職場以外で承認された場所から，従業員が職務と責務を果たすために容認された柔軟な勤務調整（work flexibility arrangement）」と言われている。

　このテレワークをテーマにした本格的な研究は，1990年代に入ってからは，主にテレワークがもたらす肯定的な効果，すなわち生産性の向上，コスト削減，職務満足，ワークライフバランス（work and life balance）を促進するフレキシビリティ，チームワークの向上，可用性（availability）の向上，分野が異なる人々間の相互作用などについて考察された（Ferreira et al., 2021）。一方，テレワークの有する「負」の側面についても研究が行われてきた。具体的には，テレワークの属性から自然に生成される，孤立感，相互作業の不在，業務負担の増加，技術依存性の問題，職務遂行の時間の問題，監視，職場・家庭・個人間の生活のバランスの問題，作業者の収入の未確定の問題など活発な研究がなされた。

　さらに，テレワークを促進する原動力（driving forces）として技術，協力性の向上，組織的かつ個人的な戦略的思考（strategic thoughts），組織文化や人々のグループの勢力（societal forces），柔軟性（flexibility），技術的優位性（technical competence）とコミットメント，事業依存性の可動性（mobility）の管理，経済的な収益（economic benefit），付加価値（added value），そして最後に政府からの支援などが必要とされているという。

　日本では，2019 年 4 月に施行されている働き方改革の目指すいくつかの課題，すなわち長時間労働の是正，多様で柔軟な雇用形態，雇用形態に限定されない公正な待遇の確保などを含む「健康経営（healthy company）」が注目されている傾向もある（津野・尾形・古井，2018）。

　一方，テレワークを制度として導入する組織と従業員との関わりを「交換」という概念で分析する社会交換理論（social exchange theory）からのアプローチもある（Julien et al., 2010）。言い換えれば，労働時間と労働する場所に柔軟に対応する自社のテレワークプログラムを，従業員たちはワークライフバランス（work and life valance）として認識し，結果的に当該組織と彼らの上司に対して高い水準の職務満足が得られるという。

　次に，リモート作業を行っている従業員に対しては，従来の典型的な「行動をベースにしたコントロール（behavior-based controls）」ではなく，「成果物をベースにしたコントロール（output-based controls）」を余儀なくされる点が特徴として挙げられる。

　さらに，1990 年代以後，経済のグローバル化の進展とともに注目されているのが雇用の流動化である。これへの対応は，企業の競争優位性を維持または向上するための重要なツールの 1 つとなっている。しかし，外国人人材を自国へ受け入れる課題は，自国労働者の雇用状況に影響を及ぼす，すなわち「労働市場の補完性」と関連する非常に重要なテーマの 1 つである（小井土，2017）。さらに，外国人労働者の長期雇用の問題は，受入国にさまざまな社会問題を引き起こす可能性もある。これらの問題の深刻さについては，国内労働市場の人手不足の問題を補うために中東諸国からすでに大勢の移民を受け入れ，深刻な社会問題を抱えているヨーロッパ諸国の事例が示唆するところは多い。

　国内での労働市場の状況，特に中小零細企業での人手不足問題への対応策として注目されているのが，日本と韓国の外国人労働者受け入れ政策である。それらと関連する制度上に変化が見られたのは日本側からであった。日本の制度を踏襲するような形態で制度化に挑んだ韓国も，それほど相違点はない。これは労働市場での労働力不足の問題を解決するために，外国人労働者の受け入れを強く要求する使用者側と，国内労働者の雇用機会縮小を懸念する労働団体の

対立が背景にある。しかし，両国ともに「建前は研究生，本音は低賃金労働者」であったため，送り出しプロセス上の不正，賃金不払い，不法労働者化，人権侵害などの問題が多発していた（佐野，2010）。

一方，田巻（2011）は，約20年間にわたって外国人労働者受け入れ政策の経験を有する日韓の類似点として，①非熟練労働者の導入への慎重さ，②当初より重要な政策課題になった点，③民族的な出自を同じくする人々（いわゆる同胞）の大量の還流現象，④制度的に外国人労働者へのさまざまな政策上の整備が見られている点などを取り上げている。

非熟練外国人労働者の受け入れ政策に先に取り組んだ日本は，1990年に入管法を改正した。その後，1994年に技能実習制度の開始，技能実習制度法の施行，2019年の「特定技能制度」の施行が行われている。非熟練労働者を合法的に日本国内に受け入れるという制度面での大きな進展が見られたのは，2019年度の「機能実習制度」である。新たな在留資格制度として創設されたこの「特定技能」は，人材確保に苦しむ日本の企業を対象にし，一定の専門性・技能を有し，即戦力となる外国人を受け入れていく仕組みを構築するのが主な目的であった（佐野，2020）。しかし，コロナウィルスなどの全世界的な拡散が見られた2019年以後，外国人労働者の入国が制限されているため，新たな制度上でいかに運用されているかについては不明のままである。

外国人労働者の人権の問題について触れると，ほとんどの場合，その深刻さが目立っているのが非熟練労働者の人権をめぐる問題である。こうして日韓ともに移民政策と関連して外国人の非熟練労働者受け入れの政策に変化が見られる中，統合政策として外国人の参政権の認定，雇用許可制を実施している韓国の方が先行しているように見える。一方，日本では特定技能制の制定を通して新たな実行の可能性が見られるものの，パンデミックの状況下で実態は確認できない状況である。さらに，韓国の場合，非正規労働者の多くを外国人労働者で埋めたり，職場移動制限問題が関連して安全ではない労働環境の提供や給与支給の遅延などの問題が発生したりするなど未解決問題は山積している。日本の場合，「特定技能」制度を通して定住の途が開かれる可能性があるものの，コロナ禍以後の動向が注目される。日本では，在留資格「特定技能」に基づく

外国人労働者の雇用を「予定している（17.0％）」、「わからない（43.9％）」という調査結果からもわかるように、外国人労働者の雇用に対する企業側の慎重な姿勢も運用を困難にしている（小坂，2021）。

まとめ

　第1に、未来の組織に見られるトレンドには、①製品に対する認識が製品自体からプラットフォームへと移行していること、②かつては機械的に処理していた方法を、今日においてはデジタルな方法を使って解決しようとしている点、③デジタル・プラットフォームのような新たな組織形態がデータを量産している点、そして④従業員の才能に関心が寄せられている点がある。

　第2に、近未来組織の形態にはティール組織とホラクラシー組織があり、その主な特徴としては「上下関係のない」「自律型組織」「個人の裁量や自由を重視する」などの特徴を有している。

　第3に、ニューノーマル時代の組織が解決しなければならない課題には、主にテレワークの運用と、雇用の流動化への対応策として知られている外国人人材の活用などがある。

【注】

1）アメーバ組織またはアメーバ経営は、京セラ名誉会長である稲盛和夫によって提唱されたものである。京セラの経営システムの構築やJALの再建に役立つものとして広く知られている。この経営手法は、機能別に小集団部門別採算制度を採用し、すべての組織成員が経営に参画することが主な特徴である。ここでいうアメーバという表現は、細胞分裂を繰り返す小規模の組織単位と自力で生き延びる自律的な組織単位のことを意味する（出所：アメーバ経営学術研究会（2010），『アメーバ経営学―理論と実証―』KCCSマネジメントコンサルティング）。経営破綻後、アメーバ経営を導入することによって更生に成功した日本航空（JAL）の実態の詳細については、以下を参照すること。三浦后美（2013），「日本航空（JAL）とアメーバ経営」『社会科学論集』第139号、59～73ページ。

参考文献

Church Allan H., and Burke W. Warner (2017), Four Trends Shaping the Future of Organizations and Organization Development, *OD Practitioner*, Vol.49. No.3, pp. 14-22.

Ferreira, Rafael and Pereira, Ruben and Bianchi, Isaías Scalabrin and da Silva (2021), Decision Factors for Remote Work Adoption: Advantages, Disadvantages, Driving Forces and Challenges, *Journal of Open Innovation*, vol.7, No.70.

Giancola, F. (2008). Should generation profiles influence rewards strategy? *Employee Relations Law Journal*, 34 (1), 56-68.

Hamilton, C. A. (1987), Telecommuting, *Personnel Journal*, Vol.66, pp.90-101.

Julian, G., and Fiona, D. (2005), Using Social Exchange Theory to Predict the Effects of HRM Practice on Employee Outcomes, *Public Management Review*, vol.7, pp.1-24.

Miguel Gajendran, R. S., & Harrison, D. A. (2007), The good, the bad, and the unknown about telecommuting: Meta-analysis of psychological mediators and individual consequences, *Journal of Applied Psychology*, vol.92, No.6, pp.1524-1541.

Sunday, Michael and Ogaboh, A.M. and Chi, Daniel Jr. (2020), COVID-19 Pandemic and Workplace Adjustments/ Decentralization: A Focus on Teleworking in the New Normal, vol.11, No.4, pp.185-200.

アメーバ経営学術研究会『アメーバ経営学―理論と実証―』KCCS マネジメントコンサルティング，2010 年。

五十嵐沙千子「対話による共同体―ティール組織の学校」『倫理学』第 35 巻，2019 年，19 ～ 41 ページ。

磯部一恵・岡田直美・太田麻美子「組織の変遷から見る日本における若者の雇用の現状と課題」『教育経済学研究』第 1 巻，2022 年，72 ～ 84 ページ。

大橋正和「情報社会におけるニューノーマルという考え方について」『中央大学政策文化総合研究所年報』第 19 号，2015 年，109 ～ 133 ページ。

影山摩子弥「経済学の対象としてのティール組織―『労働の経済学』の展開に向けて―」『横浜市立大学論叢』第 72 巻第 1 号，2021 年，73 ～ 94 ページ。

加藤寛夫「バルーン型組織とその応用例―京セラ，ミスミ，チームラボ，ザッポス―」『専修経営学論集』第 103 巻，2017 年，111 ～ 131 ページ。

小井土彰宏編『移民受け入れの国際社会学』名古屋大学出版会，2017 年。

小坂拓也「中小企業における外国人雇用の実態と課題：静岡県外国人労働者実態調査の分析から」『中小企業支援研究』vol.8，2019 年，27 ～ 33 ページ。

佐野孝治「外国人労働者政策における『日本モデル』から『韓国モデル』への転換―韓国における雇用許可制の評価を中心に―」『福島大学地域創造』第 22 巻第 1 号，2010 年，37 ～ 54 ページ。

佐野孝治「外国人労働者受け入れ政策の日韓比較―単純技能労働者を中心に―」『韓国経済研究』第 17 巻，2020 年，3 ～ 35 ページ。

鈴木智子「ホラクラシー経営におけるインターナルブランディングの役割」『一橋ビジネスレビュー』第 68 巻第 2 号，2020 年，144 ～ 155 ページ。

立本博文・生稲史彦「DX の過去，現在，未来」『一橋ビジネスレビュー』Aut.，2020 年，6
　～ 18 ページ。

田邉泰子「『ホラクラシー』から考える組織，ダイヤモンドメディア。鍵は透明性，流動性，
　開放性，組織全体が勝手に育つ自然にまかせる経営のしくみ。武井浩三氏，ダイヤモンド
　メディア代表取締役」『ラーニングデザイン』第 31 巻第 2 号，2019 年，22 ～ 25 ページ。

田巻松雄「外国人労働者問題の日韓比較に関するノート」『宇都宮大学国際学部研究論集』
　第 32 号，2011 年，83 ～ 95 ページ。

津野陽子・尾形裕也・古井祐司「健康経営と働き方改革」『日本健康教育学会誌』Vol.26
　No.3，2018 年，291 ～ 297 ページ。

ピーター・M. センゲ著，枝廣淳子・小田理一郎・中小路佳代子訳『学習する組織』英治出
　版，2011 年。

フィリップ・コトラー・ジュゼッペ・スティリアー著，高沢亜紗代訳『コトラーのリーテル
　4.0』朝日新聞出版，2020 年。

ブライアン・J・ロバートソン著，瀧下哉代訳『ホラクラシー』PHP 出版社，2016 年。

フレデリック・ラルー著，鈴木立哉訳『ティール組織』英治出版，2018 年。

マイケル・ディアンジェロ「ワシントン州政府における『ホラクラシー組織』の実証実験」
　『行政＆情報システム』行政情報システム研究所，2019 年 2 月号。(https://www.iais.
　or.jp/articles/articlesa/20190208/201902_02/) 2022 年 8 月 18 日閲覧。

三浦后美「日本航空（JAL）とアメーバ経営」『社会科学論集』第 139 号，2013 年，59 ～ 73
　ページ。

水野一郎「ティール組織の意義と課題：メガネ 21 を事例として」『関西大学商学論集』第 66
　巻第 4 号，2022 年，51 ～ 72 ページ。

「総務省ホームページ」(https://www.soumu.go.jp/) 2022 年 8 月 22 日閲覧。

「日本テレワーク協会」(japan-telework.or.jp) 2021 年 8 月 26 日閲覧。

「ホラクラシー憲法」(www.holacracy.org/constitution) 2022 年 8 月 23 日閲覧。

第 **2** 部

ミクロ組織論

第 **5** 章

コミュニケーション

学習目標

1　コミュニケーション・プロセスについて学習する。
2　組織コミュニケーションについて学習する。
3　効果的なコミュニケーションのために必要な要素について学習する。

　組織内での個人活動が効果的に行われるためには，組織メンバー（組織構成員）間の円滑なコミュニケーション（communication）が不可欠である。コミュニケーションは，単純に個人間の情報交換のプロセスともいえるが，組織では上司と部下，同僚間，部門間，組織間のコミュニケーションまたは情報伝達まで含む概念である。

　先述したように，バーナード（Barnard, 1938）は，組織を「2人以上の人々による，意識的に調整された諸活動，諸力の体系」として定義したうえ，組織が成立し，存続するための3要素として，①共通目的，②貢献意欲（協働意欲），③コミュニケーションが必要であるとしている。共通の目的を組織メンバー間で共有し，各組織メンバーの貢献意欲を高めるためには，コミュニケーションの役割は不可欠である。すなわち，組織内でのコミュニケーションは，組織の目標達成のために，組織メンバーの活動を調整・統合する媒体（手段）である。職場で業務活動の70％以上の時間がコミュニケーションに使われているという研究からもわかるように，効果的なコミュニケーションは必要不可

欠である。コミュニケーションの欠如は，人間関係上のコンフリクト（葛藤）や集団や組織が適切に機能するのを妨げる主な原因にもなるので，円滑なコミュニケーションは何より重要である（Thomas & Schmidt, 1976）。

　本章では，コミュニケーションのプロセスと類型，コミュニケーションの障害要素と改善策，情報社会とコミュニケーションのネットワークについてみていくことにする。

第1節　コミュニケーションの重要性

　コミュニケーションとは，複数の主体が，言語をはじめ象徴や記号などを通じて，情報交換をすることで情報の意味を共有するプロセスである。コミュニケーションの用語は，共通性を意味するラテン語 'communis' を語源としているように，一方的なコミュニケーションではなく，相互の意思疎通を含む概念といえる。コミュニケーションは日本語の訳語として「伝達」，「情報交換」，「伝え合い」などが用いられていることもあるが，今日最も多義的に用いられている言葉の1つである（日本語教育学会編, 1990）。つまり，コミュニケーションとは情報や意思の伝達により互いが理解し合うことから始まり，それによって双方同意のもとで何らかの合意や行動がなされる共同作業といえる。小林（1972）は，コミュニケーションを情報・意思の交流による相互の理解を通して，誠意ある行動をおこさせるようにすることと定義づけ，コミュニケーションの役割を以下の4項目にまとめている。

① 情報・意思を適正に伝える（伝えさせる）
② 情報・意思を好意的に受けとめる（受けとめさせる）
③ 情報・意思にそった誠意的行動を起こす（起こさせる）
④ 関係諸機能の調整・統合をする

　また，組織内での人間行動も常にコミュニケーションを媒体として行われる。したがって，そのコミュニケーションは，組織構造，組織メンバーの行動，意思決定，モチベーションにも影響を与えるのである。要するに，効果的

なコミュニケーションは，組織の目標達成や組織成果を高めるために必須である。この効果的なコミュニケーションは組織内で6つの役割を果たす（Scott & Mitchell, 1976）。

　第1に，組織には組織メンバーが従うべき規範や権限階層がある。それは，コミュニケーションを通じて，組織メンバーに伝達され，組織メンバーの行動を調整する。第2に，コミュニケーションは，組織メンバーが業務の効率を高めるために何をどのようにすべきかを明確にする。第3に，組織メンバーは，コミュニケーションを通じて，自分の意思を表現し，社会的欲求を満たす。第4に，コミュニケーションは，個人と集団へ情報を伝達することで合理的意思決定が行われるようにする。第5に，組織活動は組織メンバーや集団のコミュニケーションと協働を通じて可能となる。第6に，リーダーシップの発揮は，リーダーの権限とコミュニケーションを通じた組織メンバーとのコミットメントにより可能となる。

　要するに，組織内でのコミュニケーションは，組織の目的・方針の共有，現在の状況・場の確認，情報の共有，ノウハウの共有，組織メンバーの役割確認，フィードバック，アウトプットの共有化などを明確にするために必要であると言える。

第2節　コミュニケーションのプロセス

　コミュニケーションが行われるためには，送り手が伝えようとするメッセージが必要である。それは送り手から受け手へと渡される。メッセージは記号化という記号形式への変換が行われ，適正な伝達経路を通じて受け手に引き渡され，受け手は送り手からのメッセージを元の形に変換するため記号を解読する。そのプロセスの結果，ある人から別の人へと意思が伝達されることになるのである。こうしたコミュニケーション・プロセスをモデル化したのが図表5－1である。

　コミュニケーション・プロセスは，受け手，メッセージ，記号化，伝達経路（媒体），記号解読，ノイズ，フィードバック，受け手などの要素から構成され

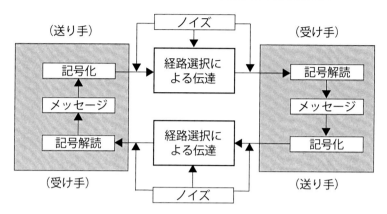

図表 5 - 1　コミュニケーション・プロセスのモデル

出所：佐久間・坪井編著（2016），205 ページを一部修正。

ている。

　送り手は伝えようとする意味ある事実，意見，問題，情報などを記号化して
メッセージを発する。記号化とは，メッセージを口頭や書面，身体言語（ボ
ディ・ランゲージ）などへ転換することである。伝達経路とは，メッセージが
通る媒体である。その際，メッセージが明確に伝達されるようにメモ，文書
（報告書や出版物を含む），グループウェア，電話，会話などが活用される。図表
5 - 2 のとおり，その経路によって伝達される情報の豊富性が異なることか
ら，必要に応じてコミュニケーションにおける経路を変える必要がある。

　この経路から伝達かつ記号化されたメッセージを，受け手が理解可能な形態
に解釈する段階がメッセージの記号解読である。ノイズとは，正常なコミュニ
ケーションの障害要素である。コミュニケーション・プロセスの最終段階であ
るフィードバックは，送り手のメッセージがどの程度，最初の意図どおり受け
手に伝達されているかの理解可否について確認する段階である。

86

伝達経路	程 度	情報豊富性
対面（会話）		最も高い
電話	豊富	高い
グループウェア	↑	普通
文書		低い
メモ		最も低い

図表5－2 情報伝達の経路別の情報豊富性

出所：筆者作成。

第3節　コミュニケーションの類型

1．対人的コミュニケーション

　あらゆる組織の基本となる人間関係を支えるのは対人的コミュニケーションである。ロビンス（Robbins, 1997）は，コミュニケーションが集団や組織の中で果たす主な機能として，①統制，②動機づけ，③感情表現，④情報の4つを挙げている。具体的に，統制とは，管理者が組織メンバーの業務の質量を命令や指示する際に，コミュニケーションが統制機能を果たすことである。動機づけとは，組織メンバーに対して達成すべきことや現在の各自の業績，また業績が標準以下の場合の改善方法を明確に示すことにより，動機づけを行うことである。具体的目標の設定，目標に対する進捗状況のフィードバック，好ましい行動の強調は，すべて動機を刺激し，コミュニケーションを必要とするのである。感情表現とは，組織メンバーが職務に対する満足や不満を示すための基本的なメカニズムである。最後の情報とは，選択筋を特定・評価するためにデータを伝達することにより，意思決定のために必要とする情報を伝達することである。

　また，コミュニケーションには，主に口頭や書面を用いる言語コミュニケーションと非言語コミュニケーションが基本的な手法として使われる。コミュニケーションの基本的手法は，図表5－3のとおりである。

| 図表 5 - 3 | 対人的コミュニケーションの基本的な手法 | |

口頭での コミュニケーション	書面による コミュニケーション	非言語 コミュニケーション
会話, 公式討議, うわさや口コミ	メモ, 文書, ファックス, E-mail	身体言語, 場所

出所：ロビンス（Robbins, S. P., 1997）著，高木晴夫訳（2009），231 ～ 235 ペー
　　　ジを一部修正。

　第1は，会話，公式討議，うわさや口コミなどの口頭でのコミュニケーショ
ンである。このコミュニケーションの長所は，迅速さとフィードバックにあ
る。つまり，口頭のメッセージは短時間で受け手に伝達され，その内容につい
てすぐフィードバックできる。一方，その短所は，メッセージが複数の人を通
じて伝達されるほど，歪曲される可能性が高くなることである。

　第2は，メモや文書，ファックス，E-mail などの書き言葉や書かれた記号に
よって伝達される書面によるコミュニケーションである。このコミュニケー
ションの長所は，それが形として残ることである。つまり，メッセージの内容
に関して疑問があれば，後から実物を確認することができる。一方，短所は，
まず言語より正確ではあるが時間がかかることである。もう1つの短所は，
フィードバックが欠如していることである。口頭でのコミュニケーションでは，
受け手が自分の聞いたことにすぐ回答できる。しかし書面によるコミュニケー
ションは，必ずしもフィードバック体系が組み込まれていない場合がある。

　第3は，身体言語，場所などの非言語コミュニケーションである。普段は口
頭でコミュニケーションを行うとき，同時に非言語コミュニケーションをも発
している。もちろん非言語の要素が独立して使用される場合もある。この非言
語コミュニケーションは，口頭や書面によるコミュニケーションを補足する役
割をするのである。身体言語，場所などはそれ自体，厳密な意味や普遍的な意
味を持つものではないが，言語と結びついたとき，それは情報の受け手のメッ

セージにより豊かな意味を与えるのである。その受け手にとって，コミュニケーションのこうした非言語の要素に注意を払うことは重要である。したがって，情報の受け手は，情報の送り手の口頭や書面どおりの意味を聞き取るだけではなく，非言語コミュニケーションの意味をも含めて理解する必要がある。

2．組織コミュニケーション

　組織コミュニケーション（organizational communication）とは，組織の目標達成に向けて方向づけられるシンボリックな実践活動を通して，意味について集団の協調的体系を創造し調整する過程である（Mumby, 2013）。この組織コミュニケーションは，公式コミュニケーション（formal communication）と非公式コミュニケーション（informal communication）に大別することができる。また，公式コミュニケーションは，上下関係に基づく下向きコミュニケーションと上向きコミュニケーションの垂直的コミュニケーションと，同じ階層レベルの組織メンバー同士の水平的コミュニケーションに分けられる。非公式コミュニケーションは組織内での人間関係に基づいたものである。

2.1　公式コミュニケーション
下向きコミュニケーション

　下向きコミュニケーションとは，地位や階層のある組織において上層部から下層部へ向かうコミュニケーションの流れである。上層部は組織メンバーに，組織目標の割り当て，業務内容についての命令や指示，方針や手続きに関する情報などを伝え，また，業務に関して問題点を指摘したり，業績をフィードバックしたりする。カッツとカーン（Katz & Kahn, 1978）は，下向きコミュニケーションは基本的に，①組織メンバーが行うべき業務の具体的な命令や指示，②業務内容の理解を促す情報やその業務の組織内での位置づけに関する情報提供，③組織内の手続きや実践についての情報提供，④業績に関する組織メンバーへのフィードバック，⑤使命や理念を教え伝えることの5つからなることを述べている。この5つのうち，もっぱら重視されてきたのは，組織メンバーが行うべき業務の具体的な命令や指示，業務内容の理解を促す情報やその業務

の組織内での位置づけに関する情報提供であった。下向きコミュニケーションが，権限と責任の関係を背景にしたものであることから，上層部が組織メンバーに業務命令や指示を行うことは当然である。このコミュニケーションは，組織活動を行う中で，ほかのコミュニケーション類型より最も頻度が高い。

　この場合，コミュニケーションの形式としては，一般的に対面での会話，スピーチなどの口頭でのコミュニケーションと，通知，回覧，E-mail などの書面によるコミュニケーションを介して行われることが多い。

上向きコミュニケーション

　上向きコミュニケーションとは，組織内での情報が下層部から上層部へと，より上位のレベルに向かうコミュニケーションの流れである。カッツとカーン（Katz & Kahn, 1978）は，上向きコミュニケーションについて基本的に，①組織メンバーが自分自身について，自分の業績について，そして自分が抱えている問題についての情報提供，②他の組織メンバーや他の組織メンバーの抱えている問題に関する情報提供，③組織内のポリシーや実践に関する情報提供，④何が必要とされており，どのようにすればそれが可能かという情報提供，の4つからなることを述べている。こうした上向きコミュニケーションは，上層部の経営判断に対する組織メンバーのコミットを高める役割をする一方で，下層部から上層部へのコミュニケーション・プロセスで情報の歪みやフィルタリング，情報の過負荷など，さまざまな問題が生じる恐れがある（Thompson, 1967）。

　この場合，コミュニケーションの形式は，会話，苦情などの口頭でのコミュニケーションやレポート，報告書，提案書などの書面によるコミュニケーションを介して行われることが多い。

水平的コミュニケーション

　水平的コミュニケーションとは，いわゆる「横のつながり」ともいわれ，組織内での同じ階層レベルの組織メンバー同士や部門間でのコミュニケーションのことである。これはしばしば対話的コミュニケーションとも呼ばれる。下向

きコミュニケーションのメッセージの伝達がほとんど権力的なものであるのに対し，水平的コミュニケーションのメッセージの内容は，主に協力的なものであるケースが多い。したがって，水平的コミュニケーションは，公式的なものに加えて非公式的に行われることも多い。

　近年，組織のフラット化が進む中，水平的コミュニケーションの重要性が大きく認識されている。その理由は，水平的コミュニケーションによって，部門を超えて情報の交換や共有がなされることで，組織内での調整がしやすくなり，組織メンバー同士および部門間の対立やコンフリクトを早期に解決することができ，組織の目標達成の可能性を高めることができるからである。

2.2　非公式コミュニケーション

　効果的なコミュニケーションのためには，公式コミュニケーションだけではなく，職種や階層を越え組織内での人間関係に基づいた非公式コミュニケーションも重要である。非公式コミュニケーションの長所は，公式コミュニケーションに比べ，非常に伝達速度が速く，柔軟性を兼ね備えていることである。具体的には，組織管理の側面で，①組織メンバーの動態把握が容易であり，②組織メンバーの感情的な緊張を解消し，③命令や指示を人間的に認知するようにし，④公式コミュニケーションでは提供できない有益な情報を伝達する役割を果たすのである。

　これに対し，非公式コミュニケーションの短所としては，①うわさ（rumour）を流す可能性を秘めている点，②責任がない点，などが挙げられる。つまり，非公式コミュニケーションには，組織メンバー間の情報伝達の際に歪みが生じたとしても責任の所在が不明確であるので，事実を歪曲することができるなどの問題点がある。

2.3　コミュニケーション・ネットワーク

　ネットワークとは，個人間，部門間，組織間を網状につなぐ仕組みのことである。組織メンバー間の情報の流れであるコミュニケーション・ネットワークは，非常に複雑になりかねない。こうした複雑なコミュニケーション・ネット

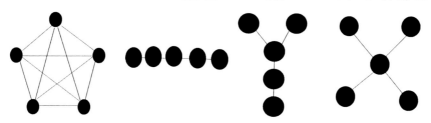

図表5－4　リーヴィットのコミュニケーション・ネットワーク

サークル型　　　　チェイン（鎖）型　　　Y型　　　　ウィール（車輪）型

出所：Leavitt,（1951），pp.38-50 より。

　ワークの中で，リーヴィット（Leavitt, 1951）は，5人の集団から形成される
サークル型，チェイン（鎖）型，Y型，ウィール（車輪）型の4つのネットワー
ク・タイプを提示し，これらのコミュニケーション・ネットワークの効果など
について研究した。

　コミュニケーション・ネットワークの4つの型は，図表5－4のとおりであ
る。リーヴィットの研究結果は，サークル型からホイール型へ，すなわち，図
表5－4の左から右へと移るほど中心となる人物が決まる傾向と，それに伴う
階層的な組織になるという発見をしている。

　具体的に見ていくと，サークル型は組織メンバー全員が平等のポジションを
占めるネットワークであり，ウィール型は1人が中心となる階層的なコミュニ
ケーション・ネットワークである。リーヴィットの研究に基づけば，単純な業
務ではウィール型が最も誤りが少なく，最も早く業務を達成できたが，組織メ
ンバーの中には不満を抱えるものが多かった。一方，複雑な業務では，サーク
ル型が最も早く業務を達成し，しかも新しい提案が頻繁に出され，それが組織
メンバーに受け入れられ，組織メンバーの満足感も高かった。階層的な関係
は，単純な業務を遂行するには適しているが，複雑な業務や創造的な業務の遂
行には必ずしも適してはいないと言える。

　コミュニケーション・ネットワークは，経営環境の変化が激しく，業務が複
雑化している今日では，それに応えるものへさらに進化し続けていると言える。

　一方，非公式のコミュニケーション・ネットワークでは，主に情報が口コミ

で流れ，うわさが展開されやすい。口コミは非公式的なものであるとはいえ，情報源として重要性がないわけではない。こうした非公式のコミュニケーション・ネットワークは，組織におけるコミュニケーション・ネットワークの重要な構成要素の１つであり，そういった面で理解する価値はある。そのために重要なのは口コミ情報を分析し，その流れを予測することである。

第4節　コミュニケーションの障害要素と改善

　前節までは，組織におけるコミュニケーションがどのようなプロセスと経路を介して行われるかに重点を置いて記述した。ここでは，そのプロセスで発生しうる問題点とその問題点を解決し，どのようにコミュニケーションを改善するかについてみていくことにする。

　組織におけるコミュニケーションを改善することは，コミュニケーションの効果を上げることに通じる。完璧なコミュニケーションを期待することは困難であるが，効果的なコミュニケーションは，そのプロセスにおける障害要素を調整・改善することで可能となる。

1．構造的障害要素
　効果的なコミュニケーションを妨げる構造的要素には，組織の階層化，専門化，集権化などが関連する。

（1）階層化
　アージリス（Argyris, 1957）によると，目標達成のために階層化を行う組織と心理的成功や欲求満足を求める個人との不整合は，情報の歪みを生じさせることがある。特に，組織が階層化すればするほど，情報の歪みや断絶が深刻化し，それが結果的に組織メンバーの情報の質を低下させ，創意性の欠如などの悪影響を与える。

（2）専門化

　組織構造が専門化すればするほど，各部門が競争関係になり，情報の歪みや断絶が生じる可能性がある。階層化は主に垂直的コミュニケーションに影響を与えるのに対して，専門化は水平的コミュニケーションに影響を与える。

（3）集権化

　集権化された組織構造の場合，比較的に単純な問題は迅速かつ効率的に解決できる。一方，分権化された組織構造の場合，複雑な問題の解決により効果的であり，組織メンバーのモチベーションも高めることができる。

2．過程的障害要素

　効果的なコミュニケーションを妨げる過程的要素には，歪み，情報のフィルタリング，情報の過負荷，受け入れ（acceptarce）の拒否などが挙げられる。

（1）歪み（distortion）

　歪みとは，メッセージの意味や内容を変えることで，正しい情報を伝えないことを意味する。このような歪みは，準拠体系の違いによる経験の相異，不適正な専門用語の使用，知覚の相異，制限された時間の圧迫（time pressure）などが原因になる（Gibson, Ivancevich & Donnelly, 1991）。

（2）情報のフィルタリング

　情報のフィルタリングとは，情報の送り手が意図したメッセージの一部のみが情報の受け手に伝達されることである。こうした情報のフィルタリングは，情報の送り手が，意図的にコミュニケーション内容を操作したり，メッセージを明確に伝達しなかったりすることにより受け手がすべてのメッセージを認識できない場合に発生する。

（3）情報の過負荷

　情報の過負荷とは，メッセージの伝達がコミュニケーション関連体系の処理

能力を超えることである。特に，情報の過負荷は人間のデータ処理能力の限界
と密接に関係がある。取り扱うべき情報の量が人間の処理能力を上回る場合，
情報の過負荷の状況に陥ることになる。電子メール，ファクシミリ，会議など
の数や担当分野の最新情報を入手しておかなければならない状況により，コ
ミュニケーションの効果が低減される結果にならないように情報の過剰に注意
する必要がある。

（4）受け入れの拒否
　受け入れの拒否とは，受け手が，メッセージの伝達過程に不信感を持った
り，メッセージに特定の先入観を持ったりする場合，そのメッセージについて
の受け入れを拒否することである。
　以上の要素を踏まえて，送り手関連，受け手関連，送り手と受け手との相互
関連，物理的環境に分けて，コミュニケーションにおける障害要素を整理する
と，次のようにまとめられる。
　まず，送り手関連の障害要素には，目的の欠如，技術の不足，送り手の信頼
度などが挙げられる。送り手の信頼度やメッセージの重要性などはコミュニ
ケーションのスタートに重要である。次に，受け手と関連する障害要素には，
先入観，選択的知覚，注意・集中の欠乏などがある。特に，選択的知覚が行わ
れるのは，コミュニケーション・プロセスにおいて受け手が送り手からのメッ
セージを，自分のニーズや動機，経験，背景などの個人的事情に基づいて選択
的に見聞きするからである。さらに，送り手と受け手との相互関連の障害要素
は，制限された時間の圧迫，コミュニケーションに関わる送り手と受け手との
地位の相異，知覚の相異などがある。最後の物理的環境の障害要素には，ノイ
ズ，情報の過負荷，知覚の相異，制限された時間の圧迫などがある。

3.　コミュニケーションの改善策
　コミュニケーションにおける構造的・過程的障害要素を意識して改善するこ
とで，コミュニケーションはより効果的になる。

（1）情報の歪みとフィルタリングについての改善

　コミュニケーションにおける情報の歪みとフィルタリングを改善する方法には，①メッセージを複数の伝達経路を介して伝達する，②伝達経路を利用せずコミュニケーションを当事者間で直接に行う，③メッセージ内容が実際にどのように解釈されるかをフィードバックする，などがある。

（2）情報の過負荷に関連した改善

　組織の構造設計（特に官僚制）により，受け手の情報へのアクセス範囲を制限することで情報の過負荷を調整することができる。しかし，より具体的な方法には，①情報の優先順位を決める，②組織の分権化を進めることで情報を分散させる，③スタッフを活用する，などがある。

（3）受け入れの拒否に関連した改善

　送り手の信頼度はコミュニケーションにおいて何より重要であり，受け手は特定の選択的判断を遠慮し，メッセージを信頼する態度が必要である。

（4）制度的補完

　コミュニケーションの効果を高めるには，提案制度，参加型意思決定などの下意上達を活性化する制度的整備が必要である。

　以上の改善策を考慮したうえ，よりコミュニケーションの効果を高める方法

図表5-5　コミュニケーションの効果を高める方法		
送り手が 使用できる方法	受け手が 使用できる方法	送り手と受け手とも 使用できる方法
・双方向コミュニケーションのためのフィードバック ・用語とその意味に注意 ・受け手の立場を理解	・傾聴 ・送り手の立場を理解	・確認 ・情報量の管理

出所：筆者作成。

は，図表5－5のとおり，使用言語の単純化，傾聴，フィードバックの活用，感情の抑制，情報量の管理，適正な伝達経路の活用などにまとめることができる。

第5節　情報社会とコミュニケーションのネットワーク

　先述した通りに，コミュニケーションとは，基本的に会話，対話という手段を用いて「相手と意思の疎通」を行う過程である。このようなコミュニケーションが，情報通信技術の発展とともに，インターネットを通じても行われるようになってきた。

　1990年代に入り，インターネットの商用利用が開始されるようになってからは，ネットニュース，E-mail などさまざまな形態が登場し，新しい情報の伝達通路（手段）として使われるようになった。

　2000年代に入ると，コンピュータやネットワークといった情報技術の発展に伴い，インターネットの利用者が増加し，さまざまなメディアが登場してきた。情報技術（information technology; IT）は，情報通信技術（information and communication technology; ICT）とほぼ同じ意味の用語であるが，IT は，ハードウェアやソフトウェア，インフラなどコンピュータ関連の技術そのものを意味する一方，ICT は，パソコンやスマートフォン，タブレットなどさまざまな形状のコンピュータの技術と通信の技術がより融合した形で情報を伝達することを重視する表現である。

　さらに，今日では，インターネットを活用した情報通信技術の発展が人と人とのコミュニケーションのあり方を変革させている。

ICT の発展と組織コミュニケーションの変革

　ICT の発展は，コミュニケーションの量と方向，コミュニケーションの目的と本質，コミュニケーションのネットワーク内の人間関係などへさまざまな変化をもたらした（Foster & Flynn, 1984）。

　まずは，コミュニケーションの量と方向の変化である。情報通信技術が導入

される前は，組織内でのコミュニケーションは主に垂直的であり，業務遂行のための伝達経路に合わせた相互作用であった。つまり，コミュニケーション経路は制限的で，業務中心の垂直関係が形成されていたのである。情報通信技術の導入によって水平的コミュニケーションのネットワークが拡大されるようになった。

　次は，組織が LAN（local area network）に接続されることによるコミュニケーションの目的と本質の変化である。組織コミュニケーションが，情報の交換だけではなく，電子決済までに発展し，主に書面で行われてきたコミュニケーションもペーパーレスシステムへまで変革しつつあるのである。

　最後は，コミュニケーションのネットワーク内の人間関係の変化である。ICT は，組織メンバー間の接触をより容易にする，または非接触でも情報交換のできる伝達経路を提供することで，人間関係の範囲を広げた。特に，ICT の発展による組織におけるコミュニケーションは，①送り手と受け手が時間と場所が異なってもコミュニケーションできる非同期性，②情報送受信者が必要な情報のみを送受信することができる選択性，③送受信側が対面することなく，情報交換ができるようになったため，コミュニケーション・プロセスでの情報の歪みが低減される非対面性，④情報交換のプロセスでの取引コストが削減される経済性などの特徴がある。

　ICT の発展は，組織メンバーのコミュニケーション形態，コミュニケーション・ネットワーク，コミュニケーションの有効性に大きな影響を与えているが，反面，職場の非人間化が促進され，コミュニケーション・ネットワーク上の組織メンバーの満足度が低下することもありうる。また，管理者の立場では，増加した情報を効果的に管理する責任が増えたところにも注意する必要がある（Moorhead & Griffin, 2004）。

　現在はスマート革命の時代でもある。アナログ携帯電話からデジタル携帯電話へ，デジタル携帯電話からスマートフォンへ変化しており，またスマートフォンはモバイル革新を促進している。さらに，クラウドの普及に伴い，クラウドコンピューティング（cloud computing）も急成長している。これに伴い，組織におけるコミュニケーションのあり方もまた変革しつつある。

コミュニケーションの変革と情報のマネジメント

　情報通信技術の発展とともに，放送と通信の融合，SNS や AI（人工知能）の発展，スマートフォンの普及など，データ量の急増に伴うビッグデータに対する組織の対応は，コミュニケーションにおいてもますます重要になっている。それに伴う，次のような注意が必要である。

　第 1 は，過剰な情報の管理である。つまり，過剰な情報は組織の生産性に負の影響を与える（Klausegger, Sinkovics & Zou, 2007）。また，社会的信頼の主要な構成要素である人間関係の信頼にも負の影響を及ぼす可能性がある（Beaudoin, 2008）。

　第 2 は，モバイル通信手段の発展により，通話が常に可能になったことである。つまり，今日の組織メンバーは，いつ，どこでもコミュニケーションが可能になっている。したがって，組織メンバーのプライバシーが侵害されないように調整する必要がある。

　第 3 は，セキュリティーの問題である。セキュリティー問題は，あらゆる組織にとって大きな関心事となっている。現代の組織は，コンピュータ・コミュニケーションがネットワークを介して頻繁に行われることにより，個人情報や機密が侵害されることを防ぐために努力する必要がある。

　現在および近未来を象徴する情報通信技術の進歩は「コミュニケーション」の分野にも大きな変容をもたらしつつある。それは，情報通信技術が，コミュニケーションにおける通信・伝達の手段だけでなく，あらゆる組織のあり方にも少なからぬ影響を及ぼしていることである。

まとめ

　本章では，コミュニケーションの中で，特に組織コミュニケーションについて論じた。

　まず，コミュニケーションはどのようなものかをコミュニケーション・モデルを使って説明した。そして，コミュニケーションを対人的コミュニケーションと組織コミュニケーションに分類し，特に組織コミュニケーションについて，その内容を検討した。また，完璧なコミュニケーションを期待することは困難であるが，効果的なコミュニケーションのためにコミュニケーションにおける障害要素を明確にし，その改善策を概観し

た。最後には，情報社会である今日，情報通信技術の発展とコミュニケーションの変革
についても，その内容を概観した。

参考文献

Beaudoin, C. (2008) Explaining the Relationship between Internet Use and Interpersonal Trust: Taking into Account Motivation and Information Overload. *Journal of Computer-Mediated Communication*, 13, pp.550–568.

Foster, L. W. & Flynn, D. M. (1984) Management Information Technology: Its Effects on Organizational Form and Function, *MIS Quarterly*, Vol. 8, No. 4, pp.229-236.

Gibson, J. L., Ivancevich, J. M. & Donnelly, J. H. (1991) *Organizations: behavior, structure, processes*, Homewood, IL: Irwin.

Katz, D. & Kahn, R. L. (1978) *The social psychology of organizations*, John Wiley & Sons.

Klausegger, C., Sinkovics, R. R. & Zou, H. (2007) Information overload: A cross-national investigation of influence factors and effects, *Marketing Intelligence & Planning*, Vol. 25, No. 7, pp.691-718.

Leavitt, H. J. (1951) Some Effects of Certain Communication Patterns on Group Performance. *The Journal of Abnormal and Social Psychology*, 46, pp.38-50

Moorhead, G. & Griffin, R. (2004) *Organizational Behavior: Managing People and Organizations*. 7th Edition, Houghton Mifflin Company, Boston.

Mumby, D. K. (2013) *Organizational communication: a critical approach*, Thousand Oaks : SAGE.

Scott, W. G. & Mitchell, T. R. (1976) *Organization Theory: A Structural and Behavioral Analysis*, Irwin (Richard D.) Inc.

Thomas, K. W. & Schmidt, W. H. (1976) A Survey of Managerial Interests with Respect to Conflict. *Academy of Management Journal*, 19, pp.315-318.

Thompson, J. D. (1967) *Organizations in action: Social science bases of administrative theory*, McGraw-Hill.

アージリス (Argyris, C., 1957) 著，*Personality and Organization*, New York: Harper. (伊吹山太郎・中村実訳『新訳　組織とパーソナリティー──システムと個人の葛藤』日本能率協会，1970 年)

小林末男『企業内コミュニケーションの管理』東洋経済新報社，1972 年。

佐久間信夫・坪井順一編著『リーディングスリニューアル経営学　現代の経営管理論（第 3 版）』学文社，2016 年。

十川廣國『経営学イノベーション〈3〉 経営組織論（第2版）』中央経済社，2013年。

高橋伸夫『ライブラリ経営学コア・テキスト 経営学入門』新世社，2007年。

高橋正泰監修，竹内倫和・福原康司編『経営組織論シリーズ ミクロ組織論』学文社，2019年。

日本語教育学会編『日本語教育ハンドブック』大修館書店，1990年。

バーナード（Barnard, C. I., 1938）著，*The functions of the executive*. Cambridge, MA: Harvard University Press.（山本安次郎・田杉競・飯野春樹訳『新訳 経営者の役割』ダイヤモンド社，1968年）

馬場昌雄・馬場房子・岡村一成監修『産業・組織心理学 改訂版』白桃書房，2017年。

藤田英樹『ライブラリ経営学コア・テキスト ミクロ組織論』新世社，2009年。

水野基樹「職場のコミュニケーションを考える：組織論の視点から」『労働の科学』第67巻第2号，2012年2月，68～73ページ。

ロジャーズ，E. M. & ロジャーズ，R. A.（Rogers, E. M. & Rogers, R. A., 1976）著，*Communication in organization*, New York: Free Press.（宇野善康・浜田とも子訳『組織コミュニケーション学入門：心理学的アプローチからシステム論的アプローチへ』ブレーン出版，1985年）

ロビンス（Robbins, S. P. 1997）著，*Essentials of Behavior*, 5th ed., Prentice Hall.（高木晴夫訳『新版 組織行動のマネジメント―入門から実践へ』ダイヤモンド社，2009年）

ロビンス，ディチェンゾ & コールター（Robbins, S. P., Decenzo, D. A. & Coulter, M., 2013）著，*Fundamentals of Management*, 8th ed., Prentice Hall.（高木晴夫監訳『マネジメント入門―グローバル経営のための理論と実践』ダイヤモンド社，2014年）

第 *6* 章

モチベーション

学習目標

1　モチベーションに関する基礎理論を理解し，それらの違いを説明できる。

2　モチベーションの視点から職務満足や従業員満足について理解する。

3　モチベーションを向上させるためのリーダーシップについて考察する。

第1節　モチベーション理論の背景

　組織における従業員の職務満足度を高め，労働生産性の向上や組織目標の達成につなげるための1つの手段として，彼らのモチベーション（motivation）の管理が挙げられる。

　モチベーションは，一般的には「動機づけ」と訳され，ラテン語の'movere'，英語の'move'に由来し，いずれも「動くこと」を意味している。類義語にモラール（morale）という用語があるが，これは従業員の企業や組織に対する帰属意識あるいは忠誠心を指す。一方でモチベーションは，モラールを基盤として，労働生産性の向上や組織目標の達成に向けて行動する強い意欲や態度を意味し，従業員の「やる気」や「やりがい」を誘引することが重要である。

　モチベーションに関する研究は，産業心理学，労働経済学，人的資源管理理論をはじめ，人間の行動科学を研究対象とするさまざまな学問からアプローチされている。これらの代表的な理論は，主に内容理論（content theory）と過程理論（process theory）に大別される。

　内容理論とは，従業員の個人的な欲求に焦点を当てたものである。個人的な欲求が職場内での行動にどのような影響を与えるかを検証するものである。一方で，多様で常に変化し続けている個人的な欲求と職場内での行動を結びつけることは難しい作業である。そこでどのように従業員のモチベーションが醸成され，なぜそのような職務行動をとるのかを説明することに焦点を当てたものが過程理論である。したがって，内容理論は，従業員のモチベーションの状態を把握する際に貢献する理論であり，過程理論は，実際の従業員の行動の予測や管理に貢献できる理論である。

　また，モチベーションを持続させていくためには，職務満足や従業員満足といった組織や職務に対する肯定的な態度を醸成させなければならず，職務の設計やアサインメントを常に適切に検討し，改善することが必要になる。

　さらに，モチベーションを誘引するためには，企業や組織の諸制度とリーダーシップが重要な要件となる。特にリーダーは，従業員が組織の目標達成に貢献するように影響を与える存在といえる。

第2節　内容理論

1．マズローの欲求階層説

　マズロー（A. H. Maslow）は，人間の欲求を5つの階層に分類し，最終的には自己実現によって，理想的な自己像を体現する高次の欲求によって動機づけられる。

　具体的には，生理的欲求（physiological needs），安全・安定の欲求（safety-security needs），社会的欲求（social needs），自尊欲求（esteem needs），そして自己実現の欲求（self-actualization needs）の5つに分類され，これらを階層別に示している。

　生理的欲求とは，人間が生存に不可欠な要件を満たすための欲求であり，食事や睡眠などの必要最低限の欲求に限られている。生理的欲求が満たされれば，安全・安定の欲求に移り，住居や仕事の確保，健康の維持など，安定した生活を続けていくために必要な欲求が醸成される。次に社会的欲求に関しては，自分だけではなく，社会に対して関心を抱くようになり，集団に属したい，友人・知人との接点を持ちたいといった欲求が醸成される。さらに，自尊欲求では，その集団や人間関係の中で自律した行動をとり目標を達成したい，高い評価を受けたいといったより高次の欲求が醸成され，最終的には自己実現の欲求として，理想的な自己像の達成を目指すという考え方である。

　同理論は，人間の欲求を具体的に分類し，把握する際の著名な理論として，広く紹介されている。マズローは，同理論と可処分所得の関係性にも言及しており，より高次の欲求になるほど，可処分所得は高くなり，その結果，サービスや商品のような補足的ニーズが生起されると述べている。一方で，5つの欲求は日常を含めた現代の経済・社会活動の全般が正確に記述されているのか，人間の欲求は実際に階層化されているのか，現在おかれている個人のすべての欲求が1つに収斂されるのか，職場，家庭，人間関係によって欲求が複合的に存在することはないのか，といった疑問や課題が残っていることも指摘できる。

2．アルダファの ERG 理論

　アルダファ（C. P. Alderfer）は，マズローの欲求階層説と同様に，人間の欲求を3つの階層別に示している。マズローと異なる点は，職務上の人間の欲求に焦点を当て，実証研究によって結論を導出していることである。

　具体的には，人間の生存に必要不可欠な生存欲求（existence），家族，友人，知人，同僚，上司などを含めた人間関係の維持と発展に対する関係欲求（relatedness），そして周囲の環境と共に自身の成長や自己実現につなげようとする成長欲求（growth）の3つの欲求が階層別に分類され，それらの頭文字を取って ERG 理論としている。マズローとアルダファの理論の両者を比較すると次の図表6－1の通りになる。

図表6－1　マズローの欲求階層説とアルダファのERG理論の比較

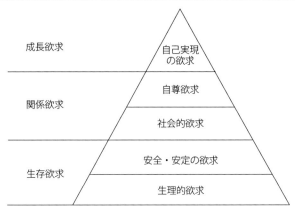

出所：外島・田中編（2000）。

3．ハーズバーグの衛生理論

　ハーズバーグ（F. Herzberg）は，アメリカのピッツバーグ周辺の9社を対象に，およそ200人の技術者と会計士を対象にした職務満足に関する調査から，仕事に対する動機づけを職務満足の視点から衛生要因と動機づけ要因の2つに分類し，二要因理論を提唱した。

　ハーズバーグによれば，人を動機づける要因は，達成感，個人の成長，承認といった人間特有の欲求を満たす要因，すなわち動機づけ要因によって誘引されるのであり，監督，対人関係，物理的な作業条件，さらには給与，手当，雇用保険といった人間の動物的欲求を満たす要因，すなわち衛生要因とは区別されなければいけないと述べている。

　衛生要因の「衛生」は，医学の予防衛生に由来している。仕事に対する不満から生じるものであり，保健・衛生的な役割を果たしている。予防が万全であれば病気を防げる可能性は高くなるが，健康が維持される保証はない。逆に，不十分であれば，病気を発症させるリスクが高くなる。換言すれば，衛生要因が万全であれば，従業員の不満足を防ぐことはできるが，満足度を充足させることはできない。逆に衛生要因が不十分であれば，従業員に不満をもたらす可能性は高くなる。

　ハーズバーグの調査では，仕事上の各項目に対する感情を頻度と期間の長さによって計測している。例えば従業員の離職率の増加という問題に対しては，衛生要因に起因する例も存在するが，衛生要因の改善のみで人を動機づけるには不十分であり，たとえこれらの要因を改善しても，満足度は短期間しか持続しないといえる。したがって，職務満足度を向上させ，持続させるためには，仕事それ自体を通して人を動機づけさせなければならないと主張している。

　動機づけ要因は，既述のとおり仕事に対する動機づけに直接的に影響する要因であり，満足度は衛生要因に比べて長期にわたって持続することが明らかにされている。すなわち，動機づけ要因が十分であれば職務満足度は高くなる。

　また，ハーズバーグは，職務満足度を高めるためには，職務充実（job enrichment）が重要であると述べている。有能な従業員に対しては，同質のタスクを単に増やすだけの職務拡大（job enlargement）ではなく，職務の再構成を行い，十分な責任と権限を与えることによって，自己の成長の機会を与えることを主張している。

　以上のことから，衛生要因は仕事に対する不満の原因となるものであり，動機づけ要因は仕事に対する満足度を形成するものであると結論づけられる。ミクロ組織論や人的資源管理論などの視点から大局的に考察すれば，両者は共に重要なファクターであるが，従業員の職務満足度や仕事に対する欲求をマネジメントしていく際の意思決定のあり方を示唆している。

4．マクレランドの達成動機理論

　マクレランド（D. C. McClelland）は，人が日常生活や仕事に係わる人生経験を発達させる欲求に焦点を当て，達成動機理論（McClelland's acquired-needs theory）を提唱した。彼によると，仕事に対する動機づけは，報酬や昇進といったインセンティブだけでなく，達成欲求（need for achievement），パワー欲求（need for power），友好関係の欲求（need for affiliation）からなる3つの欲求が存在し，これらがモチベーションに大きく影響していると述べている。

　達成欲求とは，これまで以上に仕事を効率的に成し遂げ，成果を上げようとする欲求であり，パワー欲求とは，他人に対して支配や影響を及ぼすことを望

む欲求である。最後に友好関係の欲求は，集団に属する友人や知人，同僚などとの関係を友好的に維持しようとする欲求である。

　達成欲求が高い人間は，努力に対する結果を重視するため，周囲の環境の変化に左右されることなく，課題の解決に道筋がつけられる職務を好む傾向がある。したがって，他の従業員の成果が自分の結果に影響を及ぼす職務や，大きな組織の責任者には向かないともいえる。

第3節　過程理論

　過程理論は，個人の欲求を把握することを主目的とした内容理論とは異なり，どのようなプロセスで動機づけが醸成されるのか，人がそのような行動をとる理由として，どのような動機づけが影響しているのか，などに焦点を当てた理論である。すなわち，仕事に対する行動と動機づけの関係性を明確にし，その行動に至るまでの認知や判断の影響要因を明らかにしようとするものである。例えば，人間がどのような動機づけになれば，どのような行動をとるのか，といった予測に役立つ理論ともいえる。

1．期待理論

　期待理論とは，人間の行動の成果や結果に対する「期待」の大きさとその結果がもたらす「誘意性」の高さによって動機づけが醸成され，行動の選択につながることを明らかにしたものである。これらの概念に共通することは，ある行為が特定の成果や結果をもたらすであろう，という主観的な予測や見込みといった確率が尺度となっている点である。

　初期の代表的な研究として，ブルーム（V. H. Vroom）の研究が挙げられる。この理論は，人間の行動に対する動機づけをF（force）とし，この動機づけの強さ（motivation strength）は，人間が知覚する仕事上の成果や結果に対する期待の大きさE（expectancy）とそれらの具体的な成果の価値や魅力を示す誘意性V（valence）の積によって示されている。具体的な計算過程として，期待は主観的な確率でその有無を尋ねていることから，数値で表す場合は0〜1の間

┃図表6－2┃　ヴルームの期待理論

動機づけの強さ F ＝ Σ（期待 E × 誘意性 V）
ただし，結果の誘意性 V ＝ Σ（行動の道具性 I × 2 次的結果の誘意性 V）
よって，F＝E×Σ（V×I）と示すことができる。

出所：Vroom（1964）.

で変化する。誘意性の成果に対する価値や魅力は，それらの有無のみならず，損失の可能性も考えられることから，－1～＋1の間で変化する。ただし，結果の誘意性Vは，それをさらなる2次的結果に対する手段や道具として活用できる見込みIと2次的結果の誘意性との積によって示されている。よって，道具性に関しては，活用の有無に対する見込みであることから，0～1の間で変化する。また，2次的結果の誘意性に関しては，既述のとおり－1～＋1の間で変化する。これらの説明を図式化すると図表6－2のとおりになる。

　同理論の貢献としては，特定の行動に対する動機づけが予測できる点である。すなわち，動機づけの強さがどのような要因によって生起されているのかを分析できる点が挙げられる。一方で誘意性に関しては，2次的結果の誘意性にまで踏み込んではいるが，例えば仕事における1つの出来事に対して，職務上の誘意性や個人的な感情の誘意性も存在し，複雑でしかも絶えず変化していることから，誘意性の測定には限界があることも指摘できる。換言すれば3次的，あるいは4次的結果の誘意性について，どのように扱うかが今後の課題となる。

　次にポーター（L. W. Porter）とローラー（E. E. Lawler Ⅲ）の期待理論は，ブルームの期待理論に対して，「期待」の内容をより明確化している。ローラーは著書の中で，「どのようにして，ものごとが誘意性を獲得するかというプロセス，つまり過去の学習が誘意性あるいは動機づけの決定に影響を及ぼすプロセスを説明する」（Lawler, 1971, 安藤訳, 1972, 150 ページ）ことの必要性について述べている。

　具体的には，例えばノルマや目標の達成といった個人の投入する努力が業績に与える期待（E→P）と，昇給，昇進といった業績をあげることによって生

| 図表 6 - 3 | ポーターとローラーの期待理論 |

> 動機づけ M = Σ {努力から業績への期待 [E → P] × Σ（業績から結果
> への期待 [P → O] × 結果の誘意性 V）}

出所：Porter & Lawler III（1968）.

じる結果に対する期待（P → O）に分類し，ブルームと同様，動機づけの強さ
M は，両者の期待と結果の誘意性 V の高さの積で示されることを明らかにし
ている。

　また，同理論においても，ある行為が特定の成果や結果をもたらすであろ
う，という主観的な予測や見込みといった確率が尺度となっている。よって，
両者の期待は主観的な確率でその有無を尋ねていることから，数値で表す場合
は 0 ～ 1 の間で変化する。これらの説明を図式化すると図表 6 - 3 のとおりに
なる。このように，ブルームと基本的な計算方法や結論も同じではあるが，同
理論の独自性は，このモデルの中で学習や経験によって，各人の努力，成果，
そして報酬が互いに影響しあい，サイクルを形成している点である。

　図表 6 - 4 のとおり，努力，業績，報酬のプロセスにおいて，矢印の点線は
学習や経験の影響を受けることで，常に変動していることを示している。ま
た，ローラーは，報酬を外的なものと内的なものに分類している。具体的に
は，売上や目標数などによって示される業績とそれに応じた報酬について，給
与であれば金銭の額（外的報酬）のみならず，達成感や満足感，そして周囲か
らの承認といった内的報酬の両者を考慮している。

　例えば，売上や目標を達成して，良い業績を収めた場合，給与（報酬）の増
額を期待どおりに得ることができれば，この経験が動機づけに大きく影響する
ことになる。同時に，給与（報酬）に対する誘意性も高くなり，併せて動機づ
けに大きく影響することになる。

　一方で，人間を取り巻く心理的状況の変化（例えば，経済環境の悪化や周囲の
報酬の変化など）によって期待や誘意性が変化し，それを以前の学習や経験と
どのように比較し測定するかは必ずしも明確でない。しかしながら，動機づけ
を期待と誘意性を用いて，報酬との関係性を内的，外的に分類し，さらには 2

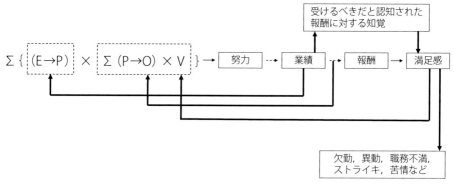

図表6-4　モチベーション―業績―満足感のサイクル

出所：LawlerⅢ（1971），安藤瑞夫邦訳（1972）を一部修正。

図表6-5　クルト・レヴィンの法則（場の理論）

$$B = (P \times E)$$
B＝行動（behavior），P＝人（person），E＝環境（environment）

出所：Levin（1951），猪股佐登留翻訳（1956）。

次的な結果を考慮したモデルの成果は評価できる。

　内的，外的報酬に対する考え方は，外発的動機づけ（extrinsic motivation）と内発的動機づけ（intrinsic motivation）へと解釈を広げていった。

　外発的動機づけとは，給与，昇進，昇格，表彰など他者からの評価や承認が得られることで動機づけに影響を及ぼすことである。すなわち，外部から刺激を受けることである。外発的動機づけは，内発的動機づけに比べて刺激が強いとされ，内発的動機づけを醸成する対応だけでは，給与や昇進などの外的刺激により，動機づけは大きく低下してしまうことになり，これをアンダーマイニング（undermining）という。

　レヴィン（K. Lewin）は，図表6-5の公式を用いて，人間の行動は，その人を取り巻く環境との相互作用によって生じるものであると述べている。すなわち，人と環境を積によって示していることから，外的刺激のない行動は存在

しないことを主張している。

　内発的動機づけとは，人間の主体性や自律性によって仕事の達成感，充実感を見い出し，動機づけが醸成されることである。例えば，ある従業員に対して職務の責任や権限を拡大することで，自らの成長につながると知覚し，動機づけられることが挙げられる。

　デシ（E. L. Deci）は，認知的評価理論の視点から，この主体性や自律性といった行動は，外部からの刺激に左右されるのではなく，自分自身が自己決定（self-determination）し，コントロールできる有能さ（competence）の感覚で生じていると述べている。そのうえで，内発的動機づけの変化について2つにまとめている。

　第1に，外発的動機づけの変化によってアンダーマイニングのような現象が生じたときである。外的刺激によって認知された因果律の所在（動機づけの起点）が内から外へと変化し，自己決定感が低められることによって，内発的動機づけが低下する現象である。

　第2に，人間の情報的側面に着目し，外的要因が逆に人の有能さや自己決定感を高めることができたならば，内発的動機づけが高まると述べている。例えば，予想をしていなかった異動の指示をうけたときに，これまでの努力が正当に評価され，自分の将来や成長につながる好機ととらえられることである。このように外的要因が逆に自己決定感や有能感を高める結果となることをエンハンシング（enhancing）という。

　このように外発的動機づけと内発的動機づけは，相互依存の関係にあるといえる。人間は生きていくために報酬を得ることが不可欠であり，さらにその報酬は自分の投入量，すなわち努力度に対して適切なものでなければならない。それは報酬のみならず，挑戦できる環境の提供として昇進や配置転換も伴う。これらは動機づけの醸成には重要なファクターとなる。

　これら2つの動機づけは，補完しあうというより，むしろ両立していかなければならない存在である。例えば，最近の流行語に「やりがい搾取」という言葉がある。文字通り，経営者や管理者が従業員に職務のやりがいのみで鼓舞させ，本来支払うべき賃金や手当を抑制したり，免れようとしたりする行為であ

る。労働集約性の高いサービス産業や人材不足の製造業などで多くみられるが，技術の習得やそれらを達成した将来を見据えながら，励んでいる従業員を内発的動機づけのみで行動させようとする行為である。

　このような組織運営を続けることによって，従業員の動機づけや職場環境での士気低下はもちろんのこと，企業に対して社会的な影響を受ける問題として考えていかなければならない。

2．目標設定理論

　ロック（E. A. Locke）とレイサム（G. P. Latham）は，目標設定理論（goal-setting theory）を提唱し，動機づけがそれほど高くない職務をどのようにして遂行するのかを検証した。彼らは目標と動機づけの関連性において，具体的で高い目標を設定することによって，人間は動機づけられ，高い業績を上げることができると主張している。これを目標設定効果と呼んでいる。そして，個々の能力よりも現実的に達成困難な高い目標を設定することで，個々の努力や集中力を誘引し，業績を高めることにつながると述べている。換言すれば，達成しやすい低い目標の設定が続くことで，職務満足を中心とした動機づけが低下し，自己評価が下がることで，職務に対する意欲や態度が急速に下がることを示している。

　ロックとレイサムはさらに，たとえ目標が高すぎても，その目標が受容されている場合は，努力が一定程度維持される。しかしながら，その受容がなくなり，目標の達成を諦めてしまうことで，意欲や態度の減退，拒否感につながってしまうことも述べている（Locke & Latham, 1984）。彼らは，1990年に目標設定モデルの包括的なモデルとして，図表6－6のような高業績サイクルモデル（high-performance cycle model）を提唱した。

　同モデルは，第1に，具体的で高い目標を設定することによって，個々の努力や集中力といった自己効力を誘引する。次に，業績の達成においては，それまでのプロセスにおける，個人の能力や目標に対するコミットメントの高さ，組織からのフィードバックの有無等によって，調整される。また，これらの要因に影響を与える個人の集中，努力，持続性等も業績の達成度を媒介する。そ

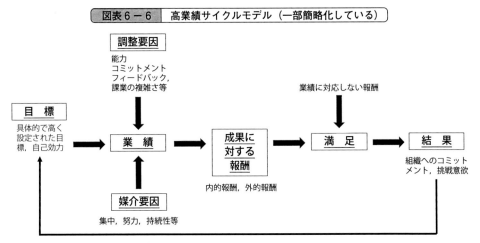

図表6－6　高業績サイクルモデル（一部簡略化している）

出所：Locke & Latham（1990）.

して業績の達成度に応じた成果によって，内的報酬と外的報酬が提供される。他の先行研究と同様，内的報酬は，自己の内面から生じる満足度や達成感であり，外的報酬は，いわゆる経済的報酬のことを示している。これらの報酬に福利厚生などの業績に対応しない報酬が加味されて，最終的な職務満足が醸成される。その職務満足は，組織に対するコミットメントや次の目標設定やその受容に影響を与え，サイクルが形成されることになる。

3．自己効力感モデル

　バンデューラ（A. Bandura）は，状況に対応するために必要とされる行動に関して，遂行可能な判断をすることを自己効力感（self-efficacy）と定義し，行動の意思決定に重要な影響を与えるとしている。そして，自己効力感に影響する4つの要因を以下のとおり挙げている。

　第1に，困難な目標を達成することで自己効力感を高め，過去の経験として蓄積され，次への挑戦につながる要因である。逆に失敗をすることで，自己効力感は弱まる。

　第2に，言語による説得である。同僚，家族，友人，知人などから評価や助

言を受けることによって，自己効力感が高まる。他者からの評価を受けることによって，自己を客観的に認知することにもつながる。

　第3に，実際に他者の行動を観察し，比較することで，客観的に自己を認知する代理経験である。自己と類似した価値観や境遇を有している他者と比較することによって，より自己に置き換えやすくなり，行動の意思決定につながる。

　第4に，自己の感情や健康状態によって，自己効力感が変化する情緒的覚醒である。目標の達成が困難な作業を遂行しているときに，不安やストレスで体調の変化があれば，自己効力感は低下し，目標達成に対してより否定的になる。

4．公正理論

　アダムス（J. S. Adams）は，業績に対する処遇や職務のアサインメントにおいて，従業員が知覚する公正感（fairness）に焦点を当て，それらと動機づけとの関係性について検証を行った。

　公正とは，一般的に「片寄らず，えこひいきのないこと」として認知されている。例えば，従業員の業績に応じた適切な賃金が支払われるとき，これを「公正な賃金」と捉えることができる。類義語で「公平」や「平等」という用語が存在するが，本章では，公平は判断や行動に偏りがないこと（justice），平等は一様に等しいこと（equality）と定義づけている。公平は「衡平」とも読み替えられ，両者の違いを説明するのは難解であるが，本章では，公平は平等に近く，全体の業績を考えたうえで，個人の人事・処遇をできるだけ均等に行うこと，衡平は公正に近く，個人の業績を第一に考えたうえで，全体の業績を考慮に入れながら，個人の人事・処遇をできる限り公平に行っていくことである。

　組織運営においては，従業員の仕事の投入量に応じた適切な評価・報酬が得られなければならないといった意味で公平性の確保は基本的な課題となる。この動機づけ理論の大きな特徴として，他の職場環境との比較，さらには社会的水準との比較に基づいていることが挙げられる。

114

　アダムスはこれらを公正理論（equity theory）として提唱し，手続的公正性（procedural justice）と分配的公正性（distributive justice）に分類して説明を行っている。

　手続的公正性とは，業績の評価や報酬の決定など，意思決定が下されるまでの「手続き」に関する公正性を意味している。具体的には，採用，賃金，昇進，昇格，懲戒，退職など人事・処遇面において何らかの意思決定が行われる際に，そこで用いられる手段，方法に対して知覚される公正性である。

　手続的公正性を確保するためには，職種や個人の能力に応じた具体的な目標設定がなされている，評価の基準に関わる情報がわかりやすく提供されている，評価結果について評価者と納得のいくコミュニケーションがとれている，評価者に対して結果を再考させる機会がある，評価者が被評価者の業務を熟知している，などが挙げられる。

　分配的公正性とは，手続的公正性とは対照的で，従業員に行われた人事・処遇面の結果に対する知覚に基づくものである。個人の置かれている状況とその比較対象となる他者の状況を比較したうえで，組織に対して自分が果たした貢献度とそこで得られた報酬が釣り合っている場合，「報酬分配は公正である」といえる。

　公正理論の基本的なモデルは，図表6－7のとおりである。

　下図表のとおり，個人の仕事に対する投入量（input）と成果（output）がイコールの状態になっており，かつ比較対象の相手や集団との関係がイコール，すなわち公正比率が1であれば，公正な状態であることを示している。

　公正比率を決定づける投入量は，仕事に対する努力度のみならず，学歴，知能，経験，訓練，技能，年齢，性別，人種的背景や現在の社会的地位などが挙げられ，その要素や比率は個人の主観的判断に依拠する。一方，成果量に関し

図表6－7　公正モデル

$$\frac{\text{A の成果（output）}}{\text{A の投入量（input）}} \quad \Longleftrightarrow \quad \frac{\text{B の成果（output）}}{\text{B の投入量（input）}}$$

ては，賃金，職務に内在する報酬，年功給付，付加給付，新たに得た職務地位
や社会的地位，公式，非公式を問わない各種臨時総収入など，経済的報酬の公
正性が対象となる。

　動機づけの視点から考察すると，仮に個人の投入量に対する成果が低いと知
覚されたり，他者とのギャップが生じるようなことがあれば，これを解消する
行動へと動機づけられることになる。

　最も典型的な例は，成果が少ないと知覚されれば，仕事に対する投入量を減
らすことである。また，仕事に対する投入量，すなわち質を落としたくないと
考えれば，昇給を訴えるなどの直訴の行動に出るか，もしくは法的手段，ある
いは離職するなどの行動に出て，成果を調整しようとすることも考えられる。
成果に対する評価に不公正を知覚した場合は，その状況に立ち向かうか，回避
するかによって，公正感の調整を行うことが挙げられる。もしくは自己もしく
は他者に対する個人の主観的評価を変更して，心理的に回復を図ることも考え
られる。いずれにしても公正感は，個人の主観的な評価，知覚に基づいている
ことがいえる。

　したがって，公正理論に基づく動機づけの維持・管理においては，手続的公
正性と分配的公正性の両立が重要な課題になってくる。

　手続的公正性に関しては，分配的公正性のように定量化では把握できない部
分の検討が重要になってくる。例えば，業績評価を売上や定量的な目標のみで
判断するのではなく，業績に至るまでの目に見えないプロセスを評価すること
である。個人では制御できない外部要因によって業績を達成できなかった場合
においても，それまでのプロセスが評価の対象となり，可視化されることで動
機づけの維持にもつながってくる。

　分配的公正性に関しては，全体の業績において，個々の業務の貢献や寄与
を定量的に測定し，組織の中で経済的報酬や昇進という形で従業員の立ち位
置を明確にすることが可能となる。また，組織の問題点を抽出するためにも
有用となる。そして定量化することによって，評価基準が明確となり，従業
員は個々の業績を向上させ，公正な評価と経済的報酬を得るための行動が容
易になる。

第4節　職務満足と従業員満足

1．職務満足

　職務満足（job satisfaction）は，ロック（E. A. Locke）によれば「個人の仕事の評価や仕事の経験からもたらされる喜ばしい感情，もしくは肯定的な感情」（Locke, 1976, pp.1338-1340）と定義づけられている。動機づけについては業績や組織としての目標を達成するまでのプロセスにおいて，円滑に遂行するための方向づけや手段といえる。一方で，職務満足は組織で職務を遂行していくうえでの評価や結果に対する肯定的な感情である。

　職務満足は，さまざまな要因と相関関係にあることが指摘されている。例えば小野（2011）は，職務満足が影響を与える要因として，動機づけ，生産性・業績評価，組織のコミットメントと離職率，ウェルビーイング，さらには生きがいといった生活満足感との関係性を整理した。これらの要因と職務満足の関係性については，先行研究によって一致した見解がみられるわけではない。業種，従業員の能力，調査手法などによって結果は異なってくるが，経験的，主観的に関連づけて考察することは，今後も必要になってくる。

2．従業員満足

　従業員満足（employee satisfaction）は，職務満足と同義語であるが，従来はサービスマネジメントの分野で用いられることが多く，顧客満足（customer satisfaction）との関連で議論されることもあった（例えば Schlesinger and Heskett, 1991）。図表6－8のように従業員満足度が向上することによって，従業員の定着率や生産性の向上につながる。そして，そのような態度や行動が顧客満足に影響する。顧客満足度が向上すれば，顧客はリピーターとして再購買率が向上し，企業には安定的に売上高や利益率の確保につながることが期待される。そのような成果の一部を社内サービスに還元することができれば，従業員満足が再び向上し，これらのプロセスを通じて正のスパイラルを生み出し，企業をより発展的な方向へと導くことができる。これらのサイクルを総称してサービ

ス・プロフィット・チェーンと呼んでいる。

　シュレシンジャー（L. A. Schlesinger）らは，サービス・プロフィット・チェーンの出発点は，企業が有する能力であると述べている。すなわち，企業のマネジメント能力が低ければ，これらのプロセスは負のスパイラルをたどり，従業員満足の低下が顧客満足の低下，さらには品質の低下や人材の流失を招くことで，売上高や利益率にも悪影響を及ぼす。ヘスケットらはこれを「失敗のサイクル」と呼んでおり，特に企業が短期間でコスト削減を図ろうとしたときに生じやすいと述べている。

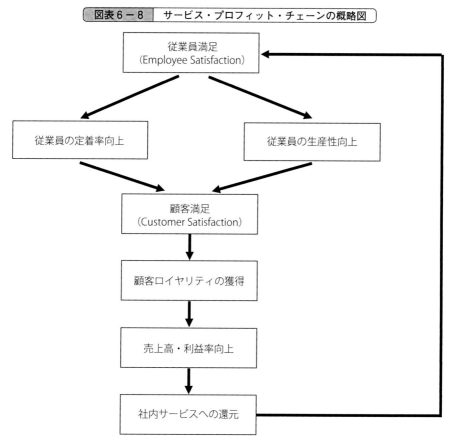

図表6－8　サービス・プロフィット・チェーンの概略図

出所：筆者作成。

　これらの要因は，短期的な業績へのプレッシャーと正確な情報が得られないことによって生じると考えられている。そして，短期的な収益を向上させるために，人件費を抑制することで，従業員は顧客に無関心になり，顧客の知覚するサービス品質は低下する。その結果，売上高と利益率が低下し，さらなるコスト削減という新たな短期的な業績目標が掲げられ，失敗のサイクルが繰り返されると考えられる（Looy, 2003, 白井・平林訳，2004）。

　失敗サイクルが継続する他の要因として，従業員の離職が顧客の離反に及ぼすコストや，新規顧客の獲得と顧客維持にかかるコストの割合等の知識や情報が不足していることも挙げられる。このような要素は，どちらかといえば長期的な取り組みになり，常に明確なコストが示されるわけではないので，人件費，教育訓練費，福利厚生，これらに関連する報酬制度や評価制度が優先されて取り組まれる傾向が強い（Looy, 2003, 白井・平林訳，2004）。

　したがって，失敗のサイクルを正のサイクルに転換するには，従業員満足度の向上によって，顧客サービスの質を高めることに優先的に取り組んでいかなければならないといえる。

　従業員満足と顧客満足は表裏一体の関係であり，彼らの動機づけを向上させていくことは重要な課題である。

　図表6－9は，シュレシンジャー（L. A. Schlesinger）とゾーニスキー（J. Zornisky）が従業員満足の決定要因について調査した結果である。彼らは，従業員満足の約70%近くが上位3位の要因から生じることを明らかにしている。第1に「サービス提供時の活動の自由度が確保されている」（36.6%），第2に「自らの権限で顧客にサービスを提供できる」（19.2%），第3に「サービスを提供するための知識と技術を備えている」（12.9%）という順であった。

　この3つの要因に共通することは，従業員に責任と権限を委譲するエンパワーメント（empowerment）と，企業が経営資源の利活用に関するノウハウや経験を有しているコンピテンシー（competency）である。

　図表6－9において最も重視された決定要因である活動の自由度とは，状況に応じて従業員がどのぐらい自由に活動できるかという意味であり，顧客にサービスを提供する際の権限の有無は，活動の自由度に深く関連していると解

図表6-9　従業員満足の決定要因

従業員満足の決定要因	説明力
サービス提供時の活動の自由度が確保されている	36.6%
自らの権限で顧客にサービスを提供できる	19.2%
サービスを提供するための知識と技術を備えている	12.9%
良いサービスを提供した場合に報奨が与えられる	7.3%
上司が顧客満足を大変重視している	4.2%
製造とサービスが同じように重視されている	3.1%
全体に監督が行き届いている	2.8%
研修体制が行き届いている	2.1%
その他の決定要因（13種類）	11.8%
合計	100.0%

出所：Schlesinger & Zornisky（1991）.

釈されている（Looy, 2003, 白井・平林訳, 2004）。

　さらに，エンパワーメントとコンピテンシーに加え，顧客と従業員との協調関係を重視する見方もある。その理由は第1に，特にサービス産業において人的サービスを提供する場合，複数の接客従業員による相互作用を通じて提供されるからである。特に人間関係構築能力は，顧客や従業員間との関係性を維持するためには，必要な能力である。第2に，高品質なサービスを提供するためには，人材配置，役割分担，責任配分を明確に定めることも必要な要件であるが，一方でサービスの特性として異質性を完全に排除することはできないからである。異質性とは，たとえ明確な共通のマニュアルが存在しても，従業員の感情，多様な顧客ニーズ，サービスを提供する場を取り巻く外的および内的な環境変化によって，常に均質性を維持することが困難なことを指している。そこで良好な協調関係にあれば，職務に関する円滑な情報共有が進むことだけでなく，双方の学習意欲や改善が促進されることが挙げられる（Looy, 2003, 白井・平林訳, 2004）。

3．エンパワーメント

　既述のとおりエンパワーメントは，従業員に一定の権限と責任を委譲することによって，顧客のニーズに柔軟に対応したり，詳細なマニュアルや規則から解放されることで職務に対する動機づけが醸成され，能動的な意思決定者としての積極的な行動が期待される。

　コンガー（J. Conger）とカヌンゴ（R. Kanungo）は，エンパワーメントに関して，構造的アプローチと心理的アプローチの2つに分類している。構造的アプローチとは，これまで記述してきたような職務権限の付与に関するもので，個々の従業員が有している能力を引き出し，組織目標の達成に能動的に関与させることである。心理的アプローチとは，人間の精神的な側面に焦点を当て，自己効力感を高めることによって心理的なエンパワーを醸成させ，組織目標の達成につなげることである。

　ヴァンローイ（B. V. Looy）らも，エンパワーメントは従業員にパワー（権限）を与えることと解釈し，従業員にエネルギーを与えることで，彼らの動機づけを高めるものであると位置づけている。一方で，責任と権限を与えれば，すぐに動機づけが高まるのではなく，従業員に備わる職務に対するさまざまな要件がなければ，動機づけには影響しないと述べている。その要件とは，以下の5つである（Looy, 1998）。

　第1に，職務上の目標に対して従業員が見い出す価値や意義である。人間の行動と信念，価値観が一致すれば，動機づけは高まる。

　第2に，従業員のコンピテンシーが高ければ，各々の役割を適切に果たす能力，すなわち的確に職務を遂行する能力が自ずから備わっている。コンピテンシーが高ければ，高く動機づけられる。

　第3に，行動の開始時期，行動に関する規定，作業方法，生産性などについて自分で意思決定ができる権利をどれだけ有しているかを示す自己決定能力である。自己決定能力が高ければ，動機づけは高まる。

　第4に，戦略的自主性である。これは職務の内容を自分の裁量で決定することができる権利のことである。自己決定能力が，仕事のやり方を決める裁量権であるのに対し，戦略的自主性は，組織の目標を達成するために，何を，どの

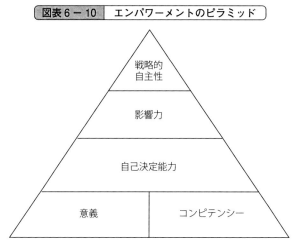

図表6－10 エンパワーメントのピラミッド

戦略的自主性

影響力

自己決定能力

意義　　　　コンピテンシー

出所：Looy（2003），白井・平林訳（2004）。

ように行うべきか，より戦略的な意思決定を可能とする。

　第5に，仕事の成果に対して従業員が与える影響力である。現場で何がどのような状況で行われているか，組織内で情報共有し，それらを今後の方針に活用できる推進力である。

　さらにヴァンローイらはこれら5つの要因は，相互依存の関係にあると述べている。すなわち，図表6－10のとおり，意義とコンピテンシーを基盤としたうえで，自己決定能力，影響力，および戦略的自主性が形成されるとしている。戦略的自主性を確立するには，与えられた職務に対する意義やその遂行能力に対する自信がその基盤として不可欠となる。

　さらにエンパワーメントは，従業員の動機づけと職務行動に大きな影響を与えてきた。ヴァンローイらの調査では，大きな影響を与えられた従業員は，そうでない従業員に比べて，より職務満足度や組織に対するコミットメントが高く，よりイノベーティブな行動がみられると結論づけた（図表6－11）。

　当然ながら，従業員に責任と権限を与えるエンパワーメントは，すべての従業員の動機づけを高め，パフォーマンスにつながるわけではない。既述のとおり，意義やコンピテンシーを第一条件として備える必要があり，換言すればそ

122

	エンパワーメントが高い （平均値）	エンパワーメントが低い （平均値）
職務満足度	4.39	5.66
組織へのコミットメント	4.61	5.76
イノベーティブな行動	4.01	5.13

図表6-11　エンパワーメントの度合いによる従業員の比較

（注）評価は7点満点，平均値の誤差は p<0.001 で有意。
出所：Looy（2003），白井・平林訳（2004）。

　れらを醸成するための職場環境の整備も課題となる。例えば，教育訓練や能力開発といった研修機会の提供やタスクフォースのリーダーのようなポジションを与え，一皮むけるような挑戦をさせることも考えられる。

　そしてヴァンローイらは，エンパワーメントとリーダーシップの関係性について，組織内においてエンパワーメントが浸透すれば，リーダーの存在が不要になるということはなく，リーダーシップのスタイルが変化すると指摘している。具体的には，権限と支配力を完全に保持しようとする独裁的なリーダーシップではなく，権限や権力を従業員と共有しようとする民主的なリーダーシップに組織内が転換すると述べている。

　図表6-12の縦軸は，リーダーの関与を能動的か受動的に分類し，横軸は，リーダーの権限を独裁的か民主的に分類し，それぞれのリーダーシップスタイルをマトリックス化したものである。それぞれのリーダーシップスタイルの概略は以下のとおりである。

　第1に，能動的で独裁的なリーダーシップが発揮されることにより，従業員の自主性は欠如し，エンパワーメントの実現を妨げる制圧的なリーダーシップである。

　第2に，受動的で独裁的なリーダーシップは，リーダーの意思が従業員に対して示されず，積極的な制裁が加えられる職場環境であることから，従業員との心理的距離感が広がる。従業員は職務に対するフラストレーションを抱えることが多く，リーダーとの信頼関係と支援関係の基盤を築くこともできない無力なリーダーシップである。

| 図表6－12 | エンパワーメントとリーダーシップの統合的枠組み |

能動的	**制圧的なリーダーシップ** ＜リーダーの行動＞ ・強制的 ・強化と懲罰 ・独裁的な意思決定 ・体制づくり ＜チームの反応＞ ・服従，従順，懐疑心 ＜結果＞ ・リーダーの指示に従順なチーム	**権力形成型リーダーシップ** ＜リーダーの行動＞ ・指導と奨励 ・委任 ・強化 ・文化の形成 ＜チームの反応＞ ・学習，スキル開発，チーム構築 ＜結果＞ ・仕事のやり方をチームで管理する自己管理型チーム
リーダーの関与	**無力なリーダーシップ** ＜リーダーの行動＞ ・断続的な構造・体制づくり ・制裁の行使 ・心理的距離感 ＜チームの反応＞ ・方向性が定まらず，権限がないために悪戦苦闘し，フラストレーションを感じる ＜結果＞ ・チームもリーダーも管理の主体がわからない，一体感のないチーム	**制圧的なリーダーシップ** ＜リーダーの行動＞ ・手本となる ・距離感の短縮 ・支援 ＜チームの反応＞ ・自ら方向性を決定，戦略立案，所有 ＜結果＞ ・職務とその遂行方法を自分たちで管理する，自己主導型チーム
受動的	独裁的　　　　**リーダーの権限**　　　　民主的	

出所：Stewart & Manz（1995）ただし，Looy（2003），白井・平林訳（2004）より訳出。

　第3に，能動的で民主的なリーダーシップは，従業員との関係は良好であるが，状況を管理する主な権限はリーダーが有しているため，従業員は全体的な方向性の決定づけをリーダーに委任することになる。したがって，リーダーと従業員の役割が明確化し，リーダーの権力が形成される一方で，組織としての意思決定に常に時間を要したり，従業員の能力開発や協働関係が促進されないことも考えられる。

　第4に，受動的で民主的なリーダーシップは，最もエンパワーメントとの両立に適切なリーダーシップであるといえる。従業員自ら方向性を決定し，戦略を立案することで，リーダーは受動的な役割を担い，エンパワーメントの実現に必要な条件が満たされることになる。

　したがって，エンパワーメントとリーダーシップは既述した要件が満たされ

れば，両立できることが先行研究からも指摘されている。従業員が戦略的自主性を有し，それに適切なリーダーシップが発揮されることで双方の動機づけが醸成され，円滑な組織運営が行われる。

[まとめ]

　本章では，第1に，モチベーションの定義や理論的背景について概説し，それらに関する基礎理論として，内容理論と過程理論を紹介した。具体的には，モチベーションが組織に対する帰属意識や忠誠心を労働生産性の向上や組織目標の達成に誘引する態度を醸成することが重要であることを述べた。そのうえで，内容理論が，主に職務上の個人的な欲求とモチベーションとの関係に焦点を当てたものであり，過程理論は，それらのモチベーションがどのように職務行動につながるのかを明らかにするものであった。

　第2に，従業員の職務満足や従業員満足について，モチベーションとの関係に触れながら，パフォーマンスや顧客満足の向上にどのようにつなげていけばよいのかを検討した。そして，1つの取り組み事例としてエンパワーメントの導入可能性とリーダーシップのあり方について考察を加えた。特に受動的なリーダーシップが，エンパワーメントによってモチベーションの向上やパフォーマンスの達成に向けて重要である。

[参考文献]

Adams, J. S. (1965), "Inequity in social exchange", In L. Berkowitz, *Advances in experimental social psychology*, 2, New York: Academic Press.

Alderfer, C. P. (1972), *Existence, relatedness, and growth; Human needs in organizational settings*, New York: Free Press.

Bandura, A. (1986), *Social foundations of thought and action: A social cognitive view*, Englewood Cliffs, NJ: Prentice-Hall.

Bandura, A. (1991), "Social cognitive theory of self-regulation", *Organizational Behavior and Human Decision Processes*, 50, pp.248-287.

Conger, J. A & R. N. Kanungo (1988), "The Empowerment Process：Integrating Theory and Practice", *Academy of Management Review*, 13 (3), pp.471-482.

Deci, E. L. (1971), "Effects of externally mediated rewards on Intrinsic motivation", *Journal of Personality and Social Psychology*, 18, pp.105-115.

Deci, E. L.(1975), *Intrinsic motivation*, New York: Plenum Press.(安藤延男・石田梅男訳『内発的動機づけ』誠信書房，1980年)

Herzberg, F. (1966), *Work and the nature of man*, Cleveland World Publishing. (北野利信訳『仕事と人間性』東洋経済新報社, 1968年)

Lawler, E. E. (1971), *Pay and organizational effectives: A psychological view*, McGraw-Hill. (安藤瑞夫訳『給与と組織効率』ダイヤモンド社, 1972年)

Lewin, K. & Cartwright, D. (1951), *Field Theory in Social Science*, Nueva York, EUA : Harper & Brothers. (猪股佐登留訳『社会科学における場の理論』誠信書房, 1956年)

Locke, E. A. (1976), The nature and causes of job satisfaction, In M. D. Dunnette, *Handbook of industrial and organizational psychology*, Chicago: Rand McNally.

Locke, E. A. & Latham, G. P. (1984), *Goal setting: A motivational technique that works*. Prentice-Hall. (松井賚夫・角山剛訳『目標が人を動かす』ダイヤモンド社, 1984年)

Locke, E. A. & Latham, G. P. (1990a), *A theory of goal setting and task performance*, Englewood Cliffs, NJ: Prentice-Hall.

Locke, E. A. & Latham, G. P. (1990b), *Work motivation: The high performance cycle*, In U. Kleinbeck, H. Quast, H. Thierry, & H. Hacker, *Work motivation*, Hillsdale, NJ: Erlbaum.

Looy, B. V. & K. S. Krols & R. V. Dierdonck (1998), "Psychological empowerment in a service environment" in T. Swartz & D. Bowen & S. Brown Advances in Services Marketing and Management, 7, JAI Press.

Looy, B. V., P. Gemmel, R. V. Dierdonck (2003), Service Management An Integrated Approach second edition, Financial Times Prentice Hall. (白井義男監修, 平林祥訳『サービスマネジメント 統合的アプローチ上巻』ピアソン・エデュケーション, 2004年)

Maslow, A. H. (1954), *Motivation and personality*, New York: Harper & Row. (小口忠彦監訳『人間性の心理学』産業能率短期大学出版部, 1971年)

McClelland, D. C. (1961), *The achieving society*, Princeton, NJ: Van Nostrand. (林保監訳『達成動機』産業能率短期大学出版部, 1971年)

Poter, L. W. and Lawler Ⅲ, E. E. (1968), *Managerial attitudes and performance*, Homewood, IL: Dorsey.

Schlesinger, L. A. & Heskett, J. (1991), "Breaking the cycle of failure in services", *Sloan Management Review*, Spring.

Schlesinger, L. A. & Zornitsky, J. (1991), "Job satisfaction, service capability, and customer satisfaction: an examination of linkages and management implications", *Human Resource Planning*, 14 (2), pp.141-149.

Stewart, G. & Manz, C. (1995), "Leadership for self-managing work teams: A typology and integrative model", *Human Relations*, 39, pp.483-504.

Vroom, V. H. (1964), *Work and motivation*, New York: Wiley. (坂下昭宣他訳『仕事とモチ

　ベーション』千倉書房，1982 年）

伊波和恵・高石光一・竹内倫和編著『マネジメントの心理学』ミネルヴァ書房，2014 年。

小野公一『働く人々の well-being と人的資源管理』白桃書房，2011 年。

外島裕・田中堅一郎編『産業組織学エッセンシャルズ』ナカニシヤ出版，2000 年。

馬場昌雄・馬場房子・岡村一成監修『産業・組織心理学［改訂版］』白桃書房，2017 年。

平野文彦・幸田浩文編『人的資源管理』学文社，2003 年。

藤田英樹『コア・テキストミクロ組織論』新世社，2009 年。

第 **7** 章

組織コミットメント

学習目標

1　組織コミットメントの意義について検討する。
2　組織メンバーが離職をしないで組織内に留まる理由の根拠について明らかにする。
3　日本企業の帰属意識と組織コミットメントとの関係について説明する。

はじめに

　近年，若者の離職率の高さが社会的な問題となっている。大卒出身者が職場で働き始めてから 3 年以内に 3 割以上の人々が職場を離れているのが現状である。かつて日本においては，「会社人間」として休日出勤や単身赴任などが多くの日本企業で慣行として固着しており，その慣行の受容の有無は従業員にとっても当該企業への忠誠心を試す重要な尺度となっていた。しかし近年，これらを支えてきた制度的基盤が揺らいでいるのも目の当たりにしている。日本が世界で最も長時間労働にさらされている国であるという汚名を受けた主要な原因にもなっている。これらの現象は，近年の安倍前政権が謳ってきた「働き方改革」に乗り出すことと無縁ではない。

　一方，若者の離職の問題とは裏腹に，新たに 50 代問題が台頭しているのも注目に値する。2019 年 10 月 11 日付けで発行された『日経ビジネス』では，

特集として日本企業，その中でも日本を代表する自動車メーカーの1つである
トヨタが抱えている50代問題について取り上げられた。その記事のタイトル
は「トヨタも悩む50代問題」であった。確かに1970年代後半にハーバード大
学のエズラ・ボーゲルによって「ジャパン・アズ・ナンバーワン」と賞賛され
てきた日本的経営に異変が起きている。すなわち，日本企業の経営者たちは，
日本的経営を支える三本柱として認識されている終身雇用制や年功序列制に対
する危機感をあらわにしているのである。

　さらに同誌によって行われた「日本の成長に寄与する制度は何か」という質
問の結果には驚きを隠せない。この質問に対して，テレワーク（97.5％），副
業・兼業容認（90.1％），グローバル採用（89％），ダイバーシティーの促進
（87.5％），社員が希望しない転勤の廃止（65.2％）という順で応答者から強い支
持を受けている。これに対し，年功序列（−64.3％），新卒一括採用（−48.4％），
役職定年（−17.2％），新卒採用1000万円採用（−15.8％），社内英語公用語化
（−12.2％）という順で応答者からの否定的な反応があった。

　特に，トヨタなどの経営者たちから「働かないおじさん」の問題が取り上げ
られ，それらに対する根本的な対策が必要であることが明らかになっている。
日本企業を支えてきたと思われる年功序列賃金制度などは，経営環境の急速な
変化とともに日本企業が直面する大きな課題となっている。

　一方，2021年6月9日付けのウォールストリートジャーナルの報道によれ
ば，米労働省が6月8日の発表で明らかにした内容は，米国の企業が新たな働
き手の獲得に悪戦苦闘しているだけでなく，既存の従業員のつなぎ留めにも苦
戦していることであった。2021年4月末の時点で，求人件数は930万人と，
前月の830万人から増加しているものの，米国の企業側が期待している状況に
はならないという。このように，日本より労働力の流動化が進んでいる米国で
の従業員の離職問題は他人事ではない。

　さらに，2015年のフォーブス・ジャパンでは「リーダーが忠誠心を得る7
つの方法」というタイトルで，部下の忠誠心を高める方法について紹介されて
いる。すなわち，組織成員に対して忠誠心を呼び起こすには，「①改善に向け
ての継続的激励，②部下の信頼，③部下の理解，④チームの一部にすること，

⑤価値の共有，⑥チームに参加，⑦部下のやる気を起こさせること」などが必要であるという。このように，日本企業においてかつては入社した従業員に当たり前のように要求した企業への忠誠心や滅私奉公という組織風土は，日本の企業社会を特徴づけるものではなくなっていると言っても過言ではない。

　このような状況の中で，日本の組織行動研究の歴史の中でも特に1990年代に量・質ともに優れた研究実績が見られた分野の1つに組織コミットメントがある。これは「なぜ人は組織に留まるのか」という現実的なテーマを究明するための社会からの要請でもあった。企業側にとって望ましいと思われる優秀な人材が離職せずに継続的に働くための条件には，組織全体と個人の関係，所属部署と個人の関係，職務と個人の関係などがある。あらゆる組織は各々の目的を有している。個人も各々の人生の目的を持って生活している。そういった意味で組織リーダーの究極的な役割は，当該組織の目的と個人の目的とを一致させることにある。しかし，実際の世の中では，組織目標と個人の目標が一般的に異なる傾向を見せている。これらのギャップを埋めるのが組織のリーダーの重要な使命であることはいうまでもない。

　本章では，「従業員はなぜその会社に居続けるのか」という根源的な理由を探るのはもちろん，「日本企業の従業員の忠誠心やモチベーションに変化があるのか」「会社人間として長時間労働にさらされていた従業員が忠誠を誓ったものの実態は一体何だったのか」という問いの原点として組織コミットメントに注目する。

第1節　組織コミットメントの意義

　組織コミットメントの概念は，経営学とともに発展してきた。図表7-1が示しているように，組織コミットメントの定義は，研究者によってさまざまである。それらのさまざまな定義を整理すると，当該組織に対して強力な組織コミットメントを有する組織成員は，①組織の価値観や目標に対して積極的に受け入れていること，②自ら組織に対して強い所属観を有し，組織の発展のために努力すること，そして③組織に対して「心理的愛着」を有していることがわかった。

図表7－1		組織コミットメントにおけるさまざまな定義
研究者名	年　度	定　義
ベッカー	1960年	「活動を中止した際に失われるサイドベット（side bet）の集積として首尾一貫して行動へと結びつく性質のもの」
シェルドン	1971年	「個人が組織に対して一体化している程度」
ポーターら	1974年	「ある特定の組織に対する個人の同一化（identification）や関与（involvement）の強さ」
オレイリーとチャットマン	1986年	「企業になんらかの愛着を感じること」
メイヤーら	1993年	「組織と従業員の関係を特徴づけるものとして，従業員が組織メンバーの一員であることを継続もしくは中止するかに関するインプリケーションを有する心理的状態」
二村ら	2004年	「人間の欲求，信念，認知，感情，価値観など多様な要素を含む概念で，自分にとって重要なものや意味を持つものへの関与や執着，およびそれによって引き起こせる現在の行為や関係の継続を表す」

出所：筆者作成。

　このコミットメントは組織と個人の関係を表す重要な概念であり，組織の中で働く個人のモチベーションと密接な関係がある。一般的に，日本の組織で働いている個人は欧米の組織で働いている個人に比べて高い忠誠心や長い勤続年数という特徴を有していることが知られている。

　近年，組織コミットメントに注目している理由について，田尾（1997）はアランヤら（Aranya, Kushnir & Valency, 1986）の研究を引用しながら，以下のように取り上げている。

　まず，組織コミットメントと業績との関係は「正」の関係にあるという認識である。すなわち，組織コミットメントの高い組織成員の方が，低い人より高い業績を上げるであろうという考えが根底にある。この考え方は，組織コミットメントと生産性との関連性を指している（金井・高橋，2004）。組織学という

学問分野の中で近年，組織コミットメントが注目された背景として，組織コミットメントが組織成員のモチベーションを高める重要な要因になっているという認識は根強い。

　実際に，かつて多くの日本企業では組織コミットメントの強い従業員を対象に，手厚い現場教育を実施していた。これはいったん日本企業へ入社した従業員は，長期間働くであろうという暗黙の信頼関係が形成されていたから可能な政策であった。このような労働慣行の中で従業員側にも，ポストの不足などを理由に当該企業が組織成員の昇進を遅らせる措置を敢行しても，退職までは当該企業が雇用を維持してくれるであろうという暗黙の信頼関係があったといえる。このような政策は実際に 1980 年代の高度成長期までは，当該企業への忠誠心の高さやモチベーションの原点としてもよく認識されたため，企業の繁栄には欠かせない重要なポイントでもあった。しかし，今日のように企業側の都合によりリストラされたり，転職を突き付けられたりする時代では当てはまらないという指摘も多い。

　一方で，二村（2004）は，組織コミットメントが業績にいかなる形で影響を及ぼすのかについてコミットメントをモチベーションとの関係で分析している。すなわち，組織コミットメントという観測不能のものの代わりに，観測可能な従業員の態度や行動の分析に重点を置いている。この観測可能な分析については，具体的に「経済的交換アプローチ」「価値アプローチ」「社会的交換アプローチ」などがある。

　第 2 に，組織コミットメントの高い組織成員は，低い組織成員より職務への満足度（job satisfaction）が相対的に高いであろうという認識である。この職務への満足度は，組織コミットメントと類似している概念の 1 つとして知られている。職務への満足度が高いと，組織コミットメントとは「正」の関係があるという認識である。要するに，組織メンバーの職務への満足度が高ければ高いほど，組織コミットメントも上昇する傾向を見せていることを意味する。

　しかし，その後に行われた研究成果で明らかになったのは，組織コミットメントと職務への満足度に「正」の関係があるという考えは，「あくまでも経営者達の経験やそうあってほしいという願望」に過ぎないことであった（西田，

2000)。これらの問題を解決するためには，評価の対象となっている生産性の測定基準に，数値などのような量的基準には表れにくい行動レベルのパフォーマンスの測定基準を既存のものに付け加えるべきであるという指摘もなされた。

　第3に，組織コミットメント＝組織効率性であるという認識である。ここでいう組織効率性とは，時間，労力，コストをいかに抑制しながら最大の成果を生み出すかを表す指標の1つである。言い換えれば，組織コミットメントが高ければ高いほど組織成員はより創造的かつ革新的になり，より高い組織のパフォーマンスの目標達成に貢献できるという意味である。

　では「そもそも人はなぜ組織で働き続けるのか」という根本的な問いについて触れる。アレンとメイヤー（Allen and Meyer, 1991）の研究によれば，人がある組織で働き続ける理由として，組織成員の中に当該組織に対して以下の①情緒的（effective），②継続的（continuance），③規範的（normative）なコミットメントが生成されているからであるという。

1．情緒的コミットメント

　情緒的（あるいは情動的）コミットメントは，「この会社の問題が，あたかも自分自身の問題かのように感じるか」「この会社の一員であることを誇りに思うか」「この会社のメンバーであることを強く意識しているか」という問いと関連している。このコミットメントは，自分が属している組織そのものが有する価値観を組織メンバーが選好すればするほど，組織メンバーに対する愛着心が強ければ強いほど，働く人々の当該組織に対する心理的なコミットメントも大きくなる傾向があることを意味する。さらに，その他に情緒的コミットメントを強める要因には，没入，誇り，組織成員との仲間意識，組織への貢献意欲などがある。

　このような組織成員の当該組織に対するポジティブな認識は，組織成員の当該組織に対する積極的な（active）コミットメントを可能とする。結果的に組織成員が当該組織に対して長期間コミットしたいという意欲を生み出す効果が期待できる。ここでいう「積極的な」コミットメントの意味は，組織成員が当

該組織に属していること自体が幸せであると単に感じるだけでなく，自分たちが組織の役に立つであろうと思われる組織内の活動，すなわち価値のあるインプットや提案，討論やミーティングへの参加などに熱心になることを意味する。この積極的なコミットメントは自我の形成や自己認識と関連づけて分析される場合が多い。個人がある行動に移す根拠となっているのは人間の有する欲求ではなく，それを支配しているアイデンティティによるものであるという認識をベースにしている。このように，個人が当該組織に居続けたいというポジティブな動機は，当該組織に居続けることによって得られるさまざまなベネフィットを超えたものとして，好ましい感情，愛着，帰属意識などが形成される効果が期待できる。

2．継続的コミットメント

継続的コミットメントは，功利的コミットメントともいわれ，組織成員が居続ける理由として「そうする必要があるから残る」という前提に基づいている。例えば，「この会社を離れるとどうなるか不安である」「この会社を辞めたら，生活上多くのことが困難になる」「この会社を辞めたら損失が大きいので，この先も勤めようと思う」という問いに相当するものである。ここでいう必要性には，経済的利益はもちろん，組織成員と当該組織との間に何らかの交換や取引の余地がある場合に生成される可能性が高い。この継続的コミットメントは，カンター（Kanter, 1968）のいう「存続的コミットメント」，キッドロン（Kidron, 1978）の「計算的コミットメント」に該当する概念として知られている。このアプローチは，コミットメントを功利的で自己目的達成のツールとみなしている。先述したように，組織成員が当該組織に居続けるのは，交わされる賃金と労働力の交換関係に焦点を当てている。

3．規範的コミットメント

規範的コミットメントは，組織成員が属している組織に対して，何らかの理由で働かなければならない強い義務感を感じる場合に生じやすい傾向がある。例えば，「この会社の人々に義理を感じるので，今辞めようとは思わない」「こ

の会社に多くの恩義を感じる」「今この会社を辞めたら，罪悪感を感じる」などのような場合である。メイヤーらはこの「義務感」に対しては，「当該組織に限定されない，組織というもの一般に対して」感じる態度から生まれるという。お世話になった人に対して裏切らないことを美徳とする日本の企業社会ではなおさら大きな威力を発揮するものである。例えば，このコミットメントは，個人的なつながりを背景に紹介を受けて就職をした場合，特にそれに関係する人々から感じるプレッシャーから生まれる。さらに，当該組織の中で先輩や同僚から手厚いサポートを受けた場合も同様であろう。この規範的コミットメントは，自発的な動機から生まれる場合もあれば，心理的なプレッシャーを受ける場合も生じる。

　一方で，組織コミットメントを単なる個人と企業との間の問題として捉えるのではなく，これらを取り巻く環境との関係が強調されるアプローチもある。これを「社会的交換アプローチ」といい，短期間で獲得できたり，目に見えたりするような形ではない，極めて消極的な理由で当該組織へのコミットメントを継続するという解釈もできる。

　では，このような組織コミットメントは単に強ければ強いほどいいのか。

　先述したように，組織メンバーの組織コミットメントが強いと，従業員の離職率は低下し，組織側にとっては安定的に労働力を確保できるなどのメリットが期待できる。結果的に，当該組織にとっては組織メンバーのキャリア形成を援助するなどのプラス要因になる。特に，組織に対して情緒的コミットメントが高いことは，組織に誇りを持っている人々を増やしたり，従業員間のやりとりをスムーズに行ったりするなどのメリットもある。

　しかし，組織を取り巻く経営環境が変わり，新たに組織変革や創造性が求められるなど，従来までとは異なる状況に直面すると，強い情緒的コミットメントは思いも寄らない結果をもたらす。要するに，そういった場面での当該組織への強い情緒的コミットメントは，従来まで培ってきた価値観に縛られるなど組織変革に対する逆効果として働くことを看過してはいけない。

　さらに，このような逆効果の故に組織内でさまざまなコンフリクトが同時に発生しやすくなる。その典型的なパターンが，組織全体の活動と部門活動間の

コンフリクトと，部門同士間のコンフリクトである。これについて二村（2004）は，特に所属部署に対する情緒的コミットメントが強く，しかも当該部署の目的達成を何よりも優先的に推進する場合，それを妨げる他部署の存在や活動に対して敵対視する傾向を見せるという。例えば，組織を取り巻く経営環境の変化や業績悪化などを理由に，本社レベルで部門統廃合を含むリストラクチャリングを断行したり，予算配分を変更したりする政策に対して下位部門が集団的に反発することはその典型的な事例として挙げられる。

第 2 節　組織コミットメントをめぐる研究の動向

　組織コミットメントに関する初期の研究では，「組織コミットメントはいったいどのような状態を指すのか」という研究課題から出発した（鈴木, 2009）。同時期には，組織コミットメントに関する概念規定も研究者によって各々異なったり，類似の内容が同一の名称になったりするような概念のジャングルの状態がしばらくは続いていた。さらに，鈴木（2009）によれば，初期の研究では組織コミットメントに関する以下の 3 つの混乱が見られたという。

　第 1 に，組織と個人との関係を捉えた場合，組織成員が組織に居続ける行為自体は，「行動的側面なのか，態度的側面なのか」というアプローチ上の混乱であった。前者の場合はベッカー（Becker, 1960）に代表される社会心理学的なアプローチであるのに対し，後者の場合は経営学や組織行動学の分野からのアプローチである。

　第 2 に，組織コミットメントの性質に関連する混乱であった。組織に居続ける理由を明確にする根拠が「合理的か非合理的か」という課題である。前者の場合，組織に居続ける根拠として組織成員の経済的な利益追求を合理的な行動として見なすのに対し，組織の目的や価値に対する熱狂的な賛同や同一化を理由に組織に居続ける後者の場合は，合理的な変数として説明するには多少無理があるという認識である。これは先述したように，それぞれ功利的組織コミットメントと情緒的組織コミットメントに相当する。

　第 3 に，組織コミットメントの概念を「単次元で捉えるか複数次元で捉える

か」という混乱であった。要するに，組織コミットメントの概念規定を組織成員の行動か態度のいずれかを捉える場合は単次元（例えば，功利的組織コミットメントか情緒的組織コミットメントか）で規定することができる。これに対し，現在の組織コミットメント研究の主流となっているメイヤーやアレンの研究モデルでは，組織コミットメントを「情緒的」「継続的」「規範的」という3つの下位次元から規定しており，複数次元での組織コミットメントの概念規定を成していることがわかる。

　その後，1980年代後半には組織コミットメント研究を集大成したメイヤーら（Meyer, et al., 1989）の研究により，より大きな進展が見られた。さらに，1990年代に入ってから展開された研究動向をみると，「組織コミットメントを構成する要因は何か」が注目され，徐々に組織コミットメントと職務満足，生産性，離職率などの要因といかなる相関関係を有しているのかについての分析視点へと変わっていく。

　さらに，統一的な概念と尺度を提供したアレンとメイヤー（Allen and Meyer, 1990, 1991, 1997）の功績は大きいと評価されている（服部，2020）。これは実際にポーターやマウディら（1974）が先に開発したOCG（organizational commitment questionnaire）の分析手法を取り入れた形である。この分析手法は「ポーター・スケール」ともいわれ，実に現在まで数多くの研究者たちに利用されている。このような統一的な尺度の確立は，結果的に二国間以上の比較も可能にしたという。このOCGは，組織の価値観や目標の共有，組織に残りたい願望，組織の代表として努力したいという意欲という3つの要素から成り立っている。

　しかし，このような動きについての批判もあるが，以下の2つに整理できる（鈴木，2002）。

　第1に，研究の焦点が定まることによって研究テーマが硬直化してしまった傾向である。すなわち，時代の変化とともに自然に変化する組織成員の組織コミットメントを分析するには，彼らが提供する定量的な分析方法にやや限界が見られるという。例えば，組織コミットメント研究の萌芽期に登場した代表的な研究の1つであった付属的賭け理論は，体系化が成し遂げられた以後の研究では十分な検討がされなかった。基本仮説を元に実証研究がなされないまま，

情緒的コミットメントの体系化の方に研究の方向が変わってしまったという。

　第 2 に，方法論的多様性を妨害することである。これは組織コミットメントの主な分析手法である定量的方法についての批判である。具体的には，「定量的方法は，変数間の関係そのものについては明らかにできる。しかし，なぜその関係が生まれるのか，どのようにある変数がある変数に影響を与えるのか」という問いであり，特に変数やプロセスに関する能動的な問いに対しては限界があるという。

　では組織コミットメントはいかなる方向性を持って発展してきているのか。服部（2020）によれば，組織コミットメントの研究は「功利的組織コミットメント」から始まったという。その後，組織成員の当該組織に対する感情的な結びつきを強調する「情緒的組織コミットメント」へ移行し，最終的には内面化された規範的圧力を重視する「規範的なアプローチ」へと視点が変わった。さらに，組織成員の当該組織へコミットする視点について，組織そのものというより，組織メンバーがコミットするのは同僚や上司，人事担当者，経営者との対峙を前提に組織以外へコミットする可能性があるというより広い視点への拡散についても触れている。

　しかし，近年では組織コミットメント理論の有する限界に注目し，組織または企業内に継続的に居続ける諸要因について別の次元でのアプローチがなされている。それがジョブ・エンベデッドネス（job embeddedness）である（服部，2020）。このジョブ・エンベデッドネスは，既存の組織コミットメントを補完する理論として知られている。言い換えれば，前者の組織コミットメントが「なぜ組織成員たちは当該組織から離れるのか」に注目したならば，後者のジョブ・エンベデッドネスは「なぜそこに組織成員を留めるのか」に注目している。この組織内に留める諸要因のことを「エンベデッドネス（埋め込み）」といい，組織成員が当該組織に満足している諸要因やコミットする諸要因以外にも注目したものである。ミッチェルら（Mitchell et al., 2001）は，組織コミットメント理論では説明できない理論的な精緻さがこのジョブ・エンベデッドネス理論に見られるという。例えば「家族やコミュニティとの関係で，職務と関係ない理由で離職してしまう場合」などがある。これは先述した組織コミットメ

138

区　分	絆	適　合	犠　性
組　織	組織との絆	組織への適合	組織を離れる際に犠牲になるもの（コスト）
コミュニティ	コミュニティとの絆	コミュニティへの適合	コミュニティを離れる際に犠牲になるもの

図表7-2　ジョブ・エンベデッドネスの構成要因

出所：Young（2012）.

ントの高低では説明できない。

　さらに，このジョブ・エンベデッドネスには，他の人・組織・グループへの「絆（links）」，職務，組織，コミュニティとの「適合（fit）」の認識，そして彼らの職務を離れる際に「満足する何か」が含まれる。図表7-2は，ジョブ・エンベデッドネスの3つの構成要素を組織とコミュニティで分類したものである（Young, 2012）。

第3節　日本的経営と組織コミットメント

　田尾ら（1997）は日本的経営の実在時期について触れながら，日本で従業員が会社に対して高い情緒的愛着や忠誠心を表したのは，それらを可能にした高度成長期という特殊な時代的背景があったからという。言い換えれば，日本的経営を支える日本企業特有の制度上の安定的なバックアップがあったから，それらは日本の企業社会で実現できたと言われている。当時の日本では，働く本人はもちろん，家族への手厚い福利厚生があったことは否めない。このような制度的な設計は，日本企業に対する従業員の強い情緒的コミットメントを生み出し，結果的に高い生産性を達成するのに貢献したという漠然とした見解も多かった。

　周知の通り，日本の大企業を特徴づけるものとしてJ. C. アベグレン（1958）によって提唱されたのが終身雇用制，年功序列，企業内組合という3本柱であった。図表7-3が示しているように，日本的雇用システムは他の国にない

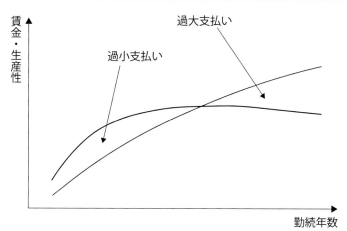

出所：加護野・小林（1989），77ページ。

特異性が見られる。すなわち日本的雇用システムでは，当該企業と従業員との間に契約などのような明文化された法的な保証がなく，いわば日本的雇用慣行という名の下で両者間の漠然とした信頼関係でしか支えられていない労使関係が存在している。

　これについて加護野・小林（1989）によれば，日本の雇用システムには賃金の年功カーブと企業への貢献という2つの観点から，キャリアの初期段階と後期段階では各々異なる雇用慣行を見せているという。キャリアの初期段階においては，従業員は企業に対する自分たちの実績より過少の支払いを受けているのに対し，後期段階においては彼らの実績より過大な支払いを受けていることがわかる。これをキャリア全体で算出すると，バランスがとれている。この中で初期の実績に対する過少払いとの格差が「見えざる出資」と呼ばれている。同システムの出資者はもちろん，当該企業と従業員たち両方となる。このような雇用システムは，日本の高度成長期までは大学などのような高等教育機関から輩出された優秀な人材を安定的に企業内に定着させる重要な政策となっていた。

　しかし，90年代以後にみられた経済の低成長期に突入してからは，かつて

のような従業員の強い組織コミットメントを維持・形成することが困難になったという。いわば，それまで「日本的経営」や「日本式経営」という名で知られ，外国の研究者たちから高く賞賛されたものに動揺または変容が発生していることに他ならない。

　このような状況の中，田尾ら（1997）はアベグレン（Abegglen, 1958）やE・ボーゲル（Vogel, 1979）などによって賞賛された日本的経営についての理論的根拠の脆弱性について指摘し，西洋人によって漠然と築き上げられた成功神話を疑問視した。すなわち，日本的経営で前提にしている三種の神器（終身雇用制，年功序列，企業内労働組合）が「制度として明白な枠組みを，他の社会や文化から明確に区分できることが自明であるかについては疑問の余地がなくもない」としている。組織コミットメントが強ければ，会社は定年まで雇用を維持でき，従業員たちからの高い帰属意識を基盤に企業側も従業員らを信頼し，長年の人材育成に取り組む投資を躊躇しない。それが結果的に日本企業の高い生産性につながったという主張である。

　これに対し，田尾ら（1997）は，特に組織学で前提にしている組織人（組織の中の基本的な人間像）と日本的経営のベースとなっている「会社人間」にはいくつかの相違点があることに着目している。西洋の研究者たちが基本的な前提にしている組織の人間像は「普通の人の普通の考えや行動をする人」である。これに対し，いわば「会社人間」は「会社のために強く自我を関与させ，過剰なロイヤルティを示す人たちである。そのために，会社のなかにしか関心が向かわず，会社以外のさまざまな関係様式に，均衡のよい関係を，たとえば，家族や私的な友人関係について維持できなくなった人たち」と定義し，組織論一般で前提にしている「組織人」とは異なる存在として厳格に区別をしている。

　このように「会社人間」はしばしば滅私奉公を基本に，会社へ過剰に同調した人間の行動様式を美徳とする組織風土が蔓延した時期に作り上げられた人間像であることを看過してはいけない。これらの現象について，西洋のマスコミではしばしば日本的経営に対するネガティブなイメージを浮かび上がらせる表現として‘karoushi（過労死）’を取り上げ，批判的に捉えている。田尾らはこのような現象を「過剰な病的同調」と呼んでいる。

　さらに，彼らは制度として存在するものだけでなく，それらを運用する仕組みの「過剰な思い込みや思い込みを支える構造」についても批判的にみている。例えば，日本企業で働く行為自体を「就職」ではなく「就社」と捉えており，「会社丸抱え的な雇用形態，社員寮や社宅，社内のさまざまな行事への参加」を必要以上に強要しているという。こうして彼らは日本的経営について，「日本の一部の大企業に」，「高度成長期の頂点の時期に」しか見られない一時的な現象として認識して指摘している。

　しかし，このような現象はバブル経済崩壊後の低成長期に入り，高度成長期に提供した豊富な経済的待遇や福利厚生などが低下することによって，従業員の企業への高い帰属意識も自然に薄れていった。

　一方で，田尾ら（1997）は，従業員の帰属意識も含めた組織との関係を分析した視点について，日本の経営学に組織コミットメント理論が導入された点に注目している。それは主に米国からの影響が大きいことを明らかにしている。また，日本企業への帰属意識には，会社への帰属と企業内組合への帰属という二重の帰属意識が存在していることについても指摘している。しかも両者への帰属意識は対立の関係ではなく両立しているという独自の特徴がある点を紹介している。このような観点では，日本の従業員が企業にコミットする意識は，情緒的組織コミットメント理論で取り上げられている組織への一体化や関与という前提が，日本の会社人間の構造とは根本的に異なるという。言い換えれば，情緒的コミットメント理論でいう当該組織は企業そのものを指しているのに対し，「会社人間」が属している組織は先述した2つの組織が関わっているからである。

　日本では 1980 年代以後ポーターら（Porter, et al., 1974）の研究が導入され，測定尺度を利用した数多くの研究がなされ，組織コミットメントについての理論的深化が行われた。その具体的な成果には，会社帰属意識の理論的枠組みの精緻化，従業員の雇用形態や性別の相違，他の組織論の主要概念との関係性などがある。

　そして田尾ら（1997）は，日本の組織的コミットメントの課題として以下のような点について指摘している。

　第1に，組織コミットメントの定義として取り上げている「組織と人間の関係を個人の認知において測定する」という大前提を，そのまま日本的経営に適用するには少々無理があるという点である。換言すれば，組織コミットメントの理論的前提となっている組織が「汎社会的・汎組織的な含意」を含んでいるのに対し，日本的経営の文脈では「特殊社会的な，特殊文化的な含意」を有するものであろうという視点である。

　第2に，ポーターら（1974）の研究が組織コミットメントの態度的なアプローチであったのに対し，日本で主に行われている組織帰属意識の態様は，積極的・能動的なアプローチが主流であった点である。言い換えれば，日本の企業では役員や従業員に対して提供するフリンジベネフィット（fringe benefits）が彼らを会社に拘束させる大きな誘因となっている。ここでいうフリンジベネフィットとは，企業側が提供する給料以外のものを指し，具体的には社宅，食事，福利厚生施設，記念品，年金・保険料の負担などがある。これは付加給付ともいわれ，有給休暇や現物給付，そして各種サービスを提供する傾向がある欧米とは異なる傾向を見せている。要するに，日本企業が従業員に対して提供するフリンジベネフィットによって，日本の従業員は当該企業で働かないと得られない経済的誘因に拘束されてしまったことに他ならない。この企業側が提供する誘因策は，離職者に対する差別化となり，労働の流動化を阻害する主な原因になる。

　さらに，リンカーンとカレバーグ（Lincoln and Kalleberg, 1990）の研究のように，日本人の心理特性や国民性と組織コミットメントとの強い因果関係を否定している場合もしばしば見られる。彼らによれば，日本企業に対する従業員の組織コミットメントは民族性や文化的な側面からの影響より，経営システム上の特性から生まれたものであるという。しかも，日本企業に対する従業員の組織コミットメントは，欧米のそれに比べても多少弱い傾向を見せているという。

第4節　組織コミットメントの成功事例

　ここでは従業員の組織コミットメントの意識を企業経営に利用して成功した

事例として，マクドナルド社を取り上げる。

　まず，私たちに非常に馴染み深い存在であるマクドナルドについて紹介する。世界 100 カ国以上でグローバルな事業を繰り広げているマクドナルド社は，2022 年現在，日本において約 2,900 程度の店舗を擁しており，15 万人以上の「クルー（従業員を，正規雇用者・非正規雇用者を問わずそう呼んでいる）」を抱える企業である。しかし，同社は，いわゆる「ジャンクフード」を製造する企業，長時間労働にさらされる企業という汚名も着せられていた。同社はその汚名を払拭するために数多くの制度を作っている。その制度の中で，ここでは特にEVP（employee value proposition）について紹介する。この EVP とは直訳すると「従業員価値提案」と訳されるが，近年，従業員の満足度を高める重要な制度として注目に値する。

　この EVP は「フレキシビリティ」「ファミリー＆フレンド」「フューチャー」という 3 分野から成り立っている。

　同社によれば，クルーの採用時に以下の 4 つのプロセスについて触れるという。

　①　「競争や外部マーケット環境について理解する」
　②　「従業員が満足して働ける環境整備」
　③　「第 3 者から評判を得る」
　④　「EVP を伝えるコンテンツ」

　特に，同社が①を重視するようになった動機は，「求職者のニーズ」や「マクドナルドが従業員に提供する価値」が何かという基本的な考え方を明らかにするためであった。

　図表 7 － 4 が示しているように，従業員の EVP への理解と普及を通して従業員満足度の向上を図る。そのような動きは，さらに顧客サービスの向上，顧客数の増加，売上高の上昇へとつながり，最終的には利益増大をもたらすという考え方である。

　さらに，同社ではこの EVP の実現と関連する重要なポイントとして，第 3 者からの厳格な評価を取り入れた仕組みを有している。この第 3 者には近年，SDGs の取り組みの普及に積極的な NGO 団体などが含まれている。

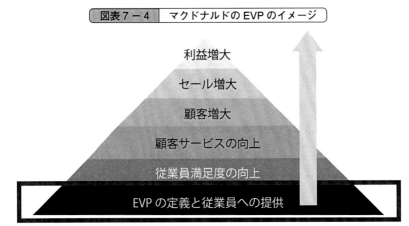

図表7－4　マクドナルドの EVP のイメージ

利益増大

セール増大

顧客増大

顧客サービスの向上

従業員満足度の向上

EVP の定義と従業員への提供

出所:『PR　Time マガジン』(https://prtimes.jp/magazine/mcdonalds-evp-interview/)
2022 年 1 月 5 日にアクセス。

まとめ

　組織コミットメントは,個人と組織との関係を規定する概念として,組織成員の帰属意
識,ロイヤルティ,生産性,モチベーションなどを引き上げる重要な要因である。

　組織成員が離職をしない理由は,組織の目的や価値に対する熱狂的な賛同や同一化を
意味する「情緒的組織コミットメント」,経済的な収入に代表される功利的な目的で組
織に居続ける「継続的組織コミットメント」,当該組織で継続的に働く理由を組織成員
が当該組織に対して感じる何らかの義務感で根拠を探る「規範的組織コミットメント」
から説明できる。

　「会社人間」に代表される日本企業の従業員に対する組織コミットメントを厳密に測
定するには,組織理論全般で想定している組織人の基本的な前提を正すなどの課題が残
されている。

参考文献

Abegglen, James C. (1958), The Japanese Factory: Aspects of Its Social Organization,
　　Glencoe, Illinois: The Free Press. (山岡洋一訳『日本の経営』日本経済新聞社, 2004 年)

Allen, N. J. and Meyer, J. P. (1991), A Three-Component Conceptualization of
　　Organizational Commitment. *Human Resource Management Review*, 1, pp.61-89.

Aranya, N., Kushnir, T., & Valency, A. (1986), Organizational commitment in a male-
　　dominated profession, *Human Relations*, 39 (5), pp.433-448.

Becker, H. S. (1960), Notes on the Concept of Commitment, *American Journal of Sociology*, Vol.,66, pp.32-42.

James R. Lincoln and Arne L. Kalleberg (1990), *Culture, Control and Commitment: A Study of Work Organization and Work Attitudes in the United States and Japan*, Cambridge University Press.

Kanter, R. M. (1968), Commitment and social organization: A study of commitment mechanisms in utopian communities, *American Sociological Review*, 33 (4), pp.499-517.

Kidron, A. (1978), Work values and organizational commitment, *Academy of management Journal*, Vol. 21. pp.239-247.

Meyer, J. P., Paunonen, S. V., Gellatly, I. R., Goffin, R. D., & Jackson, D. N. (1989), Organizational commitment and job performance: It's the nature of the commitment that counts, *Journal of Applied Psychology*, Vol.74, pp.152-156.

Meyer, J. P. and Natalie J. Allen (1991), A three-component conceptualization of organizational commitment, *Human Resource Management Review*, Vol.1, No.1, pp.61-89.

Meyer, J. P. and Natalie J. Allen (1997), *Commitment in the Workplace: Theory, Research, and Application*, SAGE Publications.

Mitchell, T. R., Holtom, B. C., Lee, T. W., et al. (2001), Why People Stay: Using Job Embeddedness to Predict Voluntary Turnover, *Academy of Management Journal*, 44, pp.1102-1121.

Mowday, Richard T., Richard M. Steers, Lyman W. Porter (1979), The measurement of organizational commitment, *Journal of Vocational Behavior*, Vol.14, No. 12, pp.224-247.

Porter, L. W., Steers, R. M., Mowday, R. T., & Boulian, P. V. (1974), Organizational commitment, job satisfaction, and turnover among psychiatric technicians, *Journal of Applied Psychology*, 59 (5), pp.603-609.

Young, Jeffery (2012), Job embeddedness theory: Can it help explain employee retention?, University of Louisville, ProQuest Dissertations Publishing.

今井賢一・小宮隆太郎編『日本の企業』東京大学出版会，1989 年。

エズラ・ボーゲル著，広中和歌子・木本彰子訳『ジャパン・アズ・ナンバーワン—アメリカへの教訓』阪急コミュニケーションズ，1979 年。

金井壽宏・高橋潔『組織行動の考え方』東洋経済新報社，2004 年。

鈴木竜太『組織と個人』白桃書房，2002 年。

鈴木竜太「日本企業のホワイトカラーのタイポロジーに関する実証研究：組織コミットメントと組織を背負う意識に注目して」『国民経済雑誌』第 200 巻第 2 号，2009 年，39 〜 55 ページ。

田尾雅夫編著『「会社人間」の研究—組織コミットメントの理論と実際—』京都大学学術出版会，1997 年。

津野陽子・尾形裕也・古井祐司「健康経営と働き方改革」『日本健康教育学会誌』Vol.26 No.3，2018 年，291 〜 297 ページ。

西田豊明「職務満足，組織コミットメント，組織公正性，OCD が職場が有効性に及ぼす影響」『経営行動科学』第 13 巻第 3 号，2000 年，137 〜 158 ページ。

二村敏子編『現代ミクロ組織論』有斐ブックス，2004 年。

服部泰宏『組織行動論の考え方・使い方』有斐閣，2020 年。

厚生労働省ホームページ（https://www.mhlw.go.jp/stf/seisakunitsuite/bunya/0000148322.html）2022 年 1 月 5 日アクセス。

「リーダーが忠誠心を得る 7 つの方法 」（https://forbesjapan.com/articles/detail/10321）2021 年 2 月 23 日アクセス。

『PR　Time マガジン』（https://prtimes.jp/magazine/mcdonalds-evp-interview/）2022 年 1 月 5 日アクセス。

マクドナルド社のホームページ（https://www.mcdonalds.co.jp/media_library/2821/file.pdf）2022 年 1 月 6 日アクセス。

第8章

コンフリクト

学習目標

1　コンフリクトの概念やプロセス，ならびにコンフリクト・マネジメントについて理解する。

2　従業員が抱えるコンフリクトの中で注目されている役割ストレスについて理解する。

3　従業員が抱えるストレスをどのようにマネジメントすればよいか検討する。

第1節　コンフリクトの概念

　組織上発生するコンフリクトとは，顧客，同僚，上司，社会などさまざまな価値観，意見，要求，あるいは指示・命令によって自分自身の感情に対立や葛藤が生じ，意思決定に支障をきたすことである。

　マーチ（J. G. March）らは，コンフリクトが発生するレベルを（1）個人コンフリクト（individual conflict），（2）組織内コンフリクト（organizational conflict），（3）組織間コンフリクト（interorganizational conflict）に分類し，次のように説明している。

　個人コンフリクトは，自分自身が2つ，もしくはそれ以上の選択肢の中から意思決定を行わなければならない状態を指し，次の3つのパターンを挙げている。第1に，すべての選択肢が好条件，もしくは悪条件で意思決定がすぐにで

きない比較不能のコンフリクト，第2に，比較可能ではあるが，すべての選択肢が意思決定の基準に到達しない受容不能のコンフリクト，第3に，すべての選択肢が不確実な要素を有しており，意思決定がすぐにできない不確実なコンフリクトである。

　組織内コンフリクトは，組織の中の個人あるいは集団間から生じるコンフリクトである。個人から生じるコンフリクトは，個人内と個人間コンフリクトに分類され，前者は個人コンフリクトと同義語であり，後者は自分自身とは異なる人間から与えられた選択肢によって生じるコンフリクトである。例えば，自分自身に与えられた役割が複数存在し，一方を受け入れれば，他方は達成不可能あるいは困難となるといった状態が挙げられる。この状態は役割ストレスといわれており，詳細は後述する。集団間から生じるコンフリクトは，例えば異なる部署間の意向によって，利害関係の不一致が生じることがある。

　組織間コンフリクトは，企業間，あるいは企業と社会，国とのコンフリクトが挙げられる。

　マーチ（J. G. March）らは，以上の3つのコンフリクトが部分的にオーバーラップすることを認めつつ，特に組織内コンフリクトに対する関心に注意を払うよう述べている。

　リッカート（R. Likert）らは，コンフリクトについて本質的コンフリクトと情緒的コンフリクトに分類し，前者は問題の本質に根ざしたコンフリクトと定義し，後者は対人関係の情緒的，感情的側面から生じたコンフリクトと位置づけている。

　高野（2011）はリッカートらの本質的コンフリクトを構造的コンフリクトと捉え，問題の構成要素や要素同士の関係などの問題構造を客観的に把握しようとすると，本来，意識を向けるべき対象，すなわち問題の本質あるいは根本原因に意識を向けず，既得権益を守るための手段に固執する情緒的対立が強まり，事態をより深刻化させる可能性があると指摘する。

　したがって，本質的コンフリクトと情緒的コンフリクトは相互依存の関係にあり，コンフリクトの解消をマネジメントレベルで検討する際に注意を払わなければいけない。

第 2 節　コンフリクトに対する認識の変化
―コンフリクト・マネジメントへ―

　組織内で発生するコンフリクトは，当初は解消，あるいは回避することを目指していたが，組織内でコンフリクトが発生するのは必然的であることから，マネジメントによるコントロールのあり方を模索する動きも出てきた（Thomas, 1978）。

　フォレット（Follett, 1941）によると，コンフリクトは避けることのできないものとして存在し，むしろそれを利用することを考えていかなければならない。コンフリクトを悪であるとして非難するのではなく，我々のためになるようコントロールすべきであると述べている。

　ロビンス（S. P. Robbins）は，組織におけるコンフリクトの利用可能性について検討するために，インターアクショニスト理論を提唱した。彼の理論を要約すると，コンフリクトは受容するだけでなく，一連の目標を達成し，組織の有効性を高めるためのマネジメントが積極的に目的志向的に介入すべきこと，そして，適切なコンフリクトを刺激し，推奨することの必要性について述べている（高橋, 1980）。

第 3 節　コンフリクトのプロセス・モデル

　シュミット（S. M. Schmidt）らは，コンフリクトのプロセスを（1）目標の相違（goal incompatibility），（2）配分された共有資源（shared resources），および（3）相互依存的な諸活動（interdependent activities）の 3 つに注目し，図表 8 - 1 のようなプロセスを経てコンフリクトが醸成されると述べている。ここでは，人間のモチベーションを含む心理的側面から生じた目標の相違，組織への資源配分や事業機会，そして活動の相互依存度がコンフリクトを生起することを明らかにしている。

　さらに，デズラー（G. Dessler）はシュミットの概念を用いながら，コンフリ

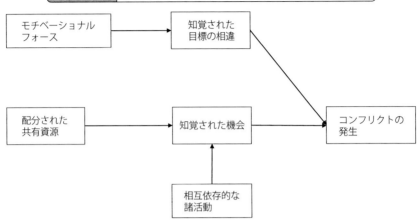

図表8−1　シュミットらによるコンフリクトのプロセス・モデル

出所：Schmidt & Kochan（1972）（ただし，高橋（1980）を参考に一部加筆，修正）.

クトの発生要因について，より詳細な検討を行っている。具体的には，図表8−2のように，（1）コンフリクトの先行条件，（2）コンフリクトのモデレーター，（3）顕在化されたコンフリクトに分類している。コンフリクトの先行条件では，コンフリクトが発生する環境条件について述べている。例えば，サブユニット間の目標の相違，希少資源の獲得競争，目標の不両立性，配分された共有資源などが挙げられる。コンフリクトのモデレーターは，コンフリクトが発生する直接的要因に該当することとして，例えば，コミュニケーションの不調，抑圧，緊張，共同意思決定の可否，相互依存の形態，他の見解に対する態度などを挙げている。そしてこれらの環境条件や直接的要因が影響して，コンフリクトが顕在化すると述べている。

　ポンディ（L. R. Pondy）は，コンフリクトが生じるまでのプロセスについて5つに分類している。

　第1に，潜在的コンフリクトを挙げている。潜在的なコンフリクトが生じる代表例として，希少資源の獲得競争，自律性への意欲，およびサブユニット間の異なる目標の3つのタイプを挙げている。組織が必要とする情報量がうまく獲得できなかったり，相手から自分自身の職務行動を強くコントロールされた

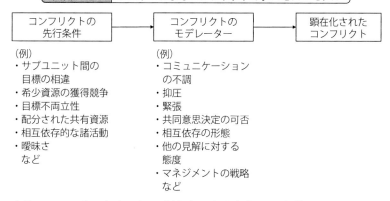

図表8-2　デズラーによるコンフリクトのプロセス・モデル

| コンフリクトの先行条件 | → | コンフリクトのモデレーター | → | 顕在化されたコンフリクト |

（例）
・サブユニット間の目標の相違
・希少資源の獲得競争
・目標不両立性
・配分された共有資源
・相互依存的な諸活動
・曖昧さ
など

（例）
・コミュニケーションの不調
・抑圧
・緊張
・共同意思決定の可否
・相互依存の形態
・他の見解に対する態度
・マネジメントの戦略
など

出所：Dessler（1980）（ただし，高橋（1980）を参考に一部加筆，修正）．

り，あるいはサブユニット間で行動を調整することができなかったりする時に生じるコンフリクトである。

　第2に，知覚されたコンフリクト，第3に，感知されたコンフリクトである。両者の違いは，コンフリクトを認識しているかどうか，そのコンフリクトはどのように受け止められているか，という点である。

　第4に，顕在化されたコンフリクトである。コンフリクトが行動として顕在化した状態を指し，例えば労使交渉や苦情の申し立てなどが挙げられる。

　第5に，コンフリクトの余波である。実際に行動をとった結果，そのコンフリクトが緩和されたり解消されたりしなければ，余波として個人の感情や組織に対して悪影響を及ぼす。

　さらに，トーマス（K. W. Thomas）もコンフリクトの分野で著名な研究者のひとりであり，次のプロセス・モデルを提示している（図表8-3）。このプロセス・モデルは，1つのエピソードに基づいてサイクルモデルを形成しているが，コンフリクトの生起は，それ以前のエピソードの結果から影響を受けていることを前提にしている。

　トーマスは，個人，集団，組織を組み合わせた3つの当事者による相互作用を考慮し，1つのコンフリクト単位として位置づけている。彼はコンフリクトの捉え方として，すべてが非合理で組織に悪影響をもたらすものではないとし

図表8-3　トーマスのコンフリクトにおけるプロセス・モデル

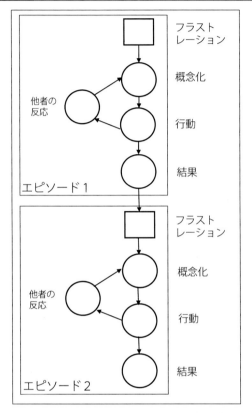

出所：Thomas（1976）（ただし，高橋（1988）より引用）．

ている。むしろ，当事者間の見解の相違は，組織に対して総合的で深い理解を生むとも述べている。したがって，コンフリクトは非合理性・破壊性を極力抑止し，コンフリクトの持つ機能的・建設的側面を助長することにあるといえる（高橋，1988）。

　彼はさらに，コンフリクトをプロセス・モデルと構造モデルに分類して，検討を行っている。プロセス・モデルは，進行中のシステムを管理することに関係し，その中で重要事項を扱い，予測する知識を提供するものとして提示して

いる。一方で，構造モデルはシステマティックな変化，長期にわたる進歩発展に関係するものとして提示している。

　彼は図表8-3のとおり，プロセス・モデルをフラストレーション，概念化，行動，他者の反応，そして結果という5つに分類し説明を行っている。高橋（1988）は5つの概念を次のように整理している。高橋の見解を用いながら，考察を加えていくことにする。

　フラストレーションは，コンフリクトの主因となり，フラストレーションが蓄積されてコンフリクトが生じる。コンフリクトは，当事者の一方によって自分自身の関心が満足されていないと発生するものである。関心とは，欲求にも置き換えられ，公式の目的，行動の基準等により明確な特定概念が満たされない場合に生じる。

　概念化は，状況の認識のことを指している。コンフリクトが生じる主因の規定，可能な代替行動案とその結果について考慮されている。主因の規定には，自己中心性，問題の根底にある関心に対する洞察力，問題の大きさが関係する。概念化の段階においては，コンフリクトが生じている状況の認識が処理行動に与える影響，および概念化の変化による行動の漸次的拡大や他の変化への派生によって，コンフリクトに対する知覚が大きく影響する。

　行動は，方向づけ（orientation），戦略的目的（strategic objectives），戦術的行動（tactical behavior）から構成されている。方向づけと戦略的目的は，相互作用しており，高橋（1988）はそのたとえとして，コンフリクトにおける状況の認識にしたがって支配の方向づけを選択したとしても，相手に自分よりも大きなパワーがあることがわかれば，方向づけを修正し，何らかの妥協を含んだ戦略的目的が設定されることになると述べている。

　そして，コンフリクトへの対処行動パターンとしては，図表8-4のように，次の5つ（①競争的，②順応的，③分配的，④回避的，⑤協調的）にまとめられている。

　具体的には縦軸に「自分の関心を満足するための当事者の欲求」として「自己主張的－非自己主張的」，横軸に「他者の関心を満足させるための当事者の欲求」として「非協同的－協同的」と位置づけて，コンフリクトに対する対処

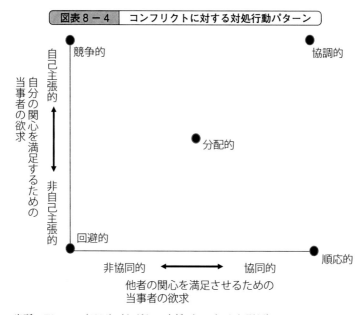

図表8－4　コンフリクトに対する対処行動パターン

自己主張的　競争的　　　　　　　　　　　協調的

自分の関心を満足するための当事者の欲求

非自己主張的

分配的

回避的　　　　　　　　　　　　　　　順応的

非協同的　　←→　　協同的

他者の関心を満足させるための
当事者の欲求

出所：Thomas（1976）（ただし，高橋（1988）より引用）.

行動の方向づけを行った。

　他者の反応については，非常に動態的な要素を含んでおり，特に既述したコンフリクトの行動に対する漸次的拡大と縮小を伴いながら，他者の反応に応じて，方向づけ，戦略的目的，戦術的行動を変更することになる。

　最後の結果では，コンフリクトに対する対処行動の結果が与える影響について述べている。仮にコンフリクトを解消できたとしても，そこから新しいフラストレーションが生じたり，相手の行動によって敵意や不信感が醸成されたりする可能性もある。

第4節　コンフリクトの構造モデル

　次に，トーマスが分類したもう一方のコンフリクトの構造モデルについて，高橋（1988）の見解を参考に紹介する。コンフリクトの構造とは，人間の感情に影響を与える環境要因を指している。そして，（1）当事者と他者の動機や

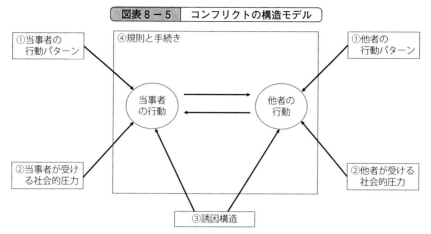

図表8－5　コンフリクトの構造モデル

①当事者の行動パターン

④規則と手続き

①他者の行動パターン

当事者の行動

他者の行動

②当事者が受ける社会的圧力

②他者が受ける社会的圧力

③誘因構造

出所：Thomas（1976）（ただし，高橋（1988）より引用）.

　能力から生じる行動性向，（2）当事者と他者を取り巻く社会環境から受ける圧力，（3）コンフリクトに対する誘因としての報酬に対する当事者と他者の反応と行動，（4）当事者と他者を制約する規則と手続きにおけるフレームワーク内での相互作用からなる4つの変数で構成されている（図表8－5）。

　当事者と他者の動機や能力から生じる行動性向とは，コンフリクトが生じたときの行動パターンを指している。そして，これらを取り巻く社会環境から受ける圧力とは，当事者が属する集団から受ける圧力であり，集団規範や指示，命令などが挙げられる。これらの圧力を受けたことによって，主体的な意思決定が妨げられる一方で，集団からの評価を大きく左右することになる。また，自分自身が属する集団を越えた他集団，あるいは社会から圧力を受けることもある。文化的価値，公共の利害，あるいは公的権力による圧力も考えられる。

　さらに，当事者や他者の対処行動や社会的圧力に対して，コンフリクトの緩和や解消を期待した誘因が当事者と他者の行動に影響を与えるとも述べている。誘因構造は，利害関係者内における利害関係の程度に起因しており，当事者間の関与が高ければ，双方の独断的行動をより誘発し，コンフリクトが生じやすいといえる。利害が当事者間において共通領域を持たなければ，競争的問題として扱われ，非協調的行動を誘引する。すなわちコンフリクトは，当事者

間の関与と利害の程度に依拠するといえる。

　規則と手続きに関しては，コンフリクトやそれと関わる対立が生じたときに，緩和，解消，もしくは回避するための規則を当事者間が受容することを示している。ただし，規則は統制を強化することにもつながるため，問題解決を長引かせたり，関心が減退したりする可能性も否定できない。そのため，第三者による意思決定への介入，すなわち調停や裁定の手続きが重要な役割となる。

第5節　役割ストレスの概念

　第1〜4節ではコンフリクトが生起する要因について，プロセス・モデルや構造モデルを参考にしながら，紹介を行ってきた。本節では，組織内で生じるコンフリクトの実践例やその対処方法について，役割ストレスを例に検討を行っていくことにする。

　役割ストレスとは，従業員が組織内の他者，組織外の第三者，あるいは社会規範等により，自分自身に与えられた役割を果たすことができず，葛藤を覚え，それがストレスの要因になることで，自分自身あるいは組織に悪影響を及ぼすことである。

　役割ストレスのエピソードは，役割を与えられる個人と，その職務上の行動に対して期待される役割の両者が存在することによって起こる。その役割への期待から生じるストレスを経験し，その役割に対して葛藤や曖昧さを感じた場合，何らかの反応が生じる（中山・香月，2020）。

　先行研究を参照すると，例えば中間管理職が部下と上司の狭間で知覚する役割ストレス（例えば，French & Caplan, 1972）や，サービス従業員が顧客と組織の狭間で知覚する役割ストレス（例えば，Looy et al., 2003）などが挙げられる。

　役割ストレスに関する実証研究を行う際の基本的な尺度として，役割葛藤，役割の曖昧さ，そして役割荷重の3つが挙げられる（Kahn et al., 1964）。

　役割葛藤とは，いわゆる板挟みの状態になることである。自分自身が組織の内外，あるいは社会全般や国家からの相反する期待を受けるような状態である。役割の曖昧さとは，職務内容，目標，指示・命令系統，役割分担などが曖

昧で，自分自身のなすべき行動が不明確な状態を指している。そして役割荷重とは，自分に与えられた役割が受容できる能力，時間，仕事量，経験等を超えてしまった状態を指している。

　実証研究においては，単に役割ストレスの大小やその要因を把握することのみならず，役割葛藤，曖昧さ，そして役割荷重との関係性についても検証を行っている。

　役割ストレスの研究対象は，幅広くなってきている。例えば，田尾（1986）は，組織の中間管理職の役割ストレスは著しく増えてきていることを指摘し，彼らは不確実な状況下でリスクを伴う判断を常に強いられ，厳しい責任が課されていると述べている。そのうえで中間管理職を対象に，役割ストレスが疲労感に与える影響を調査した。その結果，仕事に対する満足度が役割ストレスと疲労感を仲介しており，たとえ，役割ストレスを知覚しても仕事に対する満足度が高ければ，疲労感は軽減されることを明らかにした。同時に，役割ストレスが少ない従業員においては，仕事に対する満足度が高くても疲労感に対する変化は確認されなかった。

　また役割荷重に関しては，それが少ない管理者の方が役割荷重の多い管理者に比べて，仕事に対する満足度，および疲労感がより少ないことが明らかにされ，役割ストレスの結果とは異なる結果となった。

　この結果に対して，田尾（1986）は，役割荷重が一種の管理者の有能さを表すものであり，自らの誇示にも役立つことから，役割荷重が仕事に対する満足度により正の影響を与え，そこから生じる疲労感を抑制していることを理由に挙げている。

　したがって，役割ストレスの抑制策と仕事に対する満足度の向上を目指すと同時に，ストレス全般に対するマネジメントも検討していかなければならないといえる。

　中山と香月（2020）は，看護職に焦点を当てて，役割ストレスが労働負荷やバーンアウトに与える影響を実証的に調査した。バーンアウトとは，マスラーク（Maslach, 2008）の定義を用いて，「長期間にわたり人に援助する過程で，心的エネルギーが絶えず過度に要求された結果，極度の心身の疲労と感情の枯渇

を主とする症候群のこと」と定義づけている（宗像，1998, p.122）。そして，中山と香月（2020）は，バーンアウトの尺度を情緒的消耗感，脱人格化，個人的達成感の低下の３つの下位尺度に分類し，役割ストレスや労働負荷との関係性について検証を試みた。その結果，職位による差がみられない中で，役割ストレスや労働負荷がバーンアウトに影響を及ぼしていることを明らかにした。中山と香月（2020）はその理由について，役割ストレスと３つの下位尺度との関連性に触れながら，以下のように考察している。

　情緒的消耗感については，中間管理職において役割葛藤との関係性が認められる結果になった。これは，看護管理職は医師や他の医療専門職，事務員，看護スタッフだけでなく，患者やその家族などとの関わりの中で，自分に課された役割を果たすためにさまざまな要求に対応しなければいけないことから，中間管理職は役割葛藤が生じやすいと考察している。

　脱人格化については，看護スタッフと中間管理職の双方において役割葛藤との関係性が認められた。この結果はタイムラグがあるが，中間管理職に関しては，役割葛藤に伴う情緒的消耗感を経て，脱人格化を引き起こしているのではないかと考察している。一方，看護スタッフに関しては，他の要因が役割葛藤を引き起こし，脱人格化を与えている可能性について述べている。

　個人的達成感については，特に役割の曖昧さが個人的達成感の低下に関与している結果になった。役割の曖昧さは既述のとおり，自分自身のなすべき行動が不明確な状態であることから，現在と将来の仕事に向ける意欲に影響を与えている可能性を指摘している。

第６節　サービス産業における役割ストレスと感情労働

　次に，サービス産業において，人的サービスに従事する接客従業員が知覚する役割ストレスについて検討する。接客従業員は職務の性格上，組織内のみならず，顧客と組織の狭間で役割ストレスを知覚することが多い。ベイトソン（Bateson, 1985）はその理由について，サービスの生産者，提供者，および消費者からなる利害の不一致に言及しながら，次のように指摘している（飯嶋，

2001)。

　第1に，サービスの供給側は，収益や企業の価格競争力を維持するために，サービスの生産および提供を可能な限り効率的に行いたいと考えている。それゆえ，提供するサービスの内容を画一化し，生産，提供手段を規格化，あるいはマニュアル化することで，従業員にその遵守を強制しようとする。この結果，顧客の自由度を制限し，それに対する個別の対応を排除することになる。

　第2に，従業員は顧客に対して，その対応に対する軋轢をできるだけ緩和させるために，顧客の行動をコントロールしたいと考えている。一方で，組織から強いられている規則や手続きから解放されたいとも考えている。

　第3に，顧客は生産および提供されたサービスから最大限のベネフィットを得たいと考えている。そして，サービス商品は基本的に無形財であることから，その生産や提供過程に介入したいと考えている。そのため，顧客は組織と従業員に対して，彼らの自己の意思に沿った行動を求めている。

　以上のようにサービス商品の生産者（組織），提供者（接客従業員），および顧客は，図表8－6のような相互依存関係にある。

　このようにサービス生産者，提供者，および消費者は，相互依存関係にあるが，相克的であり，人的サービスを提供する接客従業員は，その狭間で意思決定を行っていかなければならない。飯嶋（2001）は，接客従業員が顧客に対し

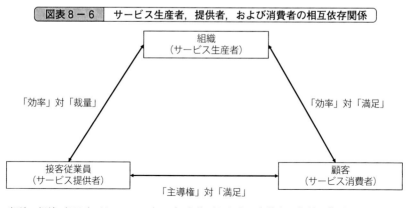

図表8－6　サービス生産者，提供者，および消費者の相互依存関係

出所：飯嶋（2001）がBateson（1985）を修正したものを筆者が加筆・修正。

て，しばしば下僕的な役割を果たすこともあるから，組織と顧客の両者に従属的な存在になり，より役割ストレスを知覚しやすい立場にあると述べている。そして，接客従業員が知覚する役割ストレスを直接的要因として，役割葛藤と役割曖昧性の視点から次のように述べている。

　役割葛藤に関しては，まず，組織内で複数の相対立する役割が求められる組織内葛藤（intersender conflict）が挙げられる。例えば，部署間で方針が異なることによって，接客従業員の顧客に対する対応に迷いが生じて葛藤を知覚するような場面である。また，接客従業員間の能力のギャップによる葛藤も挙げられる。組織内の人間関係，対外的な交渉能力と経験，柔軟な適応能力など，すべての接客従業員が葛藤の緩和や解消に対応できるわけではない。さらに顧客のニーズは多様化していることから，時には同一人物（例えば上司）が組織の規格化から逸脱するような対応を指示することも考えられる。そして，自分自身に周囲から期待される役割が，個人の内的な倫理観や価値観などに反することから生じる個人的役割葛藤（personal role conflict）も存在し，これらの葛藤が大きくなるほど，バーンアウトや離職行動にも影響するといわれている。

　役割曖昧性に関しては，第1に接客従業員が果たすべき役割について，適切な情報が得られず，仕事の内容や手順が必ずしも明らかではない場合に生じる。既述のとおり，企業は収益や価格競争力を維持し，職務の効率化を図るために，サービスの画一化，規格化を接客従業員に強いることになるが，その行動すべてをマニュアルで明示できるわけではない。すなわち，労働集約性の高いサービスにおいては，最終的な意思決定を接客従業員に委ねることも多々存在し，その職務的性格が接客従業員に混乱を与え，果たすべき役割を曖昧にすることになる。

　以上の内容が接客従業員における役割ストレスの直接的要因になるが，この状態が恒常的，持続的に組織に蔓延すれば，以下のように負の影響を及ぼすことになる。

　第1に，役割ストレスは接客従業員の感情の変化が職務行動にも影響を及ぼし，従業員の生産性，およびサービスの低下を誘因する。

　第2に，その結果，顧客満足度，さらには企業の売上高や利益率の減少を招

く。同時に接客従業員のモチベーションも低下し，離職率の増加につながる。

　さらに，ジャクソン（Jackson, 1985）らは，役割ストレスの企業のパフォーマンスとの関連性について，認知とモチベーションの視点から以下のように指摘している。

　前者の認知の視点では，接客従業員が自分自身の取るべき行動が不明確な状態が続けば，いくら努力をしても，ほとんどの場合が効率的でなく，間違い，もしくは不十分な結果になる。

　後者のモチベーションの視点では，役割ストレスが生じた接客従業員は，自分自身の努力が成果に，そして成果が報酬につながらないと知覚し，その感情が行動として現れる。

　以上の議論をまとめると，図表8－7のようになる。

　ジャクソン（Jackson, 1985）らは，役割ストレスのレベルは，接客従業員が職務を遂行するうえで，さまざまな状況が組み合わさることで，負の影響が生じると述べている。それは，職務上のストレスが日常的に蓄積され，自分自身の倫理的価値観，職業観などに相反した状態が続き，将来に対する期待が得られないときを指している。そして，ジャクソンらは役割ストレスをできる限り

図表8－7　役割ストレスの発生メカニズムとその影響

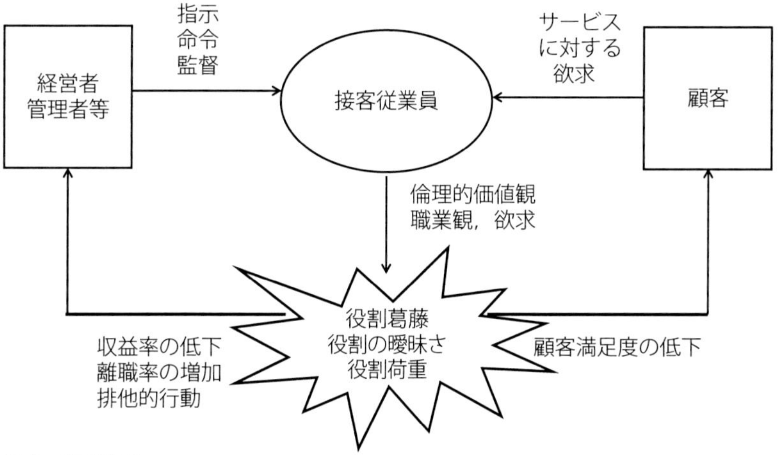

出所：筆者作成。

抑制するための対応について，リーダーシップ，エンパワーメント，形式を挙げている。

　崔（2007）は，ホテルのような人的サービスを伴う接客従業員は，職務上，自分自身の感情をコントロールする場面が多々存在し，それらが原因となって彼らの感情消耗を生じさせ，職務不満足が誘引されることについて言及している（例えば，Morris & Feldmam, 1997）。

　このような状態を感情不調和（over emotional expression）と位置づけ，この状態が続けば，感情コントロールのプロセスを経て，接客従業員に心理的および身体的な悪影響を及ぼすと述べている（King & Emmous, 1990）。崔（2007）は，このような感情不調和が発生しやすい状態について次のような例を挙げている。

① 自分とは関係ない外的要因による苦情を表明される。

　顧客自身のミスで生じた出来事について接客従業員や企業に責任が問われる，他の従業員や他の部署で生じたミスについて自分自身が対応を迫られる，企業もしくは組織の方針転換によって変更されたサービスについて不満を告げられる，など。

② 無理・難題な要求をされる。

　企業もしくは組織では対応できない不当な要求を求められる，代替案が受けれられず，1つの要求にこだわる，など。

③ 人格を否定される。

　横柄な態度をとられる，職務とは関係のない個人的な非難，暴言を受ける，など。

④ 公共性に欠ける顧客からの要求を受ける。

　企業や組織で定められたルールや公共的なマナーを守らず，他の顧客に迷惑をかける，など。

　特に接客従業員は役割ストレスを含めて，このような感情のコントロールが職務上重要になってくる。ホックシールド（1983）は，感情の管理に着目し，接客従業員は職務上の感情的なコントロールの手段として演技を行っていると

述べている。具体的には表層演技（surface acting）と深層演技（deep acting）に分類し，これらを使い分けながら職務を行っている。

　前者の表層演技とは，企業や組織に従事する人間として，どのような表情や言動が適切なのかを第一に考えた行動である。例えば，顔つき，声，身振りといった第一印象や人間性に関係する要素の演出である。

　後者の深層演技とは，企業や組織に従事する人間として，どのような行動が適切なのかを第一に考えた行動である。例えば，自分自身の経験や教育訓練での実践を体現することである。

　両者はあくまで「演技（acting）」であり，自分自身の内的感情とも関係しているため，感情不調和を生起しやすいといわれている（Hochschild, 1983）。このような演技をし続けていれば，顧客にその対応を否定されたり，自分自身に対する嫌悪感を抱いたり，時には演技と内的感情との狭間で自分自身の感情が混乱したりする可能性もある。

　企業はこれまで，モチベーションの視点から感情的調和のコントロールに関心を持ってきたが，このような感情の不調和から生じるストレスに対するマネジメントも検討していかなければならない（Mars & Nicod, 1984）。

第7節　ストレスとマネジメント

　ストレスとは，外部から刺激を受けることによって負荷が生じ，身体や心に歪みが生じる状態のことである。企業や組織に従事している以上，職務上のストレスが生じることはやむを得ず，また多少の刺激は程よい緊張感として生命の維持に不可欠な存在ともいえる。

　組織・産業心理学の視点から，ストレスに関する先行研究を参照すると，主に3つの分析視点が存在する（例えば，Lazarus, 1966）。

　第1に，ストレスの直接的な原因となるストレッサー（stressor）の存在である。ストレッサーは自分自身，組織，もしくは社会からの要請や圧力などによって，自分自身にとって危機的な状況と認知されたときに生じる。田尾（2006）は，ストレッサーの具体例として次の要因を挙げている。

① 物理的条件：気温，湿気，騒音，振動などの作業条件
② 個人的な役割や立場の要因：役割に対する期待，役割ストレス，過重な負担や責任など
③ 職場集団に由来する要因：上司や同僚との人間関係，仲間割れやチームワークの欠如
④ 組織の管理運営に由来する要因：減点主義の人事管理など
⑤ 家族や日常生活に由来する要因：夫婦関係，子供，通勤環境など
⑥ 社会的・経済的要因：雇用情勢など

　第2に，恒常的，持続的にストレスが続いた結果，疲労，疾病，排他的行動などのストレイン（strain）として表出することである。

　第3に，ストレッサーがすべてストレインを導くわけではないことである。その間には，両者を仲介する要因，すなわちモデレーター（moderator）が存在し，ストレインの表出を調整している。例えば，ストレッサーの認知に対する個人差，企業，組織，社会の反応，もしくはコーピングなどが挙げられる。コーピングとは，ストレスフルな状況になったとき，自分自身でその状況に対処するための認知，行動が生じることである。

図表8−8　ストレスの発生プロセス

```
          ┌──────────────┐
          │ モデレーター要因 │
          │    個人差     │
          │   コーピング   │
          │ 企業，組織，社会 │
          │  からの支持など  │
          └──────┬───────┘
                 │
    ┌──────────┐ │ ┌──────────┐
    │ ストレッサー │─┴→│ ストレイン  │
    │  個人的要因 │   │   疲労    │
    │  組織的要因 │   │   疾病    │
    │  社会的要因 │   │  排他的行動 │
    └──────────┘   └──────────┘
```

出所：田尾（2006）を参考に筆者が一部修正。

　企業や組織のマネジメントの視点からみれば，積極的に個人のモデレーターに関わることでストレッサーを抑制し，ストレインをできるだけ緩和することが重要となる。

　以上の議論をまとめると図表8－8のようになる。

　ラザルスとフォルクマン（Lazarus & Folkman, 1984）は，ストレスの個人差に着目し，自分自身の認知的評価の度合いやコーピングによる対処について，より詳細な分析を加えている（図表8－9）。

　図表8－9のとおり，このフレームワークは，まずストレッサーによる刺激を受けたことで，どのように個人が認知，評価をするかで次のプロセスが決定する。具体的には，肯定的にその事実を受け止められるか，自分自身には無関係な出来事として扱うか，特に対応を行わず意図的に無視して対応するか，もしくは自分自身で危機的で脅威となっている事実に対応しなければならないとストレスフルの状態に陥るか，を自分自身の中で認知，評価する。

　一次的評価は，ストレッサーによる心理的負荷を知覚したときに，その状況を認知，評価することであり，二次的評価は，一次的評価に対してどのような

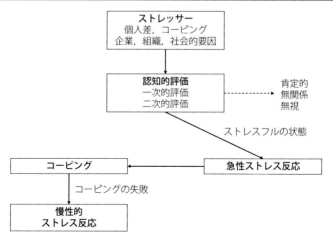

図表8－9　ラザルスとフォルクマンによるストレスのプロセス・モデル

出所：Lazarus & Folkman（1984），本明・春木・織田訳（1991）から一部修正。

対応ができるかを検討するプロセスである。ストレスフルの状態に陥った場合，急性ストレス反応を示すが，そのときにコーピングによる対処の可能性について，その対処方法がうまくいくか，対処方法の結果，どのような状況になるか，を考慮しながら検討する。仮にコーピングに失敗をすれば，ストレスの緩和や解消を検討することが困難となり，慢性的なストレス反応を示しながら職務を行うことになる。

　さらに，組織の中で従業員が抱えるストレッサー，それに対するストレス反応，ストレインへの影響の三者の関係性について実証分析を行った代表的なモデルについて述べる。

（１）因果関係モデル（Causal Relationship Model）
　クーパー（Cooper）とマーシャル（J. Marshall）は，職場で生じるストレッサー，職場外でのストレッサーを考慮した個人のストレス特性，健康障害の兆候，ストレス症状に分類し，いわゆるストレッサーからストレインまでのプロセスをより具体的に明らかにした（図表8 - 10）。

図表8 - 10　因果関係モデル（Causal Relationship Model）

職場で生じるストレッサー　　　個人のストレス特性　　　　健康障害の兆候　　　ストレス症状

職場内で生じる要因
職場環境，業務量
職務内容など

組織の役割
役割葛藤，役割曖昧性
他者への責任など

キャリアの発達
職務的地位，昇進機会
教育訓練，能力開発など

職務上の人間関係
上司，部下，同僚
顧客や取引先など

組織の運営体制や風土
意思決定プロセス，予算
社歴，慣習など

個人的特性
不安，ストレス耐性，
職務能力，経験など

**職場外で生じる
ストレッサー**
家族，友人，知人
経済的困難，生活環
境など

職務不満足
動機づけ低下
診断数値，基準の変化
身体的，精神的状況の
変化

身体疾患

精神的疾患

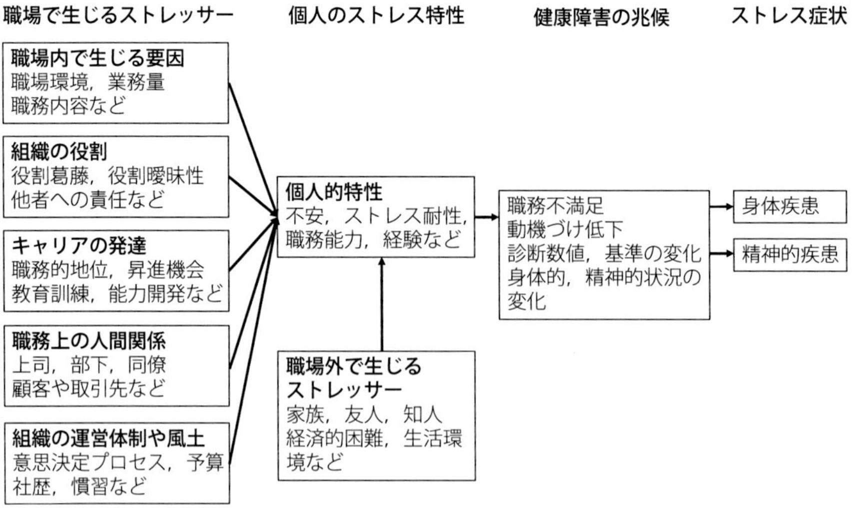

出所：Cooper & Marshall（1976）を一部修正。

　職場で生じるストレッサーに関しては，職場内で生じる直接的な要因，組織の役割，キャリアの発達，職務上の人間関係，組織の運営体制や風土が挙げられる。これらのストレッサーを背景として，個人が抱く不安，ストレス耐性，職務能力，経験などによって，個人のストレス特性が決定される。このストレス特性は，職場外で生じるストレッサーも考慮される。

　その結果，健康障害の兆候として，職務不満足や動機づけの低下，健康に関わる数値や体調の変化がみられたりする。そして，その兆候が慢性的に続けば，身体疾患や精神的疾患につながることを体系的に示している。

（2）コントロールモデル（Job Demands Control Model: JDC モデル）

　カラセック（Karasek, 1979）は，従来からいわれてきた仕事の要求量のみならず，従業員に与えられた裁量権に着目し，ストレスとの影響について考察した。

　図表8－11のマトリクスでは，縦軸に仕事の裁量度の高低を示し，横軸に仕事の要求度の高低を示した。仕事の裁量度とは，従業員に職務の裁量権が与

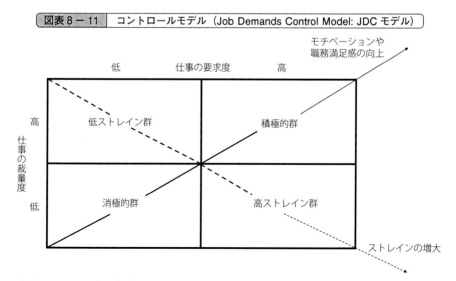

図表8－11　コントロールモデル（Job Demands Control Model: JDC モデル）

出所：Karasek（1979）（ただし，加藤・三宅（2020）より引用）.

えられていることであり，意思決定に対する範囲が広かったり，自分自身のスキルを自律的に活用できることが挙げられる。仕事の要求度は，仕事量の負荷，仕事の突発的頻度，人間関係から成り立っている。

　結論としては，仕事の裁量度が高く，要求度が低ければ，ストレインが生じる可能性は低くなるが，逆に仕事の裁量性が低く，要求度が高ければ，ストレインは増えることを示している。積極的群は，仕事の要求度と裁量度が共に高ければ，職務に対する充実という観点から，職務満足感やモチベーションが向上し，職務に対する生産性が上がると解釈されている。

（3）NIOSH 職業性ストレスモデル

　このモデルはアメリカ国立職業安全保健研究所（National Institute of Occupational Safety and Health：NIOSH）が提唱した職業性ストレスモデルであり，ストレッサーからストレインまでのプロセスを示した体系的なモデルである。

　職務上生じるストレッサーや身体疾患や精神的疾患といったストレインを仲介する要因として，個人的要因，職務外の要因，および緩衝要因を挙げている。このモデルは，緩衝要因を考慮に入れていることが特徴的である。緩衝要因とは，上司，同僚，友人，家族，あるいは第三者機関など，職場の内外からストレスに対する支援を受けることである。

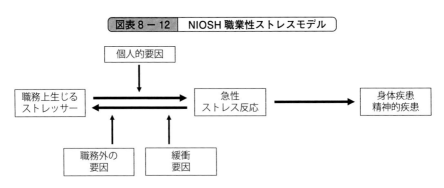

図表 8 − 12　NIOSH 職業性ストレスモデル

出所：Hurrell & McLaney（1988）を一部簡略化して作成。

まとめ

　本章では，第 1 に，コンフリクトの概念，種類，そしてコンフリクトが発生するプロセスについて先行研究を中心に紹介した。特に「なぜコンフリクトが発生するのか」，「どのような要件でコンフリクトが顕在化するのか」など，コンフリクトが生じる背景について述べた。これらに共通することは，コンフリクトが生じやすい背景や環境，コンフリクトの顕在化に導く要因が存在することである。そして，これらのプロセス・モデルは，個人，集団，組織，さらには他のエピソードとの関連性を踏まえながら，精緻化されてきた。また，コンフリクトが生じたときの対処行動パターンや他者との相互作用についても関心が寄せられ，コンフリクトの構造モデルとして体系化されてきた。

　第 2 に，従業員が抱えるコンフリクトの中で注目されている役割ストレスについて取り上げた。先行研究では，中間管理職や対人サービスに従事する従業員が特に役割ストレスを知覚しやすいことに触れ，恒常的な役割ストレスが続けば，顧客満足や組織のパフォーマンスに影響することを述べた。

　第 3 に，職務上生じる従業員のストレスについて，コンフリクトをはじめとするストレスの直接的な要因となるストレッサー，ストレインを導くモデレーター，その結果現れるストレインの発生プロセスを紹介し，組織に与える影響について述べた。

　職務上生じるストレスは，物理的に完全に排除することができないことから，その発生要因の発見と抑制や緩和に対する取り組みを同時に行っていくしかない。例えば，先輩社員や上司がメンターとして，メンティーとなる従業員の仕事や対人関係に対する考え方，将来のキャリアなどの精神的な支援を行うメンター制度の導入などが検討されるべきである。

参考文献

Bateson, J. R. (1985), "Perceived Control and Service Encounter" *The Service Encounter*, Lexington Books, pp.67-82.

Cooper, C. L. & Marshall, J. (1976), "Occupational sources of stress: A review of the literature relating to coronary heart disease and mental ill health". *Journal of Occupational Psychology*, 49, pp.11-28.

Dessler, G. (1980), *Organization Theory: Integrating Structure and Behavior*, Englewaed Cliffo: Prevtice-Hall, p.330.

Follett, M. P. (1941), *Dynamic Administration*, New York: Harper & Row.

French, J. R. P. & Caplan, R. D. (1972), "Organizational Stress and Individual Strain", *The Failure of Success*, AMACOM, pp.30-60.

Hochschild, A. R. (1983), *The Managed Heart*, Berkeley: University of California Press. (石

川准・室伏亜希訳『管理される心：感情が商品になるとき』世界思想社，2000 年）

Hurrell, J. J., & McLaney, M. A. (1988), "Exposure to job stress: A new psychometric instrument. Scandinavian". *Journal of Work Environment and Health*, 14, pp.27-28.

Jackson, S. E. & Schuler, R. S. (1985), "A meta-analysis and conceptual critique of research on role ambiguity and role conflict in work settings." *Organizational Behavior & Human Decision Processes*, 36, pp.16-78,.

Kahn, R. L. & Wolfe, D. M. & Snoek, J. E. & Rothenthal, R. A. (1964), *Organizational stress: Studies in role conflict and ambiguity*, NewYork: Wiley.

Karasek, R. A. (1979), "Job demands, job decision latitude, and mental strain: Implications for job redesign". *Administrative Science Quarterly*, 24, pp.285-308.

Karasek, R. A. (1992), "Stress prevention through work reorganization: A summary of 19 international case studies", *Conditions of Work Digest: Preventing Stress at Work*, 11 (2), pp.23-41.

Karasek, R. A. & Theorell, T. (1990), *Healthy work: Stress, productivity, and the reconstruction of working life*, New York: Basic Books.

King, L. A. & Emmons, R. A. (1990), "Conflict over emotional expression: Psychological and physical correlates", *Journal of Personality and Social Psychology*, 58 (5), pp.864-877.

Lazarus, R. S. & Folkman, S. (1984), *Stress, appraisal, and coping*. New York: Springer Publishing Company. (本明寛・春木豊・織田正美訳『ストレスの心理学—認知的評価と対処の研究—』実務教育出版，1991 年)

Lazarus, R. S. (1966), *Psychological Stress and the Coping Process*, New York: McGraw-Hill.

Likert, R. & Likert, G. L. (1976), *New ways of managing conflict*. New York: McGraw-Hill. (三隅二不二監訳『コンフリクトの行動科学—対立管理の新しいアプローチ—』ダイヤモンド社，1988 年)

Looy, B. V. & Gemmel, P. & Dierdonck, R. V. (2003), *Service Management An Integrated Approach second edition*, Financial Times Prentice Hall. (白井義男監修，平林祥訳『サービスマネジメント　統合的アプローチ上巻』ピアソン・エデュケーション，2004 年)

March, J. G. & Simon, H. A. (1958), *Organizations*, New York: John Wiley & Sons. (土屋守章訳『オーガニゼーションズ』ダイヤモンド社，1977 年)

Mars, G. & Nicod, M. (1984), *The world of waiters*, London: Unwin Hyman.

Maslach, C. & Leiter, M. P. (2008), "Early predictors of job burnout and engagement", *The Journal of Applied Psychology*, 93 (3), pp.498-512.

Morris, J. A. & Feldman, D. C. (1997), "Managing emotions in the workplace." *Journal of*

Managerial Issues, 9 （3）, pp.257-274.

Pondy, L. R.（1967）, "Organizational conflict: Concepts and models", *Administrative Science Quarterly*, September12, pp.296-320.

Robbins, S. P.（1978）, "Conflict Management and Conflict Resolution are not Synonymous Terms", *California Management Review*, 21 （2）, pp.61-75.

Schmidt, S. M. & T. A. Kochan（1972）, "Conflict: Toward Conceptual Clarity", *Administrative Science Quarterly*, 17, pp.359-370.

Thomas, K. W.（1976）, "Conflict and conflict management". M. D. Dunnette, *Handbook of industrial and organizational psychology*, Chicago: Rand McNally, pp.889-935.

Thomas, K. W.（1978）, "Introduction in Special Section: Conflict and the Collaborative Ethic", *California Review*, 21 （2）, pp.56-60.

加藤容子・三宅美樹編『産業・組織心理学　個人と組織の心理学的支援のために』ミネルヴァ書房，2020 年。

崔錦珍『感情労働がホテル従業員の職務態度に及ぼす影響』立教大学博士学位請求論文，2007 年。

田尾雅夫『組織の心理学［新版］』有斐閣ブックス，2006 年。

高橋正泰「コンフリクト・マネジメント―トマス・モデルの研究―」小樽商科大学短期大学部『商学討究』，39 （3），1988 年，19 ～ 33 ページ。

高橋正泰「組織コンフリクトに関する一考察―コンフリクト・マネジメントへの研究動向を中心として―」明治大学紀要『経営論集』28 （1），1980 年，97 ～ 123 ページ。

田尾雅夫「中間管理者における役割ストレスと疲労感」『心理学研究』57 （4），1986 年，246 ～ 249 ページ。

高野潤一郎「組織運営に活かす『コンフリクト・マネジメント』」『人事マネジメント』21 （11），ビジネスパブリッシング，2011 年，27 ～ 42 ページ。

中山元佳・香月富士日「看護管理職の役割ストレス・労働負荷とバーンアウトとの関連」『日本看護研究学会雑誌』43 （2），2020 年，189 ～ 198 ページ。

宗像恒次「燃え尽き現象研究の今日的意義」『看護研究』21，1988 年，122 ～ 131 ページ。

第 **3** 部

マクロ組織論

第9章

組織構造

学習目標

1　組織構造を設計するうえで，前提となる組織編成の原理について学習する。
2　組織設計の原則について学習する。
3　組織の諸形態について学習する。

　組織とは「2人以上の人々による，意識的に調整された諸活動，諸力の体系 (Barnard, 1938)」のことである。その組織の目標達成のために，職務や権限など組織内の仕組みを表したフレームワークが組織構造（organizational structure）であり，その組織構造をデザインすることが組織設計（組織デザイン，organizational design）である。

第1節　組織編成の原理と組織設計の原則

1．組織編成の原理

　組織編成の原理には，基本となる分業と調整に加えて，集権化と分権化，標準化がある。分業は組織活動の分担（degree of differentiation）のことで，調整は分業化された組織活動を統合することである。また，集権化と分権化は意思決定の権限が上層部に集中されているか，その権限が下位部門に委譲されているかである。標準化は業務の定型化や規定化のことである。

1.1　分業と調整
（1）分　業

　組織における最も基本的な編成原理の１つが分業である。分業とは，組織活動の分担のことで，具体的には，職務ごとに人的・物的資源を割り当て権限と組み合わせることである。組織における分業は（部門間の）業務範囲を表す水平分業（horizontal differentiation）と組織の階層化を表す垂直分業（vertical differentiation）がある。

水平分業

　水平分業は業務の細分化のことである。その細分化は業務の専門化と部門化が密接に関連している。

　まず，専門化とは，業務を細分化し，その細分化した業務特性（業務内容や必要な能力）を把握し，それに適合した個人や集団にその業務を割り当てることである。この専門化は，組織メンバー（組織構成員）が責任を持って遂行すべき業務範囲の明確化，特定の業務のみに専念することによる業務の熟練化などの長所がある。

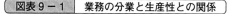

図表９−１　業務の分業と生産性との関係

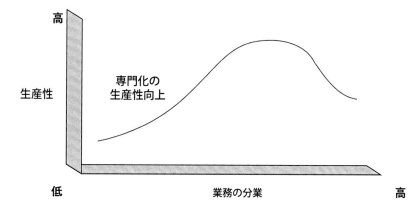

出所：Robbins, Cenzo & Coulter（2013），高木晴夫訳（2014），180ページを一部修正。

　ただし，分業をどの程度進めるかは，図表9－1のとおり，業務の分業と生産性の観点から考える必要がある。分業の成果を実現するためには，効果的な調整活動が不可欠である。分業を進めれば進めるほど，より高度な調整が必要である。ある程度までは分業がコスト削減や効率の向上などの生産性を向上させるが，分業を進めすぎると，業務自体が単純化し，生産性の低下，業務への意欲が減退する傾向がある。

　次に，部門化とは，分業化された複数の組織活動を調整し，1人の管理者の統制下に，類似した専門分野の組織メンバーで専門家集団を作ることである。専門知識とスキルを必要とする業務が多いほど，水平分業が増えることとなり，組織が複雑になる。例として，総務部，経理部，人事部，営業部，製造部などが挙げられる。

　この部門化は，高レベルの訓練や技術の開発，部門内のコミュニケーションの円滑化，高度な技術的問題の解決能力などの長所がある。

垂直分業（階層化）

　垂直分業とは，組織の階層化のことで，組織構造の深さを表す。その深さとは，組織全体における権限階層の数のことである。組織では，上下関係が複数の階層で構成され，各階層の職務に，権限と責任が与えられる。

　各階層は，職務を遂行する組織メンバーに権限と責任を与えて，命令系統として組織を制度化している（Leavitt, Dill & Eyring, 1973）。この垂直分業による階層は公式のコミュニケーション・ネットワークになる。

　垂直分業は，水平分業とは別に行われるものではなく，水平分業が進むことによる結果である。つまり，業務が細かく分業化されることにより，垂直分業が権限と責任を明確にするために必然的に行われるのである。とはいえ，組織メンバーの人数が同じであっても，すべての組織が同じ人数の階層を持つとは限らない。要するに，組織構造の形態は，管理者の統制範囲（span of control）により異なるのである。

（2）調　整

　組織における分業化に伴うもう1つの重要な編成原理は調整である。組織規模が大きくなり業務が複雑になると，分業化された部門間のコミュニケーションに障害が発生しやすくなるため，全体の組織活動を調整する必要がある。また，組織がどのように調整されるかによって，すべての組織活動にも影響する。すなわち，組織における個人業務は組織全体の一部分にすぎないため，業務間の相互関係を調整し統合しなければならないのである。

　要するに，組織の業務がいかにうまく分業化されていても人間の能力には限界があるため，構造的に全体業務を完全に割り当てることは難しい。また，組織活動は常に環境の変化に対応しなければならない。したがって，組織は分業と調整という2つの機能が効果的に機能するように設計することが必要である。

1.2　集権化と分権化

　集権化と分権化は，資源配分と職務に関連した意思決定の職位間の権限配分の程度のことである（Hage & Aiken, 1969）。

　まず，集権化とは，意思決定の権限が上層部に集中されることであり，権限が上層部に集中されるほど強い集権的組織になる。その代表的な組織形態としては職能別組織がある。

　集権化の長所としては，次のような点が挙げられる。

・権限と責任の所在が明確になりやすい。
・外部環境が安定している組織の場合，利益を生み出しやすい。

　ただし，組織の官僚主義化や権威主義的性格をもたらし，組織メンバーの創意性，自律性などを期待しにくくし，組織の柔軟性を鈍化させる点などには注意する必要がある。

　一方，分権化とは，意思決定の権限が部分的に部下に委譲されることであり，部下へ権限が委譲されるほど分権的組織になる。その代表的な組織形態としては事業部制組織がある。

分権化の長所としては，次のような点が挙げられる。

・大規模な組織に有効であり，上層部は本来業務に専念することができる。
・意思決定のスピードアップにより迅速な業務の処理ができる。分権の持つ最も重要な特徴は，情報の発生源により近い場所で意思決定が行われるという点にある。それによって意思決定のスピードが速くなり，現実的でタイムリーな対応ができる。特に，組織の規模が大きくなると，意思決定の迅速性と組織メンバーのモチベーションのために，組織メンバーへ意思決定の権限の一部を委譲することが効果的である。
・組織メンバーが意思決定に参加でき，モチベーションを高めやすい。よって，自発的な行動を生み出しやすい。
・迅速に環境変化へ対応できる。変化が速く，多様化した市場に直面する組織は分権化が容易である。
・通常の組織活動の中で，次代の経営者を育成できる。

1.3 標準化

標準化は，組織メンバーが遂行する業務を定型化することである（Griffin & Moorheard, 2008）。言い換えると，誰が，どんな業務を，いつ，どのように，行うかを公式的に規定することで，公式化とも呼ばれる。

組織に標準化が必要な理由は，いくつかある（Mintzberg, 1979）。

第1に，組織メンバーの行動を定型化することで，統制が容易になる。組織メンバーの行動を標準化すれば，標準化された以外の行動を減らすことになる。

第2に，標準化程度が高くなるほど，組織内での行動とその結果が予測できる。

第3に，業務の標準化程度が高いほど，組織メンバー全員が業務を共有でき，業務品質を均等化しやすい。また，業務のマニュアル化により，業務が属人化してしまうリスクを解消することができる。

分業化された業務を効果的に遂行するためには，組織メンバーの行動の標準

化がある程度必要である。反復的で単純な業務の場合は，業務にかかる時間および動作研究による手順の文書化（マニュアル）で標準化を行う。一方，非日常的で複雑な業務の場合，標準化が難しい。この場合は，訓練や教育などを通じて学習を行う。

　標準化が過度に進んだ組織では，組織メンバーの裁量の余地が少なくなり，自律性が育ちにくくなる可能性がある一方，標準化程度の低い組織では，組織メンバーの行動が標準化されていないことにより，組織メンバー当事者の任意性が高くなり，組織の不確実性が高くなるリスクがある。

2．組織設計の原則

　組織は，その目的や機能，規模などにより，さまざまな組織構造が考えられるが，組織構造を設計し，それを維持する必要がある。組織構造を設計し維持するために考慮すべき基本的な原則としては，分業化の原則，権限・責任一致の原則，統制範囲の原則，命令一元化の原則，例外の原則という5つが挙げられる[1]。

（1）分業化の原則

　分業化の原則は，組織全体の業務を類似した業務ごとに分担し，専門性を高めて効率的に業務が遂行できるようにする原則であり，一般的に部や課，チームなどがこれにあたる。専門化の原則とも呼ばれる。この原則は，人間の物理的限界や知識の限界の克服，熟練を通じたコスト削減と効率の向上などの長所がある。

（2）権限・責任一致の原則

　権限・責任一致の原則とは，組織メンバーに与えられる権限の大きさと責任の重さが等量であることで，権限と責任は等しい関係にあるという原則である。権限はないのに，責任だけ負わされるような環境では，組織メンバーのモラールが低下してしまうのである。

（3）統制範囲の原則

統制範囲の原則とは，1人の管理者が直接統制・管理できる部下の人数には限界があるという原則である。それを超えて統制・管理すると，コミュニケーションが困難になるなど，統制・管理の効率が低下することになる。管理範囲の原則，スパン・オブ・コントロールとも呼ばれる。

最適な管理の幅（部下の人数）については，管理者の能力，組織メンバーの能力，業務内容などによって変わることから一義的に決まらない。管理者が部下を統制・管理する能力には限界があるという前提の下で，理想的な統制・管理の限界について多くの研究が行われてきた。業務内容や特徴によって異なるものの，一般的には5〜6人であり，業務の範囲が広く複雑な場合には3人程度，業務が定型的な場合は，部下の人数は多くても良いとされている[2]。

（4）命令一元化の原則

命令一元化の原則とは，各組織メンバーは常に1人の上司からのみ命令を受けるようにしなければならないという原則である。ワンマン・ワンボスの原則とも呼ばれる。複数の上司から命令を受けると，部下が混乱してしまい業務を効率的に遂行することが困難となってしまう。これは，結果として組織全体の業務効率が落ちることにつながる。

なお，命令一元化の原則は絶対的なものではなく，マトリクス組織のように，複数の上司により命令が出される組織もある。

（5）例外の原則

例外の原則とは，管理者は，日常反復的な業務の処理は組織メンバーに委譲し，戦略的意思決定および非定型業務に専念すべきという原則である。権限委譲の原則とも呼ばれる。

第2節　さまざまな組織形態

組織がどのような基準に基づいて部門を編成し，それらが互いにどのような

関係を結んで組織全体の構造を形成しているかを類型化したのが組織形態である。ここでは，実際の企業ではどのような組織形態が採用されているかについて，職能別組織，事業部制組織，マトリクス組織，プロジェクト組織，カンパニー制組織，持株会社制などの組織形態をとり上げる。

1．職能別組織

　職能別組織は，組織活動の流れに沿って職能別に専門化させた部門を設け，組織全体で事業の簡潔化を図ろうとする組織形態である。小規模，単一事業，市場変化の少ない安定した組織に適した組織形態である。機能別組織とも呼ばれる。この組織形態は，経営者の直下に各部門を配置し，部門間の調整も直接担うのが特徴であり，開発，生産，営業など，担当する職能ごとに部門を構成する基本的な組織形態である。そのため，調整に必要な命令権限は経営者に集中して置かれる。このため職能別組織は，一般的に集権的組織となる。

　職能別組織の基本的なモデルは，図表9－2のとおりである。

　しかし，組織の規模が大きくなると，経営者はさまざまな領域に及ぶ高度な専門知識を自ら獲得することが不可能になる。そこで会計，人事，法律などの専門知識を有するスタッフ部門を設け，その職務を遂行するようにしている。スタッフ部門は，命令一元化の原則に従い，各部門に命令権限はなく，図表9－2に点線で示しているように助言やアドバイスの提供のみにとどめられている。

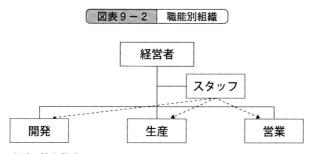

図表9－2　職能別組織

出所：筆者作成。

職能別組織の長所としては，次のような点が挙げられる。

① 「命令一元化の原則」に基づき，命令系統が一元的であるために経営者
　 の意思が迅速に伝達される。
② 類似した職務を行う組織メンバーが1つの部門にグループ化されるた
　 め，各担当者の持つ知識やスキルが共有されやすい。
③ 各部門は専門家集団であるため，組織の専門性アップや業務効率の向上
　 につながる。

その一方で職能別組織の短所としては，次のような点が挙げられる。

① 組織の規模が大きくなると，経営者の責任が重くなる。
② 下から上への情報伝達に問題が生じて，情報の歪曲化が起こりうる。
③ 組織メンバーの権限と責任が明確にされていることで，部門間の対立が
　 起こりやすい。
④ 広い視野を持つ人材を育成しにくい。すなわち，専門的な知識と経験を
　 有する人材は増える一方で，組織全体を広く見渡して的確な意思決定を
　 行える人材が育たずに次代の経営者を育成するのが難しい。

2．事業部制組織

　事業部制組織は，経営者の下に，製品別・地域別・顧客別などで事業部を編
成し，それぞれの事業部の内部を職能別に部門化して自己充足的な活動単位と
した組織形態である。事業部制組織の基本的なモデルは，図表9－3のとおり
である。

　事業部制組織の特徴としては，次の4点が挙げられる。1点目は，各事業部
が自立していることである。各事業部は，独自の製品や市場を持ち，生産と営
業に必要な権限が与えられており，独自の管理階層を持っている分権的組織で
ある。2点目は，経営者が各事業部長に権限を大幅に委譲していることである。
3点目は，事業部ごとに損益が算出される独立採算制が採用されていることで
ある。4点目は，各事業部内は職能別組織が編成されていることである。この

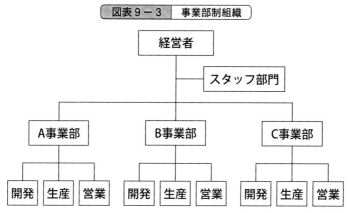

図表9－3　事業部制組織

出所：筆者作成。

ような特徴を持つ事業部制組織は，事業が多角化し，ある程度の規模を持つ組織に適した組織形態であるといえる。

　事業部制組織の長所としては，次のような点が挙げられる。

①　経営者は本来の業務である全社的な意思決定に専念することができる。事業部制組織では，各事業部に権限の大半が委譲されているため，経営者の負担は相対的に軽くなる。各事業部の業務に対する負担が軽くなることで経営者は全社的な意思決定に集中できるようになるのである。

②　事業部長には事業経営全般の知識や経験が求められることから，通常の組織活動の中で，次代の経営者を育成できる。

③　分権的組織であり，組織メンバーに権限と責任が与えられているため，迅速な意思決定や行動を実現できる。市場の急速な変化や問題が発生した場合，それに対する現場における迅速な意思決定ができる。

④　各事業部の責任の所在が明確になる。事業部ごとに業績が数字で出されるため，各事業部の責任主体が明らかとなる。

その一方で事業部制組織の短所としては，次のような点が挙げられる。

①　事業部間で人的・物的資源の配分がしにくい。

② 事業部間で，重複投資による資源配分の無駄や業務の重複が生じやすい。

③ 短期利益志向が強まり，中長期的な視点からの経営が損なわれやすい。つまり，各事業部がそれぞれの利益の達成にこだわり，視野が狭く，短期的な判断に陥る可能性がある。

④ 事業部間の競争が激化し，セクショナリズムをもたらしやすい。

この組織形態は，1920年代に，デュポン，ゼネラル・モーターズ（GM），ゼネラル・エレクトリック（GE）などのアメリカ大企業が，事業の多角化に対応して，多くの異質的な事業を効果的に展開・管理するために生み出したものである。今日，多くの企業が事業部制組織の形態を採用しているものの，それが本格的に普及したのは第二次世界大戦後のことである。

日本に実質的に初めて事業部制組織を採用した企業は，松下電器産業（現Panasonic）である。松下電器産業では，1933年にラジオ部門を「第1事業部」，ランプ・乾電池部門を「第2事業部」，配線器具・合成樹脂・電熱器部門を「第3事業部」として，製品別の事業部制組織を導入していた。本格的に日本で普及し始めたのは1950年代から1960年代にかけてである。

3．マトリクス組織

マトリクス（matrix）組織は，「職能別組織×事業部制組織」のように2つの異なる組織構造をタテ軸とヨコ軸で格子状に組み合わせ，双方の機能や長所を同時に実現しようとする組織形態である。この組織形態では，事業部制組織のように事業部ごとに職能別組織の職能機能を配置するのではなく，各職能機能は全社横断的にすべての事業部軸をカバーするのである。例えば，図表9－4でみると，ヨコ軸に職能別部門，タテ軸に各事業部を置き，各事業部には各職能別部門から必要な組織メンバーが参加するような形態である。

このマトリクス組織という概念は，1960年代にアメリカのNASAの宇宙開発計画を進める際，航空宇宙産業企業に導入したことから広まった。当初は「プロジェクトマネジャー制」と呼ばれていて，プロジェクトごとにマネジャーを配置し，職能別組織にプロジェクトチームが横断的に編成された。プ

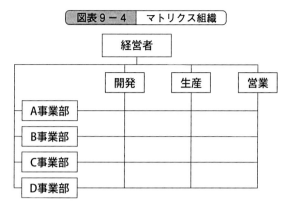

図表 9 - 4　マトリクス組織

出所：筆者作成。

ロジェクトだけの臨時的な組織編成であったのが恒常化し，定着，普及したのがマトリクス組織である（Gottlieb, 2007）。

　マトリクス組織の基本的なモデルは，図表 9 - 4 のとおりである。

　マトリクス組織の長所としては，次のような点が挙げられる。

① 職能ごとの人的・物的資源の配置において重複を抑制することで，無駄を省くことができる。また，組織全体として，開発，生産，営業，購買，人事などといった各職能の専門性を同時に深めることができる。

② 人的資源が共有でき，課題に柔軟に対応できる。組織メンバーが複数の部門に所属することで，部門間の障壁がなくなり，柔軟な対応が可能である。

③ 環境変化に応じて組織構造を柔軟に変化させられる。すなわち，さまざまな組織構造の長所を持ち合わせているため，市場の変化や顧客の希望に柔軟に対応しながらも，一貫して管理しやすい。

④ 情報の共有により情報処理が迅速化する。

　その一方でマトリクス組織の短所としては，次のような点が挙げられる。

① 複数の命令系統の存在によって責任の所在が不明確になったり権限争いが生じたりすることがある。

② 各職能が全社横断的に各事業部をカバーすることにより，迅速な資源配分が難しくなる。例えば，図表9－4において，A事業部の製品需要が当初の計画よりも大きいことが判明した場合，例えば，A事業部の製品のための製造キャパシティーや営業人員を当初の予定よりも多く配置することが必要になる。しかし，生産や営業の資源を多く使用するためには，B事業部やC事業部との合意形成を調整する手間が生じる可能性がある。

③ 人事評価が困難である。マトリクス組織の場合，各組織メンバーは2人の上司を持つことになる。図表9－4においては，職能別の上司と事業部別の上司が付くことになる。そのため上司は，担当者の負荷や成果のすべてを把握することが難しくなる。結果として，組織メンバーの上司が1人のみの場合と比べて評価が難しくなる。

　このマトリクス組織の導入事例は職能別組織や事業部制組織と比較して多くはないが，急激な環境変化やイノベーションで，限られた資源を最大限に活用したい企業に適した組織形態である。

　日本では，2016年にトヨタ自動車がマトリクス組織を導入した。タテ軸には製品軸（製品群）の7つのカンパニーを設置し，ヨコ軸には地域軸（地域別）の2つのビジネスユニットを横断させた形態である。

　7つの製品軸のカンパニーのうち4つは「小型車」，「乗用車」，「商用車」，「高級車（レクサス）」という車のタイプごとに分けられたカンパニーであり，残りの3つのカンパニーは「先進技術（自動ブレーキ，自動運転など）」，「パワートレーン（エンジン，トランスミッションなど）」，「コネクティッド（カーナビ，ネット対応など）」の技術分野ごとのカンパニーである。また，2つの地域軸のビジネスユニットは，先進国向けの「第1トヨタ」，新興国向けの「第2トヨタ」である。

4．プロジェクト組織

　プロジェクト（project）組織は，ある特定の課題を解決・遂行するために，複数部門から必要な能力を持った組織メンバーを選抜し，期間を区切り構成さ

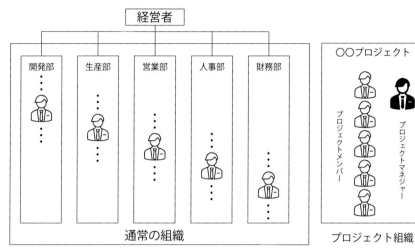

図表 9 － 5　　プロジェクト組織

経営者

開発部　生産部　営業部　人事部　財務部

通常の組織

〇〇プロジェクト

プロジェクトメンバー

プロジェクトマネジャー

プロジェクト組織

出所：筆者作成。

れる一時的な組織単位である。通常，プロジェクトメンバーは，目的に応じて組織横断的に選出された人材で構成され，目的が達成されるとチームは解散し，本来の所属部門に戻る。

　プロジェクト組織の基本的なモデルは，図表 9 － 5 のとおりである。

　プロジェクト組織は期間が区切られているため，目指すべき課題を明確にする必要がある。また通常の組織では達成不可能であり，特別にチームを編成するだけの戦略的課題に挑戦するので，それに応えうる人材と資金を確保しなければ機能しない。この組織形態が十分に機能するためには，経営者などの権限を持っている人のサポートが欠かせない。

　また，プロジェクトマネジャーは，その課題達成に対して熱意を持っていることが第一の条件であるが，調整能力，業務関連のさまざまな方面の専門知識などを持っている必要がある。

　プロジェクト組織の長所としては，次のような点が挙げられる。

①　環境の変化に迅速かつ柔軟に対応することができる。環境の急激な変化

や一時的な問題に対して，高い柔軟性を持った対応が可能である。
② プロジェクト組織の目的が明確であるので，組織メンバーのモチベーションが高い。プロジェクト組織は，ずっと同じ業務に携わることはほぼなく，一緒に働く組織メンバーや目標がプロジェクトによって変わるため，高いモチベーションをもって業務に取り組むことができる。
③ チャレンジ精神に満ちた組織文化の形成につながる。

その一方でプロジェクト組織の短所としては，次のような点が挙げられる。

① 既存の組織との間に，権限の範囲についてのコンフリクトが生じる可能性がある。
② 人材を提供した既存の部門にとっては，業務能力の低下を招きかねない。

　プロジェクト組織とマトリクス組織の類似点と相違点に関しては，職能別に分かれた部門を横断して人材が集まるという点では両者が類似している。しかし，マトリクス組織が，そもそも人材が複数の組織に所属するという点と，プロジェクト組織のような一時的な組織ではなく継続的な組織であるという点では大きな違いがある。

5．カンパニー制組織

　事業部制組織のまま事業の数を拡大すると，企業全体からみて相対的に事業単位が多く，かつ細分化されていくのに加えて，各部門の自立意識が強くなり，必要な部門に資源を集めることが困難になってくる。また，中核事業の一層の強化，新しい事業部門への進出と育成，さらには自社の事業と対応しない市場が出現した際に，それに迅速かつ適切に対応できる組織体制を構築することを目指して，社内分社としてカンパニー制組織の導入が図られるようになった。

　カンパニー制組織は，企業組織内の事業をそれぞれ別のカンパニーとみなし，独立採算制を取る社内分社制である。それぞれのカンパニーには人事や予算などを決める権限や経営判断をする裁量権などが与えられ，各事業部が各々

1つの会社として経営が行われる組織形態である。収支に関しても，損益計算書や貸借対照表（バランスシート）などをカンパニーごとに作成することで，会計上でも独立した状態となるのが特徴である。

　カンパニー制組織は事業部制組織と比べて次のような相違点がある。

①　事業規模や経営の独立性が事業部制組織より大きい。
②　資産・資本金が各カンパニーに割り振られ，損益面だけではなく，貸借対照表面からも評価される。
③　カンパニー制組織は開発から生産，営業まで事業単位としての自己完結性が大きい。

また，カンパニー制組織の長所としては，次のような点が挙げられる。

①　事業部門が1つの独立企業として位置づけられ，市場環境に合わせた迅速な意思決定が行われる。
②　責任の明確化である。各カンパニーが独立採算制のもとで経営されるため，責任の所在が明確である。
③　次代の経営者を育成できる。各カンパニーの責任者に重要な意思決定の権限を委ねることで，それぞれの責任者を次代の経営者候補として育成することができる。

　その一方でカンパニー制組織の短所としては，重複部門の存在によるコストがかかることである。各カンパニーが人事権や予算権を持つ，すなわち重複して人事部や経理部を持つことである。

　カンパニー制組織は，アメリカで始まった組織形態で，日本では1994年にはじめてソニーが従来の事業部制を改革して導入した。同社は従来19の事業本部を独立した8つのカンパニー（5グループカンパニーと3ディビジョンカンパニー）に再編成し，各カンパニーに資産を割り振り，規模に応じて資本金を設定し，カンパニーの長（プレジデント）には投資決裁権や人事権などの従来の事業本部長よりも大きな権限を与えた。グループカンパニーは，一定以上の売上規模を持ち，かつ事業基盤が確立している事業ユニットであり，ディビ

ジョンカンパニーは，売上は小さいが今後の成長が期待できる事業ユニットである[3]。

6. 持株会社制

　持株会社（holding company）は，経営支配を目的として，その会社の株式を保有し本社機能に特化した組織形態である。持株会社は，子会社の議決権行使を通じて子会社の意思決定をコントロールする。子会社は法人格上独立しているが，子会社の自立性を促進するか否かは，持株会社の戦略に関わることで，持株会社の制度自体に何らかの影響があるわけではない。

　持株会社には，純粋持株会社と事業持株会社がある。純粋持株会社とは，自ら製造や営業といった事業は行わず，株式を所有することで，他の会社の事業活動を支配することのみを事業目的とする持株会社のことで，子会社からの配当が収益となる。一方，事業持株会社とは，自らも主たる事業を営み，かつ株式を持つことで他の会社の事業活動を支配する形の持株会社である。

　日本では，戦前の財閥による過度な経済支配への反省から，事業を行わない純粋持株会社の設立は独占禁止法（第9条）によって禁止されていた。しかし，国際競争が激化する中で，諸外国において認められている純粋持株会社の設立を日本でも認めるべきであるという要求が高まり，1997年，独占禁止法が改正され，事業支配が過度に集中する場合を除き，純粋持株会社の設立が解禁された。これによって，持株会社をもとに資本関係を通じた事業部門を配置することで，株式の取得，売却による事業部門の買収や売却・設立が容易になった。

　自ら事業を営みながら子会社群を所有・支配する事業持株会社の場合，親会社の事業を本業として位置付けようとする傾向があり，子会社の自立性が損なわれる懸念がある。一方，純粋持株会社は自ら事業を営まないので，グループ全体の戦略立案，資源の最適配分，子会社に対する指導・監督などに専念することができる。よって，純粋持株会社が企業グループの経営に適した組織形態と言われている。

　純粋持株会社の長所としては，次のような点が挙げられる。

① 経営と事業の分散による効率化が可能である。戦略的グループ経営機能と事業経営機能を制度的に分離し，持株会社の戦略機能を特化するとともに，子会社の経営責任を明確にできる。

② 買収や売却・設立を機動的に進めることができる。純粋持株会社はそもそも株式保有を目的にしているため，買収を進めやすい。また，買収対象からすると，通常のグループ企業よりも事業面での自立性を保ちやすいため，買収への抵抗が比較的少ない。

③ 事業ごとに人事・労務管理ができる。分社経営を徹底し，それぞれの事業分野の特性に合った雇用形態や労働条件などの人事・労務管理を設定することができる。

④ 親会社と子会社間でリスクを分散できる。

その一方で純粋持株会社の短所としては，次のような点が挙げられる。

① 別会社化を行った後，子会社の事業範囲を変更したり，資金や人材を交流させたりするのが難しくなり，組織が硬直化する側面がある。

② 従来の親会社の株主が純粋持株会社の株主になると，子会社の情報を入手しにくくなるなど，株主保護への配慮が必要である。

③ 各子会社で部門が重複してしまい，無駄なコストが生じやすい。このため，重複しそうな部門では横断的に業務を行う部門や専門の会社を作るなどの工夫が必要である。

まとめ

　本章では，組織のさまざまな側面のうち，組織構造について論じた。

　まず，組織を長期的に発展・成長させていくためには，環境変化に適応し，組織を階層化し分業化することが不可欠である。それに関連した組織編成の原理，組織設計の原則，多様な組織形態について概観した。

　まず，組織編成の原理として，分業と調整，集権化と分権化，標準化について説明した。また，その編成原理に基づき構成される組織構造を設計し維持するために考慮すべき原則として，分業化の原則，権限・責任一致の原則，統制範囲の原則，命令一元化の原則，例外の原則という 5 つの原則について説明した。さらに，こうした組織編成の原

理と組織設計の原則に基づいた多様な組織形態として，職能別組織，事業部制組織，マトリクス組織，プロジェクト組織，カンパニー制組織，持株会社制などを取り上げ，その内容，長短所をまとめた。

【注】

1 ）ファヨール（Fayol, 1916）は，組織を健全に機能させるためには14の管理原則があると示した。それは，分業，権限，規律，命令の一元性，指揮の一元性，個人利益の全体利益への従属，報酬，権限の集中，階層組織，秩序，公正，組織メンバーの安定，創意，組織メンバーの団結などである。彼は，これらの原則は，管理機能を増大させるためのある一定の原則に過ぎないと指摘しており，何か問題が生じたときに参照するポイントとして用いるものであり，これらを必ず行わなければならないものではないとしている。

2 ）アーウィック（Urwick, 1956）は，5 〜 6 名程度の部下が管理できるとしている。

3 ）ソニーが1994年にカンパニー制組織を導入したのは，権限委譲による意思決定の迅速化を目指したものであった。昔のような画期的な新製品の開発力を取り戻したいソニーは，分権化と権限委譲を進めカンパニーという小規模な独立した責任単位を形成したのである。それによって，迅速な意思決定を実現し，ユニークな製品開発力を回復しようとした。しかし，ソニーのカンパニー制組織は導入以来，何回か見直しが行われたものの2005年に廃止に至った。

参考文献

Gottlieb, M. R. (2007), *The Matrix Organization Reloaded: Adventures in Team and Project Management*, Westport, CT: Greenwood Publishers.

Griffin, R. & Moorheard, G. (2008), *Managing Organizational Behavior*, 10th Ed, Cengage Learning.

Hage, J. & Aiken, M. (1969), Routine Technology, Social Structure, and Organization Goals, *Administrative Science Quarterly*, Vol. 14, No. 3, pp.366-376.

Jones, G. R. (2010), *Organizational Theory, Design, and Change*, Pearson.

Leavitt, H. B., Dill, H. J. & Eyring, W. R., (1973), *Organizational World,* New York: Harcourt Brace Jovanovich.

Mintzberg, H. (1979), *The structuring of organizations*. Englewood Cliffs NJ: Prentice Hall.

Nadler, D. A. & Tushman, M. L. (1989), Organizational Frame Bending: Principles for Managing Reorientation, *Academy of Management Perspectives*, Vol. 3, No. 3, pp.194-204.

Pfeffer, J. & Salancik, G. R. (1978), *The External Control of Organizations: A Resource Dependence Perspective*, Haper & Row.

Urwick, L. F. (1956), The Manager`s Span of Control, *Harvard Business Review*, May-June, pp.39-47.

石塚浩『経営組織論─理論と実際』創成社，2009 年。

伊丹敬之・加護野忠男『ゼミナール　経営学入門（第 3 版）』日本経済新聞社，2003 年。

大月博司・中条秀治・犬塚正智・玉井健一『戦略組織論の構想』同文舘出版，1999 年。

ガルブレイス（Galbraith, J, R., 1995）著，*Designing Organizations; an executive briefing on strategy, structure, and process*, Jossey-Bass Publishers.（梅津祐良訳『組織設計のマネジメント─競争優位の組織づくり』生産性出版，2002 年）

上林憲雄・庭本佳子編著『経営組織入門』文眞堂，2020 年。

桑田耕太郎・田尾雅夫『組織論　補訂版』有斐閣アルマ，2010 年。

坂下昭宣『経営学への招待（新装版）』白桃書房，2014 年。

佐久間信夫・坪井順一編著『現代の経営組織論』学文社，2005 年。

鈴木竜太『はじめての経営学　経営組織論』東洋経済，2018 年。

十川廣國『経営学イノベーション〈3〉　経営組織論（第 2 版）』中央経済社，2013 年。

高橋正泰監修・高木俊雄・四本雅人編『経営組織論シリーズ　マクロ組織論』学文社，2019 年。

沼上幹『組織デザイン』日経 BP，2004 年。

バーナード（Barnard, C. I., 1938）著，*The functions of the executive*, Cambridge, MA: Harvard University Press.（山本安次郎・田杉競・飯野春樹訳『新訳　経営者の役割』ダイヤモンド社，1968 年）

ファヨール（Fayol, H., 1916）著，*Administration industrielle et generale*. Paris: Dunod.（佐々木恒男訳『産業ならびに一般の管理』未来社，1972 年）

森本三男『現代経営組織論（第 2 版）』学文社，2001 年。

山田耕嗣・佐藤秀典『ライブラリ経営学コア・テキスト　マクロ組織論』新世社，2014 年。

ロビンス（Robbins, S. P., 1997）著，*Essentials of Behavior*, 5th ed., Prentice Hall.（高木晴夫訳『新版　組織行動のマネジメント─入門から実践へ』ダイヤモンド社，2009 年）

ロビンス，ディチェンゾ & コールター（Robbins, S. P., Cenzo, D. D. & Coulter, M., 2013）著，*Fundamentals of Management: Essential Concepts and Applications* 8th ed., Prentice Hall.（高木晴夫訳『マネジメント入門　グローバル経営のための理論と実践』ダイヤモンド社，2014 年）

第10章

組織学習

> **学習目標**
> 1　組織が常に学習しなければならない根拠について明らかにする。
> 2　組織の中の個人の学習と組織の学習はいかに異なるのかについて明らかにする。
> 3　組織学習がもたらす「負」の側面には何があるのか。

　組織は時々刻々変化している外部環境に対し，旧態依然な体制や妥当性を欠いた知識や価値観を打破するために絶えず新たな変革を模索しなければならない。そこで組織にとって必要不可欠とされるさまざまな要因の1つとして組織学習がある。この組織学習は組織の活性化のために必要とされる重要な課題の1つでもある。組織学習に関する研究は，すでに1960年代初頭から始まっているが，近年，再びその必要性が注目されるようになった。そのきっかけはおそらく1990年に刊行されたセンゲ（P. M. Senge）の著書『最強組織の法則—新時代のチームワークとは何か』の公刊からであろう。この著書は，学界・実業界からともに脚光を浴び，当時，米国の弱まった国際競争力を強化するための模索案として高く評価されていた。この組織学習は，企業を取り巻く経営環境が急激に変化した時期に，時代的かつ社会的要請，すなわち実際の企業経営活動の中で生じた現実的な課題解決の必要性から生まれたものであった。

　ここで「日本企業は学習する組織なのか」「かつての日本企業は学習に対し

てどのような姿勢をとったのか」という現実的な問いに直面する。周知の通り，日本企業は 1980 年代にその強さを象徴するものとして「日本的経営」が世界的な注目を浴びた（松崎編，2006）。日本企業の人材育成の基本となっていた OJT（on the job training）をはじめ，従業員による自己学習，ジャストインタイム，相互共有，そして通信教育・書籍・カセットなどを利用した自己学習など当時，卓越した組織学習活動があったのはいうまでもない。

　この組織学習は，近年，組織論，戦略論，心理学など非常に多くの分野において幅広く取り扱われているものの，体系的かつ統一的な理論の構築は未だに見られていないのが現状である。さらに，日本の組織学研究者の中では，サイアートとマーチ（Cyert and March, 1963）の意思決定プロセスにおける適合と，心理学の理論で取り上げられている「刺激―反応」モデルとを比較して，近年の組織学習との相違点を強調しているものもある（田尾，2012）。すなわち，意思決定プロセスにおける適合と「刺激―反応」モデルで触れている活動を「受動的な学習」と規定し，「積極的な学習行動」を意味する組織学習とを厳密に区分している。これは組織学習における組織成員の学習に対する主体性の有無がいかに重要であるかについて強調し，特に自ら働きかけることが組織学習において重要なポイントであることを物語っている。

　組織学習は第 11 章で取り上げる組織変革に必要不可欠な要因でもある。本章では，「組織学習の意義とは何か」「個人学習と組織学習の違いは何か」「組織学習を促進する要因と疎外する要因は何か」などの問いを明らかにすることを主な目的とする。

第 1 節　組織学習の意義

　ハーバード大学で教鞭をとっていたガービン（Garvin, 1993）は，多くの米国企業が生産性の高い強靭な組織づくりのために盛んに変革運動を引き起こしているにも関わらず，目に見える成果が得られない理由について以下のように語っている。

　「いずれのプログラムも決定打に欠け，大した効果が得られないのも実態で

ある。その理由は，改善運動に取り組んでいる企業のほとんどにおいて『継続的改善には組織学習へのコミットメントが必要である』という基本中の基本がきちんと理解されていないからである。」

　このように，組織が変革するために必要不可欠な前提条件に組織学習があることはいうまでもない。

　では学習はいかなる形で行われるのか。人間行動の産物の多くが，学習を通して得られるのは一般的な認識である。あらゆる組織において，すでに定められている組織目標を達成するために最初に取り組むのが学習活動であろう。それがすでに出来上がっているにしても，最初から目標を定めるにしても，組織が常に存続するためにはこの学習活動が必要であることを意味する。ここでいう学習とは「練習・経験の結果として生じる，行動の比較的不変な変容」であると定義されている（南・伊藤，1982；車戸，1985）。さらにこの学習は，感覚的順応や疲労と区分して，動機付け要因として認識する必要性についても強調されている。

　この学習のプロセスは，図表 10 - 1 が示しているように，いくつかの段階を経て形成されるのが一般的である。ロビンス（Robbins, 2009）によれば，学習は「行動はその結果に左右される」という「効果の法則」の下で築かれていくという。すなわち，人間はある行動を起こし，自分が期待する好ましい結果が得られた場合，それらの行動を繰り返すという法則である。ここでいう望ましい結果は，金銭，賞賛，昇進，笑顔などをいうが，この中でどれを選好するかは置かれた状況や個人差によって異なるものになる。例えば，マネジャーたちは，自分たちに与えられた権限の中で望ましい結果を手にするために，組織

図表 10 - 1　学習プロセス

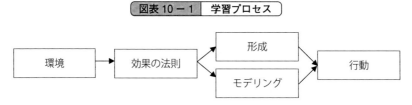

出所：Robbins 著，高木晴夫訳（2009），54 ページ。

成員に報酬を差別的に与えることによってこれらのプロセスをさらに強化したりする。自分たちを評価するマネジャーから高評価を受けた場合，それらの行動を繰り返す「形成」が行われる。逆にマネジャーから低い評価を受けた場合，組織成員は自分の行動を変えていく。一方で，組織の中にいる人々は他人の行動を観察・比較し，模範となる行動をとった結果（「モデリング」）に合わせて行動する傾向もある。

　経営学の分野で経営学習論という研究領域が発展し始めたのは，1970 年代後半からである。この経営学習論が学際的な研究領域として認識されたのは，1978 年に米国で発刊された『経営学習（Management lear-ning）』誌の刊行がきっかけである。

　一方で，中原（2021）は，この「学習」というターミノロジ（専門用語）が経営学の分野で頻繁に取り上げられた隆盛期を以下のように指摘している。

　第 1 の隆盛期は，1980 年代末から 90 年代までの時期であった。この時期は，激変する経営環境の中で，組織の中にいる個人がそれらの環境の変化にいかに対応していくのかという課題を受けて，学習の必要性が強く問われた。

　第 2 の隆盛期は，1990 年代後半から 2000 年代までの時期であった。この時期は，特に組織としての人材育成，その中でも職場・実務現場における人材育成の課題が強く問われた時期であった。かつての日本企業において活発であった OJT や後継者への技能伝承が当時，機能不全に陥った課題を抱えていた。

　このように各々の時代に浮き彫りにされた社会的な課題または社会からの要請は，「組織学習論」という新たな研究分野を生み出す決定的な要因になったといえよう。

　では組織学習とは何か。組織学習という言葉を世に広げたピーター M. センゲ（Senge, 1990）は，学習する組織のことを「人々が継続的にその能力を広げ，望むものを創造したり，新しい考え方やより普遍的考え方を育てたり，集団のやる気を引き出したり，人々が互いに学び合うような場」と定義している。さらに，センゲは，こういった目的を達成するためには，①システム思考，②個々人の自己認識，③メンタル・モデル，④ビジョンの共有化，⑤チーム学習というツールが必要であると主張している。

　組織学習の定義は，多くの研究者によって行われているが，その具体的な内容は以下のようである（ダイヤモンド社編集部訳，2007年）。

① 「組織学習とはよりよい知識と理解を通じて行動を改善させるプロセスである」（フィオーレとライルス，1985）

② 「組織は，情報によって行動のポテンシャルが分かる時，学習する」（フーバー，1991）

③ 「組織は，歴史からの推測を日常のガイドとなるルーチンに反映させることで学習すると考えられる」（レビットとマーシュ，1988）

④ 「組織学習とは，間違いを突き止め，これを修正するプロセスである」（アージリス，1977）

⑤ 「組織学習は共有化された洞察や知識，認識モデルを通じて起こり，過去の知識や経験，すなわち記憶の上に築かれる」（スタータ，1989）

　このように，組織学習の定義は研究者によってさまざまではあるが，いくつかのキーワードを拾うと，①行動を変えること，②それが日常的な業務の中で行われること，そして③過去の遺産の上に築かれることを大前提にしていることがわかる。

　そして，学習する組織論の提唱者として著名であるワトキンスとマーシック（Watkins and Marchik, 1995）の存在も大きい。彼らによれば，学習する組織の条件として，①ビジョンの共有，②学習リーダー，③対話，④チーム学習，⑤ナレッジの移転，⑥外部との連携を取り上げている。

　また，センゲ（1990）は，組織学習が必要不可欠な要因として，近年，組織間で行うビジネスがますます複雑でしかも動的な性格を有しているため，それらに対応して組織成員または組織自体が「学習に満ちた」ものにならなければならないという。

　このような状況の中で「学習する組織」を作り上げることは不可能であろうか。この問いに対するセンゲの答えは「ノー」である。その根拠として，人間は本来生まれつき好奇心旺盛で，優れた学習能力の持ち主であることを挙げている。実際に多くの人々がこれらの好奇心を満たすために人生の大半を費やし

ている。また，組織の中にいるリーダーまたは構成員は仕事自体を，組織目的
を達成するための単なる「手段」という意識から，より「神聖なもの」すなわ
ち「仕事に内在する本質的な恩恵を追い求めるもの」へと転換したという。こ
れがまさに組織学習を可能にする原動力として働いたという。

　しかし，センゲによれば，組織学習と関連して以下のような組織の抱えやす
い学習障害の存在に注意を払う必要があると主張している。

　さらに，マーシックとワトキンス（Marsick and Watkins, 1990）は，学習する組
織と学習しない組織を比較しながら，前者の重要性について主張している。彼

図表 10 － 2　組織の抱えやすい組織障害

組織障害の項目	内　　容
①「私の仕事は○○だから」	職務と自己認識の混同から生じる危機のことである。これは徹底して受けた教育がもたらした問題点として認識される。
②「悪いのはあちら」	人は自分の物事が順調に進まない時に，自分の周りの環境のせいにする傾向がある。この問題は①の障害から醸成される傾向が強い。
③「先制攻撃の幻想」	問題が拡大する前に自分たちから先に解決するように積極的に取り組む傾向のことをいう。
④「出来事への執着」	目の前の問題に追われ，その背後にある長期的な視点で物事を解決しようとする姿勢を失いやすい傾向に関することである。
⑤「ゆでガエルの寓話」	企業が失敗する理由として，徐々に起きている脅威への不適応が非常に多い点である。
⑥「経験から学ぶ」	失敗の多くは，経験から学ぶものであるが，最も重要な意思決定がもたらす結果については経験できないという問題である。
⑦「経営陣の神話」	大半の経営者は集団での探求を脅威と認識する。すなわち，多くの場合，組織内で直面している問題を解決する者より，自分の主張が堪能な人々の意見が通る傾向がある。

出所：センゲ（1990），56 ～ 68 ページを整理。

図表 10 － 3　学習する組織と学習しない組織

	学習しない組織	学習する組織
個　人	・抑制され，散発的で，一時的な学習 ・一貫性も，連続性もない学習 ・学習された無力感	・継続的で将来の組織ニーズに戦略的に結び付けられた学習 ・段階的に育成された学習 ・パーソナル・マスタリー： 　前提に挑戦し，探求することの学習
チーム	・プロセスへの注意を払うことなく，仕事だけに集中させられた学習 ・チームではなく，個人に対する報酬 ・部門の細分化・独立化	・集団の発展と共同的なスキルに焦点を当てた学習 ・チームや全員に対する報酬 ・機能横断的，自己管理チーム
組　織	・表面的で，それまでのスキルとは無関連な，中途半端な学習 ・学習障害（構造的硬直性）には注意を払わない構造的な再編を通した学習	・それまで獲得されたスキルに積み重ねて行く学習 ・皆の学習を促進するための柔軟な構造の創造
社　会	・トンネル ・社会に対する政策へのインパクトの無視 ・社会的影響を統制しようとする試み	・相互依存性の認識と，全般的な社会への貢献 ・望ましい将来を築くための，将来トレンドの継続的精査と予測

出所：ワーキンスとマーシック著（1993），神田・岩崎訳（1995）。

らは，図表10－3が示しているように，学習するレベルを個人，チーム，組織，社会という4段階に分けてその相違を明らかにしている。

第2節　個人学習から組織学習へ

　アージリスとショーン（Argyris and Schon, 1978）によって提唱された学習の次元は，基本的に学習をその性質と水準に基づいて分類している。これについ

ては図表 10 - 4 が示しているように,「シングル・ループ学習（single loop learning)」と「ダブル・ループ学習（double loop learning)」に大別される。前者の「シングル・ループ学習」とは「既存の価値基準や規範のもと,繰り返しその行動を行うことでエラーを修正したり,より効率的な実行方法を見つけたりする学習」のことをいう。この学習の段階では,すでに定まったルールに基づいて常により効率的な実行方法上の修正が加えられる。ということで,既存の価値基準や規範に対する批判的な意識は生まれない。このシングル・ループに対して,組織成員が「疑問を投げかけない方がよい」という不文律が生まれるのは当然の結果である。なぜなら既存の価値基準や規範を作り上げたのは,組織成員の人事権を握ったり,人事考課を行ったりする主体であるマネジャーたちであるからである。例えば,現場で働いている工場主任やマーケティング担当者のような管理者のポジションにいる人々は,トップの経営陣がすでに定めたルールに従って,ある製品の生産プロセスで発生しうる問題点などを見つけると業務プロセスに修正を加える。

　一方で,後者の「ダブル・ループ学習」とは「行動にどれだけ修正を加えても,当初の目標を達成できない場合に必要とされる学習」のことをいう。要するに,これは既存の価値基準や規範に従って反復して業務を行った際に見られる矛盾を組織成員が批判的にとらえ,既存の評価基準や規範に新たな修正の必要性が表出した際に問われる学習のことである。もちろん,このダブル・ルー

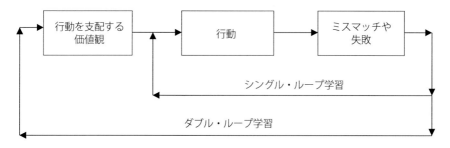

図表 10 - 4　シングル・ループ学習とダブル・ループ学習

出所：Argyris（1990),

プ学習に成功すれば，結果的に当該組織内にそれまで潜んでいた諸問題の解決策を見つけ出すことになる。例えば，企業内ですでに生産しているある製品に対して，「そもそもそれは生産すべきか」という問いと戦い始めるのならば，これはダブル・ループ学習の範疇に入るのである。

このシングル・ループとダブル・ループの概念は，フィオルとライルス（Fiol and Lyles, 1985）の主張した「低次の学習」と「高次の学習」に相当する。前者は，組織学習の効果が組織全体で起こりうる行動レベル，ルーチンのレベルでの修正に留まるのに対し，後者は，「組織価値の転換」に至る高次元の段階まで及ぶことになる。

アージリス（Argyris, 1993）によれば，組織のリーダーたちが有するジレンマや矛盾について体よくやり過ごしたり，力でねじ伏せたりする傾向を「権力のジレンマ」といい，これらの傾向がダブル・ループ学習を妨害する主な要因として知られている。このジレンマは以下のような諸問題を生じさせる。

「①　ジレンマの存在を認めながらも，どのようにおのれの強さを発揮するか。
　②　手綱を引き締めすぎ，しかもオープンに振る舞うには，どうすればよいか。
　③　自分の考えをはっきり主張しつつ，異なる意見を歓迎するには，どうすればよいか。
　④　自分たちが不安を抱えている現在，部下たちの不安にもうまく応えるには，どうすればよいか。
　⑤　自分の不安を抑え，部下たちに不安を克服させ，心を開くように求めるには，どうすればよいか。
　⑥　最新機器への不安感をどのように探るのか。
　⑦　現在のリーダーシップ・スタイルに違和感がある場合，そのスタイルを変えるに当たって，部下たちの信頼と納得をどのように得ればよいか。」

第 3 節　組織内での知識創造

　次に，組織学習は，組織内で具体的にいかなるプロセスが行われるのかについて検討する。この組織学習については，「組織内で知識創造（knowledge creation）をいかに行うのか」の課題に取り組んだことで有名な野中郁次郎（1995）の研究が広く知られている。野中は 1990 年代に著した『知識創造の経営』を通して，従来までの経営理論の中で展開された基本的な人間観や組織観について概観した。その結果，野中は，従来まで展開されていた諸理論の限界，情報処理者としての人間，環境の変化に対して受動的な適応のみに注目している点に着目し，組織における革新性と創造性を主題とする新たな理論展開の必要性について強調した。

　その後，彼は 1995 年に竹内弘高とともに著した『知識創造企業』を通して，個人の有する知識を組織全体に共有させることに成功した日本企業の競争力の強さの秘密に着目した。彼らの考え方は，従来までの「日本の企業は模倣や応用力には強いが，想像的ではなく，とりわけ知識が競争優位の獲得に重要な場合には特に弱いという西洋人の通念」に反するスタンスをとっている。彼は特に，「組織的知識創造理論（Theory of Organizational Knowledge Creation）」の必要性について以下のように述べた。

　「環境の変化にダイナミックに対応する組織は，情報処理を効率化するのみならず，知識や情報を『創造』する組織である。組織の構成員はそれぞれ革新への思いをもち，偶然を取り込みつつも，ただ偶然に流されつつ非合理的に生きるという消極的な存在ではない。」（野中，1990）

　野中の研究によれば，組織内で行われる知識創造は，図表 10 - 5 が示しているように，基本的に「暗黙知の共有」→「コンセプトの創造」→「コンセプトの正当化」→「原型の構築」→「知識の転移」という 5 つのプロセスを経て行われるという。ここでいう暗黙知とは，個人が頭の中で考えている漠然とした知識のことを指すが，これが組織の中にさらに浸透するためには，文字や絵などのような目に見える形，いわば「形式知」へと進化する過程が不可欠であ

段　階	内　容	知識変換	事　例
共同化	経験を共有することによって，メンタル・モデルや技能などの暗黙知を創造するプロセス	暗→形	ホンダの製品開発プロセス
表出化	暗黙知を明確なコンセプトに表すプロセス	暗→形	キャノンのミニコピア
連結化	コンセプトを組み合わせて1つの知識体系を創り出すプロセス	形→形	クラフト・ゼネラル・フーズのマイクロ・マーチャンダイジング
内面化	形式知を暗黙知に体化するプロセス	形→暗	GEの回答センター

図表 10 − 5　4つの知識変換モード

出所：Nonaka and Takeuchi（1955），梅本訳（1996），91 〜 105 ページを再整理。

るという。

　これは図表 10 − 5 が示しているように，「共同化（socialization）」→「表出化（externalization）」→「連結化（combination）」→「内面化（internali-zation）」のプロセスを経て行われるため，英語の頭文字をとって「SECI（セキ）モデル」ともいわれる知識創造理論の基本モデルである。これは規模面でいうと，個人レベルの知識創造，集団レベルの知識創造のプロセスを経て，知識創造のモデル化，すなわち理論化され，究極的に社会全体に広がることまでをも含むプロセスをいう。

　さらに，このSECIモデルを通して生成された知識は，1回で知識創造が終わるのではなく，反復性を持ってさらに低次元から高次元へと拡張されていく「知識スパイラル」も可能にするという。図表 10 − 6 には，組織的知識創造のスパイラルについて示している。

　しかし，中原（2021）によれば，これらのナレッジマネジメントで知識の共有を目指すものが，組織学習を妨害するなどの逆効果をもたらしたという。換

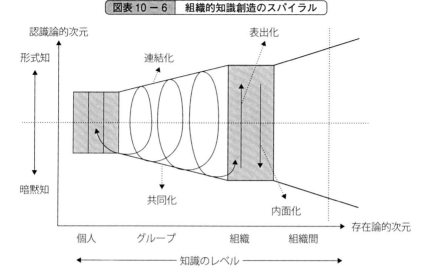

図表10 ― 6　組織的知識創造のスパイラル

出所：Nonaka and Takeuchi（1955），梅本訳（1996），108 ページ。

　言すれば，「好業績者，ベテラン，専門家など組織内で属人的に所有されてい
た技術，顧客に関する知識，営業ノウハウといったものを共有し，移転する」
ために構築したデータベースに頼り過ぎる結果をもたらし，組織成員自らの努
力で新たな知識を学習しようとする意欲を奪ってしまうことになる。これは
「知識共有のジレンマ」として知られ，他人がすでに経験したものや知識を容
易に入手すると，自らの試行錯誤によって獲得するはずの知識を得るチャンス
を逃してしまう危険性があることを意味する。すなわち，組織における知識の
定着・蓄積は，短期的視野からすれば業務の迅速化・業績向上にはつながるも
のの，長期的な視野からは組織の中の個人が学習する機会を喪失してしまう結
果をもたらす。
　さらに，中原（2021）は，近年のコロナ禍で頻繁に行われるリモートワーク
の中では組織記憶や組織学習が円滑に進まないという。組織学習の結果生まれ
るのが組織記憶である。この組織記憶は，組織内での学習活動を通して何らか
の形で生成され，組織成員間で共有され，最終的に組織の中で記憶される効果

をもたらすことをいう。コロナ禍のリモートワークでは，このような組織学習効果を組織成員間で円滑に獲得できないため，組織学習上，危機的な状況に陥りやすい。

　そしてナレッジマネジメントを批判する声として，SECI モデルが実際に円滑に行われているかについての疑問も多かった。知識を創造するには組織の主体である個人と組織がいかなる活動を行うかにかかっているが，最初に計画した通りに順調に進行するのではなく，多かれ少なかれ障害が存在することは看過できない。

　マーチとオルセン（March and Olsen, 1976）によれば，組織学習は個人・組織・環境の次元で体系的に整理できるという。これをマーチとオルセンの主張した学習サイクルというが，基本的に「個人の確信」→「個人の行動」→「組織の行為」→「環境の反応」というプロセスで円滑に循環すると，完全な学習サイクルが形成される。しかし，現実では，この学習サイクルを妨げる数多くの諸要因が発生するのが一般的である。これを彼らは「不完全な学習サイクル」と呼んでいる。何らかの理由でこのサイクルの連結が途切れる場合は，学習サイクルが機能しなくなる。

図表 10 − 7　不完全学習のサイクルの形態

名　　称	発生段階	内　　容
「役割制約的」学習	「個人の確信」→「個人の行動」	与えられた役割規定や手続き上の制約によって個人の行動に移すことができない問題
「傍観者的」学習	「個人の行動」→「組織の行為」	個人の学習成果が組織の次の行動に生かされない問題
「迷信的」学習	「組織の行動」→「環境の反応」	個人の学習行動が組織の行動に影響を及ぼすが，その影響力が弱い問題
「曖昧さのもとでの」学習	「環境の反応」→「個人の確信」	上記の3つの学習は見られるものの，具体的な成果について測定しない問題

出所：十川編著（2013），200 〜 201 ページを整理。

　さらに，彼らはこの不完全な学習サイクルが見られるパターンを図表10－7の4つに分類している。

　先述した障害の問題を解決するために，新たに登場したのがナレッジ・イネーブリング（knowledge enabling）という考え方である（クロー・一条・野中, 2001）。ここでいうイネーブリングとは「知識創造を促進させる組織活動」のことをいい，具体的には「組織または地理的な境界や文化の壁を越えて知識を共有し，会話や人間関係を促進すること」などの効果が期待できる。これらのナレッジ・イネーブリングを円滑に進めるためには，ナレッジ・ビジョンの浸透，会話のマネジメント，ナレッジ・アクティビストの動員，適切な知識の場づくり，ローカル・ナレッジのグローバル化などの諸要因が必要とされている。

図表10－8　ナレッジ・イネーブリングの実現に必要な5つの要因

項　目	内　容	事　例
ナレッジ・ビジョンの浸透	組織成員が探求し創造する必要性がある知識の具体性を当該組織が有する長期的なビジョンの下で提示すること	資生堂のアユーラ・ブランド戦略
会話のマネジメント	組織成員間で行われた議論を通して個人の知識が他の人にも広がること	GEのシックスシグマ
ナレッジ・アクティビストの動員	知識創造の活性化を通して知識を組織全体に拡大させるのに必要な人物	シーメンスのセニア構想
適切な知識の場づくり	知識創造のために必要とされる強固な人間関係と協力体制を支える組織構造の生成	ソニーの組織変革
ローカル・ナレッジのグローバル化	効果的な知識移転の妨げになりやすい物理的・文化的・組織的そして経営上の障害物を除去すること	アドトランツによるインド・プロジェクト

出所：クロー・一条・野中（2001），179〜187ページを整理。

第4節　組織学習の成功事例

　ここでは組織学習に成功した国内外の企業の事例を取り上げる。

　第1に，トヨタ自動車の推進するトヨタウェイについてである（トヨタホームページ，https://www.toyota.co.jp/（2022年10月31日閲覧））。同社が企業理念として掲げている「トヨタウェイ2001」の中で，組織学習がいかに具現化されているかを明示している。このトヨタウェイ2001は「カイゼン」と「人間尊重」という二本柱によって支えられている。同社はトヨタウェイの名の下で，全世界のトヨタで働く人々に対して価値観と手法の共有化を促している。このトヨタウェイ2001は張富士夫前社長時代に完成されたものであるが，トヨタ社内で世代から世代へと語りつがれてきた創業者の英知を文章化したものである。この作業を通して，まさに暗黙知に過ぎなかったものを，形式知の形態に変えたと評価されている。これにより，トヨタインスティチュートという人材育成を行う専門機関が設立され，2003年以後アメリカ，ヨーロッパ，アジア，オセアニアの事業体での人材育成が行われている。

　このトヨタウェイ2001の中で組織学習と関連する原則は以下のようである（稲田，2009）。

　　原則1「短期的な財務目標を犠牲にしても長期的な考えで経営判断する」
　　原則6「標準作業が絶え間ない改善と従業員の自主活動の土台になる」
　　原則9「仕事をよく理解し，思想を実行し，他人に教えるリーダーを育成する」
　　原則12「現地現物を徹底的に理解するように自分の目で確かめる」
　　原則14「執拗な反省を絶え間ない改善により学習する組織となる」

　同社のトヨタウェイは現在「トヨタウェイ2020」の形をとっており，従来のものよりシンプルな表現とわかりやすい現代文の形となっている。

　これらのトヨタの推進している組織学習は，同社に中途入社した米国人のエリート社員の物語からも確認できる（Spear, 2004）。その中途入社した社員は，研修プログラムを通して，トヨタの遺伝子をいかにすれば米国の工場に複製で

| 図表 10 − 9 | トヨタ研究からの教訓 |

教　訓	内　容	備　考
レッスン 1：「じかに観察するにしかず」	故障が発生した際に，研修参加者が機械の内部を実際に観察し，自ら問題を解決する能力を培うことを狙う。	目で観察することが強調される。
レッスン 2：「提案する変更は必ず実験する」	研修期間中に基本的に研修参加者には提案が求められ，その提案の実験後に説明を求められる。	問題と解決策を同時に理解することが問われる。
レッスン 3：「従業員にもマネジャーにも頻繁に実験すべし」	誰でも簡単に実験を数多く実施できるようなシステムづくりである。	プロセスの不測の事態や支障に基づく。
レッスン 4：「マネジャーはコーチであり，みずから問題を解決してはいけない」	トヨタのマネジャーはただ教師やコーチとして位置づけられ，研究参加者に問題解決できるように促す。	あらゆるレベルの社員からも観察し，実験できるようなシステムづくりに励む。

出所：Spear（2004），ダイヤモンドハーバードビジネス・レビュー編集部（2007），430〜458 ページを整理。

きるのかについて腐心したという。その研究後に得られた教訓を，図表 10 − 9 に示している。トヨタの学習プログラムと他社のものとの根本的な違いは，報告書，インタビュー，調査，体験談，データ収集，統計などのような間接的なアプローチに頼っていない点である。もちろん，直接的な観察に依存することによる問題点，すなわち全体像が見えないようなバランス感覚の喪失は，多くの人々からその実効性と関連して警戒される最も大きな問題である。しかし，逆を言えば，これらの学習プログラムはトヨタしかできない強さを象徴する秘訣としても知られている。

　第 2 に，ヒューマンバリュー社の組織変革プロセス指標のオカピ（Ocapi）についてである（小田，2017）。この組織変革プロセスの指標は，組織開発を意図した評価システムとして開発された。これはダイエル・キムの「組織成功エ

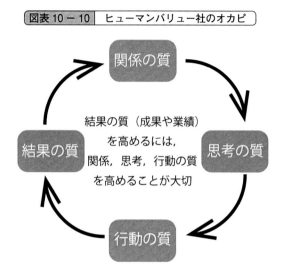

関係の質

思考の質

結果の質

行動の質

結果の質（成果や業績）を高めるには，関係，思考，行動の質を高めることが大切

出所：ヒューマンバリュー社のホームページ
（https://www.humanvalue.co.jp/）2022 年 10 月 31 日閲覧。

ンジン」に範をとっている。

　このオカピ評価システムは，組織を基本的に「関係・思考・行動・結果の質」が循環するものと認識し，41 の詳細な項目（プロパティ）を評価基準としている。

　同社の評価システムの特徴は，組織成員が特に興味深いと思われる分野を取り上げ，それについて自らアンケート調査を行う形式をとる。そのアンケート調査の結果が明らかにされたら，それについて組織成員間で話し合う過程をとる。具体的には，①調査資料の結果について個人的な検討をする，②その項目のあるべき姿を話し合う，③各自でレポートを読み込む，④レポートを見ながら全体で分析する，⑤実行に移すという 5 段階のプロセスを経て実行される。

　最後に，サムスン電子の EA（education agent）について取り上げる（サムスンニュースルーム，https://news.samsung.com/kr/（2022 年 10 月 31 日閲覧））。財閥企業として知られているサムスン・グループはすでに海外の人材育成戦略に重点を置く企業として有名であるが，その具体的なものとしてグローバル人材の

確保と育成政策がある（御手洗, 2011）。サムスン・グループの 2 代会長であった李健煕（イ・ゴンヒ）氏は，同グループの組織改革の起爆剤となった「フランクフルト宣言」が行われた後に集中的に人材育成戦略に力を注いだ。彼は「1 名の天才が 10 万人，20 万人を養える」という語録に象徴されるように，優秀な人材の確保と天才的な人材育成の重要性について，特に強調した。

　周知の通り，韓国を代表するサムスン・グループの中で最も重要な位置を占めているのがサムスン電子である。このサムスン電子のデバイスソリューション部門で運営されている同制度は，役員の職務力量を向上させるために考案されたものである。この EA の役割は，所属部署の目標に合わせた部署員の育成戦略を樹立するだけでなく，職務力量強化のための教育課程を企画し運営することもある。教育と関連するさまざまな会議体を運営し，管理することも重要な任務の 1 つである。

　しかし，この EA は人材開発のための専属部署ではないため，自分の本業を行いながら非定期的に活動するという弱点を有している。事業部ごとに EA の役割も異なる。例えば，パウンドリー技術センターでは業務特性上，取引関係にある相手先企業に応対する業務が多い。そのため，EA が重点的に行う課題は，部署員の語学能力を最大限引き上げることにある。それ以外の業務としては，部署員の個々人の要求を反映した教育プログラムの設計および運営，チーム単位の自律学習プログラムの支援，そして組織別の革新ワークショップの運営などがある。

第 5 節　組織学習の課題

　先述したように，組織学習を通して得られるさまざまな効果は期待できる部分が多い。しかし，私たちが決して看過してはいけない「負」の側面も厳然と潜んでいることに注意を払わないといけない。それは組織学習のメカニズムによって組織改善や向上をもたらす反面，もう 1 つの側面，すなわちそれらの学習のメカニズムによって組織成員を制約してしまう問題のことをいう。二村ら（2004）は，これらの諸問題が発生する理由として，「①短期的な視点に陥りや

すい，②部分最適に陥りやすい，③ラーニングによるミスリーディングがありうる」という3種類があるという。

　まず，「近視眼的な利益追求」についてである。一度経験した成功の記憶は，組織成員がそれを反復しようとする傾向を助長してしまい，組織内でそれと異なる価値観や知識を拒みやすくなることを意味する。

　第2に，全体的な視野を見失うことを意味する「部分最適に陥りやすい」ことである。全体最適を図るために当該組織が受けなければならない事象は，当該組織のメンバーにとっては不満要因になるかもしれない。場合によっては当該部署のある行動が，組織の全体最適を損なう結果をもたらすケースはいくらでもある。

　第3に，「ラーニングによるミスリーディングがありうる」ことである。これは，学習という行動が従来蓄積してきたものをベースに築き上げられているため，学習を受け入れる側にとっては本来目指すものとの間にバイアスが発生しやすいことを意味する。このような意味で，組織が組織成員の学習活動自体を完全にコントロールできない可能性は非常に高いといえよう。これに関して二村ら（2004）によれば，既存の知識や情報の獲得・伝達・解釈というプロセスにおいてラーニング・メカニズム上のミスリーディングが発生しているという。

　さらに，組織内で組織成員自らが自発的に変化または変革を追求しようとする動きはほとんど見られない。これを組織の有する「慣性」と呼ぶのである。外部の誰かによって意図的に加えられる変化や変革を，意図的に受け入れる過程が必要である。しかし，この段階で通常，組織の中の個人あるいは組織自体はそれらの変化または変革に抵抗するか，受け入れてもできるだけ意図的に鈍く反応する。このような抵抗はもちろん，組織の学習を妨げる大きな要因として働く。

　さらに，このように組織学習を妨害する諸要因は，個人的要因と組織的要因に大別される（田尾，2012）。アージリス（1994）は，学習こそが企業成長の原動力であると主張しながら，それ自体を妨げる要因の1つとして「防衛的思考」を取り上げている。この防衛的思考のせいでダブル・ループ学習が生じな

いという。特に，組織の管理者の有する心理的要因が組織学習につながらない主因であると指摘している。言い換えれば，「我々が年少のころに形成した，感情的な，あるいは不利な問題に対処する際に規範となる心理モデルが関連している」という。この心理的要因を，「困難な事態に対処するマスター・プラン」といい，自分の行動を決め，他人の行動を解釈するためのルールとして利用される。当然，このマスター・プランは批判と危険，当惑と無能の露呈を回避する要因として働く。

　次に，組織学習を妨げる個人的要因として，①選択的知覚，②慣習，③安定指向がある。①の選択的知覚は，組織成員個人が有する認知システムに関する課題である。一般的な人間は，そもそも安定的な認知システムを選好する傾向があり，新たな認知要素を快く受け入れようとしない。結果的に，組織成員はすでに出来上がった認知システムをできるだけ取り壊さない範囲内で選択的に取り入れがちになる。②の慣習は，①とあいまっている要因であり，慣れ親しんでいる既存の規則や規範を変えるのに保守的な態度をとる行為のことをいう。③の安定指向は，「既存の関係からそれなりに報酬を得ていれば，それを変更して，その報酬も変わることになれば，成り行きが不明な分だけ変化には応じようとしないこと」を指す。この安定指向を堅持しようという傾向が強ければ強いほど，ボイコットや公然と抵抗する行動をとりやすくなる。

　組織学習を阻害する組織的要因は，組織の構造や制度に起因する。具体的には①安定，②先行投資，③過去のしがらみの３つがある。①の安定は，組織内でいったん構築されたシステムや利害関係が強固な状態になった際に新たな変化を求められると，組織全体で見られる傾向である。②の先行投資は，すでに行われた投資からリターンがまだ回収できていない状態で，新規の変化が要求された際に見られる抵抗要因の１つである。③の過去のしがらみは，過去に濃密に張り巡らされた関係から生成されたものをいう。このような関係は，組織成員間で生じる判断や行動を引き起こす際に重要な判断材料となるが，環境や状況の変化が見られると学習を妨げる大きな障害物となりうる。

　一方で，組織学習は何らかの形で一度行われると，一回性の行事で終わるものを意味しない。組織学習が継続的に行われるためには，組織の中で構築され

た制度として取り込まれなければならないプロセスが必要である。その結果，組織成員自身の学習，組織成員間の学習にまで拡張される効果が期待できる。そして，それがさらに制度として定着するためには，学習したことをより効果的に広めるための工夫や方法を常に見つけ出し，実践に向けて行動することが問われるであろう。また，1990 年代以後，急速に進展しているグローバル化，情報化，モノづくりルールなどの変化は，企業を取り巻く経営環境の急激な変化をもたらし，それらへの対応が緊急の課題である。そのためには，一企業，一組織の垣根を乗り越えたグローバルな次元での組織学習を促進し，グローバルな次元での他社との連携や，グローバルな学習組織体制づくりが必要不可欠であろう。

まとめ

　組織学習が問われるようになったのは，経営環境の急速な変化に対応するために，個人的なレベルでの学習と，職場・実務現場における人材育成の課題が大きく取り上げられたからである。

　組織内の知識創造プロセスに見られるように，組織学習の必要性は先に個人学習を通して暗黙知の形態から始まる。しかし，これらの知識が組織全体に拡大されるためには，必ず形式知の形態でコンセプトの創造と正当化の過程が必要である。

　組織学習がもたらす「負」の側面には，主に①短期間に利益追求する近視眼的な姿勢，②部分最適に陥ること，③間違った組織学習の追求などがある。

参考文献

Argyris, C. and Schon D. A. (1978), *Organizational learning: A theory of action perspective*, Addison-Wesley. (Diamond ハーバードビジネスレビュー編集部『組織能力の経営論』ダイヤモンド社，2007 年)

Argris, C. (1993), *Knowledge for Action: A Guide to Overcoming Barter Organizational Change*, Jossey-Bass.

Argris, C. (1994), Good Communication That Blocks Learning, *Harvard Business Review*, July-Aug.

Cyert, R. M. and March, J. G. (1963), *Behind Theory of the Firm*, Prentice-Hall.

Fiol, C. M. and D. A. Lyles (1985), Organizational Learning, *Association of Management*

Review, vol.10, No.4, pp.803-813.

Garvin, David A. (1993), Building a Learning Organization, *Harvard Business Review*, vol. 71, pp.78-91.（ハーバード・ビジネスレビュー編集部編訳『組織能力の経営論』ダイヤモンド社，2007 年）

Gorge P. Huber (1991), Organizational Learning: The Contributing Processes and the Literatures, *Organizational Science*, February, pp.88-115.

March, J. G. and J. P. Olsen (1976), *Ambiguity and Choice in Organizations*, Universitetsforlaget.

Marsick, Victoria J., and Watkins, Karen (1990), *Informal and Incidental Learning in the Workplace*, London: Routledge.（神田良・岩崎尚人訳『学習する組織をつくる』日本能力協会，1995 年）

Nonaka, Ikujiro and Takeich, Hirotaka (1995), *The knowledge-creating company : how Japanese companies create the dynamics of innovation*, Oxford University Press.（梅本勝博訳『知識創造企業』東洋経済新報社，1996 年）

安藤雅江『組織学習と組織内地図』白桃書房，2001 年。

稲田勝幸「『学習する組織と』トヨタウェイ」『修道商学』50（2），2009 年，65 ～ 119 ページ。

ゲオルク・フォン・クロー，一條和生，野中郁次郎『ナレッジ・イネーブリング：知識創造企業への五つの実践』東洋経済新報社，2001（Enabling knowledge creation : how to unlock the mystery of tacit knowledge and release the power of innovation Enabling knowledge creation, Oxford University Press, 2000）。

センゲ P. M. 著，守屋信之訳『最強組織の法則―新時代のチームワークとは何か』徳間書店，1995 年（The fifth Discipline: The Art & Practice of The Learning Organization）。

十川廣國『新戦略経営・変わるミドルの役割』文眞堂，2002 年。

十川廣國『経営組織論　第 2 版』中央経済社，2013 年。

DIAMOND ハーバードビジネスレビュー編集部訳『組織能力の経営論』ダイヤモンド社，2007 年。

中原淳『組織学習論　増補新粧版：人材育成を科学する』東京大学出版会，2021 年。

野中郁次郎『A theory of organizational knowledge creation 知識創造の経営：日本企業のエピステモロジー』日本経済新聞社，1990 年。

開本浩矢『組織行動論』中央経済社，2019 年。

二村敏子編『現代ミクロ組織論』有斐閣ブックス，2004 年。

松崎和久編著『経営組織』学文社，2006 年。

御手洗久巳「韓国企業のグローバル経営を支える組織・機能」『知的資産創造』2011 年 11 月号，22 ～ 39 ページ。

第 *11* 章

組織変革

　本章の目的は，組織変革（organizational change）に関する代表的な研究を概観し，組織変革が何を意味しているのか，組織変革はどのようなプロセスで行われているのかを明らかにすることである。

　組織変革とは，組織内外に生じる環境変化に適応するため，現在の状態から望ましい状態へと変えていくプロセスのことである。組織変革の対象は，戦略，技術，組織構造，職務，人材の5つの要素があると言われている。これら5つの要素は密接に結びついているが，どれか1つの要素を変化させると他の要素も連動して適合させる必要があり，特に人材が中心に位置づけられている。本章の前半部分では，こうした組織変革の定義やタイプについて詳細に説明する。

　そして，本章の後半部分では，組織変革のプロセスや組織変革の阻害要因について説明する。組織変革のプロセスについては，レヴィン（K. Lewin）の3段階組織変革プロセスやコッター（J. P. Kotter）の8段階プロセスが広く知られている。両者の研究を概観し，組織変革のプロセス，および組織変革を進める際の阻害要因が何であるのかを理解することが，ここでの目的である。

第 1 節　組織変革の定義

　ここでは，本章のテーマである組織変革がいかに定義されるのかを述べてみたい。端的に言えば，組織変革とは，組織内外に生じる環境変化に適応するため，現在の状態から望ましい状態へと変えていくプロセスのことである。近年，組織変革という用語が注目されている。組織変革は，営利企業あるいは非営利企業を問わず企業の経営組織が，日々刻々と変化する経営組織の内部および外部の経営環境に対して，これに適応させていこうとする際に必要とされる考え方である。

　ひとたび経営組織が形作られ，管理されると，組織内での行動がメンバー間に定着していく。例えば，外部の経営環境については，どのような市場で，どのような競争相手と，どのような技術を用いてビジネスをするのかなどといった経営戦略に基づいた経営組織のあり方が形成され定着していく。また，内部の経営環境については，組織メンバーの中で，これらに従ってどのように行動するのかという認識が定着していく。こうした組織の中で定着したものは，制度や文化といったものを指しているが，組織は，組織メンバーをこれらに適応させて行動していくことが必要である。

　このように，企業の経営組織は，外部と内部の経営環境に適応して経営行動をしていくことになる。そうしなければ，経営環境と経営組織との間に，技術の差異，コスト超過あるいはスピードの遅さなどの不一致が生じることになる。こうした状況に対して，自らの経営組織が閉鎖的な態度に出れば，いかなる状況に対しても適応しない状況となる。そして，このような状況が続くのであれば，その組織は，市場から自然淘汰されることになってしまう。

　近年の企業を取り巻く環境は，不確実性が高く，不連続な環境変化であるため，企業などの経営組織は，内部および外部の経営環境に対して，組織を変革することを余儀なくされている。つまり，現在の状態から望ましい状態へと経営組織の外部・内部の変化に合わせて，自分の経営組織も変えていく必要性がある。ただし，単に変えていけばよいだけではない。予測可能であれば適応可

能であるかもしれないが，不連続的な環境変化が生じてくるとより複雑なものとなる。

第2節　組織変革のタイプ

　では，組織変革には，どのようなタイプが存在するのであろうか。ここでは，組織変革のタイプについて述べてみたい。

1．組織変革の2つのタイプ

　ナドラー・ショー・ウォルトン（Nadler, Shaw, Walton, 1997）は，組織変革のタイプを，環境変化の連続性の度合いと環境変化に対応するタイミングによって分類している。前者の変革のタイプは，組織を取り巻く環境が安定的に変化するか否かによって漸進的変革と不連続変革と呼ばれるのに対し，後者の変革のタイプは，目前の環境変化に対処するか将来の環境変化に対処するかによって即応型変革と予測型変革と呼ばれている。

① 漸進的変革と不連続的変革

　漸進的変革は，環境変化が安定的に推移している状況や技術革新がゆるやかに進行している時期に現れることが多く，既存の組織構造や慣行などを維持したまま，比較的小さな規模の中で組織の機能の改善を積み重ねていくものである。不連続的変革は，業界全体の環境が大きく変化する時期に現れることが多く，既存の組織構造や慣行などを完全に切り離して，組織全体を再構築するものである。

② 即応型変革と予測型変革

　即応型変革とは，組織を取り巻く環境が漸進的か不連続的かに関わらず，目前の環境変化に対応する必要性によって引き起こされる組織変革のことである。予測型変革とは，現状では特に環境変化は起こっていないが，将来の環境変化を予測して問題が発生する前に先んじて行う組織変革のことである。

図表 11 − 1 ┃ 組織変革のタイプ

	漸進的	不連続的
予測型	調整	再方向づけ
即応型	適応	再建

出所：ナドラー・ショー・ウォルトン編著，齋藤監訳（1997）より引用。

　ナドラー・ショー・ウォルトン（1997）は，環境変化の連続性の度合いと環境変化に対応するタイミングといった2つの次元の組み合わせから組織変革のタイプを，調整，適応，再方向づけ，再建といった4つに分類している（図表11 − 1）。

　調整とは，組織に特に問題がなく，経営が順調であるなど変革を行う緊急の要件がない時に行われるものである。このような場合，組織は環境変化の予測を通じて，戦略の達成などを効率的に行うより良い方法を追い求めることになる。

　適応とは，環境変化の対応に迫られて漸進的な組織変革を行うものである。適応的な組織変革は，大規模な変革を伴う可能性もあるが，その性質上，組織の特性や戦略，アイデンティティを抜本的に修正させるものではない。

　再方向づけとは，まだ変革の必要性に迫られていない中で，環境の変化が迫っていることが認識されるか，それを行うことで自らの組織を業界の中で有利な立場に置くことができると認識される時に行われるものである。再方向づけは，組織の持つアイデンティティやビジョン，戦略，価値観などを変更するなど困難なものであるが，予測的に対応するために，時間的な余裕があり比較的ゆるやかに進められる。

　再建とは，環境変化によって，組織が危機的な状況に直面した場合に行われる組織変革のことである。再建の場合，組織の持つアイデンティティやビジョ

ン，戦略，価値観などを迅速かつ抜本的に改革する必要がある。

2．組織構成員の意識改革

　このように，組織変革は，環境変化や変革を行うタイミングによってさまざまなタイプが存在する。その中でも不連続的変革（再方向づけ・再建）を行うことは容易ではない。不連続的変革とは，従来とは異なる行動パターンを得ようとする挑戦であり，組織を構成するメンバーは，変化に対して不安感を抱くことになる。組織を変革しようとしても，実際に活動するメンバーが従来の考え方や行動に固執したままでは，組織変革を成功させることは不可能といえる。ここでは，組織変革に伴い，組織構成員の意識や行動を変革する効果的なマネジメント方法をいくつか説明してみたい。

　不連続的変革を成功させる上で重要となるのは，組織のトップがいかに組織構成員を動機づけ（変革への動機づけ）るかである。動機づけのための第1の行動は，組織構成員に対して変革の情報を提供することである。現在の環境に変革を必要とする状況が起こっていることを組織構成員に示し，変革をしなかった場合にどのような事態になるかなどの具体的な情報を提供し，組織構成員に危機感を持たせることが重要である。

　動機づけのための第2の行動は，組織構成員に当事者意識を持たせることである。組織構成員を組織変革の立案や実施に参加させることは，特に有益であると考えられる。変革に参加した組織構成員は，自分たちのために変革が必要であると考えるようになり，組織変革に向けて建設的な行動を取るようになるだろう。

　動機づけのための第3の行動は，変革のための行動と報奨との関係を明確にすることである。変革期において組織が期待する行動と相反する行動を組織構成員がしないようにするために，公式，非公式の報奨制度を明確にし，組織構成員が組織にとって必要とされる行動をするように仕向けなければならない。報奨制度と行動との関係が明確になれば，組織構成員は報奨を受けられるような行動をするようになるだろう。

第 3 節　組織変革のプロセス

　ここまで，組織変革には 2 つのタイプがあることを述べてきた。次に，組織
変革がどのようなプロセスを経て行われるのかを，レヴィン（K. Lewin）と
コッター（J. P. Kotter）の研究に基づき見ていくことにしよう。

1．レヴィンの 3 段階組織変革プロセス

　社会心理学者のレヴィンは，組織には変化を促進しようとする推進力と，そ
れを抑止する力が作用しており，これらの均衡が崩れた時に新しい均衡を求め
て変革が始まると指摘している。そして，レヴィンは，組織変革のプロセス
を，以下の通り 3 つの段階に分けて説明している（図表 11 - 2）。

　第 1 のステップは解凍段階と呼ばれるものであり，組織メンバーに変革の必
要性を認識させることから始まる。それによって，組織メンバーの変化に対す
る心理的抵抗を小さくすることが，第 1 ステップの目的である。

　第 2 のステップは変革段階と呼ばれるものであり，解凍によって動機づけら
れた方向へ実際に変革を実行する段階である。

　そして，最後の第 3 のステップは再凍結段階と呼ばれるものであり，変革段
階を経て，混沌とした状態を安定的かつ整合的な状態に収束させることが目的
となる。

図表 11 - 2　レヴィンの 3 段階モデル

解凍段階	変革段階	再凍結段階
変革を認識する段階	変革を実行する段階	変革が定着する段階

出所：レヴィン著，猪股訳（2017）に基づき筆者作成。

2．組織変革を成功させる方法

　レヴィンが指摘した組織変革のプロセスの中で最も重要かつ困難なことは，第1ステップの解凍段階である。詳細は次節で述べるが，組織文化は，それ自体が変革の必要性を無自覚にする機能を持ち合わせており，それが組織文化の変革を困難なものにしている。ここでは，第1ステップの解凍段階に焦点を当て，組織メンバーに変革の必要性を認識させる方法について説明する。

　第1の方法として多くの企業で行われていることは，経営者や組織のリーダーを交代することである。既存のリーダーが組織文化を変革しようと声を上げても，「リーダーが変わらなければ本質的に何も変わらないだろう」とメンバーが組織変革に対して期待を持たずに構えてしまう。そのため，組織の中で新たなトップを就任させることは，新しいビジョン，行動規範，組織の目標を持ち込む上で効果的な方法とされている。

　第2の方法として考えられることは，組織機構を変革することである。組織機構の変革は，事業枠組みの再構成を意味しているため，既存の考え方や行動規範を変える必要性が生じ，新たな組織文化を構築する際に有効な手段と考えられている。組織機構の変革によって組織文化の変革を成功させた例としてソニーが挙げられる。ソニーは，従来の事業部制組織に対してカンパニー制を導入することで，事業部門への大幅な権限と責任を委譲し，それまでの行動基準を変更することに成功した。

　第3の方法としては，変革を奨励することを，はじめから組織文化に取り入れることである。それによって，組織メンバーは，変革するということが日常的な出来事となり，変革する際のメンバーの心理的抵抗を抑えることが可能になる。例えば，トヨタ自動車のカイゼン活動などは，そうした事例の1つといえる。

　これら3つの方法は，いずれも成果が出ているものであり，その有効性が指摘されている。しかし，より重要なことは，目に見える形で早期に変革による成果を出すことである。そうした成果を積み重ねていくことで，メンバーに対して変革への自信をつけさせていくことが可能になる。

3．コッターの 8 段階プロセス・モデル

　組織変革を進める際には，さまざまな障害を取り除く必要がある。コッターは，そうした障害が 8 つあることを指摘し，その障害を取り除く方法を明らかにした（図表 11 - 3）。

　コッターが指摘する第 1 の障害は，現状や将来に対する危機感の欠如である。この障害を取り除くためには，市場や競合企業の現状を吟味し，組織メンバーの危機意識を高めることが必要になる。ただし，組織メンバーが危機意識を高めたとしても，メンバー間の連携が取れていない場合，組織変革は頓挫することになる。こうしたメンバー間の連携不足が，コッターが指摘する 2 つ目

図表 11 - 3　変革のための 8 段階プロセス
第 1 ステップ 危機意識を高める
第 2 ステップ 変革のためのチームを作る
第 3 ステップ 変革のビジョンや方向性を提示する
第 4 ステップ 変革のビジョンや方向性を浸透させる
第 5 ステップ メンバーの自発性を促す
第 6 ステップ 短期的な成果を実現する
第 7 ステップ 短期的な成果を活用する
第 8 ステップ 変革を企業文化として定着させる

出所：小倉（2019）より引用。

の障害であり，こうした障害を取り除くためには，信頼関係が十分に構築された変革のためのプロジェクト・チームを作る必要がある。

　さらに，変革を進めるための３つ目のステップとしてコッターが指摘したことは，変革を進めるビジョンや方向性を示すことである。優れたビジョンや方向性を明確にすることは，組織で働くメンバーの意思決定や問題解決を促すことになる。また，組織メンバーに対して，変革の期待感を持たせることにも貢献する。ただし，こうしたビジョンや方向性は，単にメンバーが知っているだけでは意味がない。変革のビジョンや方向性を，メンバーに浸透させる必要がある。これが，コッターが指摘する４つ目のステップであり，変革のビジョンや方向性を周知させることである。

　ただし，新しいビジョンや方向性は，既存の組織メンバーに対して，抵抗を生じさせる可能性がある。これが５つ目の障害であり，こうした抵抗を取り除き，変革のビジョンを推進実現するためには，メンバーの自発性を促すことが必要となる。そして，コッターが指摘した６つ目と７つ目のステップは，短期的な成果の実現と成果の活用である。変革に対し，自発的になっても成果が出ないのであれば，再び変革に対する抵抗が生じる可能性がある。そのため，短期的な成果を出すことは重要であり，成果を活かしてさらに変革を進めることが必要となる。

　最終ステップは，変革を新しい企業文化として定着させることである。いくら短期的な成果を積み重ね，変革に成功したとしても，これまでに行われてきた新しい方法が組織の規範や価値観といった企業文化に定着しないと，組織は以前の状態に逆戻りする可能性がある。そのため，変革の最終ステップとして，変革を新しい企業文化として定着させることは極めて重要である。

第４節　組織変革の阻害要因

　前節では，レヴィンとコッターの研究に基づき，組織変革のプロセスを説明した。両者の研究で共通することは，組織変革が，さまざまな阻害要因を取り除き進めなければならないということである。以下では，組織変革を阻害する

要因について検討してみたい。

1．組織全体レベルでの阻害要因

　企業など多くの組織には固有の組織文化が存在している。組織文化は組織の効率化や革新にとって大きな意義を持つ一方で，既存の組織文化にとらわれていれば，新しい状況への対応を困難にするという特徴を持っている。近年の企業を取り巻く環境は，かつてない早さで変化しているため，それに対応する形で組織文化を変革することが必要になっている。しかし，そこには多くの困難が伴うことになる。

　組織文化の変革が抑制される第 1 の理由は，組織文化を変えるために，これまでの考え方や行動プログラムを変えるための新たな学習を必要とするなど大きな負担を強いられることである。例えば，大きな変化を伴う組織文化の変革では，これまでに蓄積された経験や知識が無駄になってしまう可能性が高く，スイッチング・コストが発生する。そのため，長年かけて形成された組織文化ほど変革への抵抗は激しくなるのである。

　第 2 の阻害要因は，変革される新たな組織文化の内容が不確実であり，変革に対する評価が困難なことである。既存の組織文化において高い評価を受けている従業員にとって，新たな組織文化で同様の評価を受けられるかどうかは必ずしも保証されているわけではない。そのため，自らの地位や価値を落としめる可能性がある組織文化の変革に対して激しい抵抗が生じる可能性がある。

　第 3 の阻害要因は，組織の中に慣性が生じていることである。組織のメンバーは，既存の組織文化による行動基準に基づいて行動する組織の慣性により，組織が直面する大きな環境変化を過小評価し，楽観的に捉えてしまう可能性がある。特に，組織メンバーにとって強力な組織文化であるほど，それは無意識のうちに意思決定や行動パターンの価値前提になっているため，組織の慣習や規範から逸脱してまでも新しい変革に取り組んでいこうとする姿勢が失われている可能性がある。

　ここで挙げた 3 つの阻害要因の共通点は，組織メンバーに対する行動基準や考え方の変革を抑制する要因が，組織文化の中に自然に組み込まれていること

である。つまり，組織文化それ自体が，変革の必要性を無自覚にする機能を持ち合わせており，それが組織文化の変革を困難なものにしている。特に，組織が「年数」を重ね，「規模」が大きくなるにつれて，過去に形成された組織文化を疑うことなく自動的に遵守するようになり，組織文化の変革は拒絶されるようになる。

2．個人レベルでの阻害要因

　組織変革を成功させる上で見逃してはならないことは，組織変革は組織メンバーの意識や行動の問題と深く関わっているということである。組織の中で実際に活動するメンバーが従来の考え方や行動パターンに固執したままでは，組織変革が成功することはない。組織変革を成功させるためには，組織のメンバーも自らが変革の担い手であることを自覚しなければならない。しかし，松尾（2013）などの研究を見ると，以下のような自己中心性と主体性不足が従業員の問題行動として指摘されている。

① 　自己中心性
　・自分の考えに固執し，上司や周りの意見を聞かない。
　・報告・連絡・相談をせず，独断で仕事を進め問題を起こす。
　・上司や同僚とのコミュニケーションがうまく取れない。
　・興味のある仕事はするが，雑用や隙間の仕事を引き受けない。

② 　主体性不足
　・自分の頭で考えようとせず，答えを求めたがる。
　・失敗を恐れ，挑戦しようとしない。
　・言われたことはこなすが，それ以上のことはしない。
　・明確な目標や夢を持っておらず，成長意欲が感じられない。

　この2つの問題行動は，一見すると矛盾した内容に聞こえるが，それは，業界によって問題となる行動が異なっているからである。「自己中心性」が問題

となるのは，主に医療・介護などの現場であり，チーム単位で行動する場合に問題になってくる。

　2つ目の「主体性不足」が問題となるのは，主に民間企業であり，企業間での競争が激しい場合に問題となってくる。企業間での競争が激しい場合，そこで取り組む課題は多岐にわたり，上司1人の力で解決できるものではない。そのため，従業員一人一人が戦力となり，主体的に行動することが求められる。

第5節　組織開発

　本章の最後に，ここでは，組織変革と似た概念である組織開発というアプローチを取り上げ，その概略を述べてみたい。

1．組織変革と組織開発

　組織開発とは，組織メンバーの行動を変革し，組織自体を変革することを目的とした理論や手法の総称である。また，組織メンバーの行動を規定する組織の文化や価値観を更新する計画的かつ継続的な努力過程とも表現されている。組織変革と似た概念であるが，組織変革がどちらかと言えば，トップダウン式の変革であるのに対して，組織開発はどちらかと言えば，ボトムアップ型の変革である。

　組織開発が対象とするのは，個人やチーム，組織全体であり，この点は，組織変革と同じである。例えば，カミングス＆ウォーリー（Cummings & Worley, 2015）は，組織に起きやすい問題として，①戦略的な問題，②技術・構造的な問題，③人材マネジメントの問題，④ヒューマンプロセスの問題といった4つに分類しているが，これら諸問題は，組織変革においても対象となるものである。なお，カミングス＆ウォーリーが指摘する4つの問題の内容は以下の通りである。

① 戦略的な諸問題
　戦略的な諸問題とは，現代的な競合環境の中で，将来どのような製品やサー

228

ビスをどのような市場に提供していき，どのように優位な立場を築いていくか
という課題である。

② 技術・構造的な諸問題

技術・構造的な諸問題とは，仕事をどのように分け，部署間や部門間をどの
ように調整するか，仕事をどのように進めるかといった組織構造と業務プロセ
スに関する課題である。

③ 人材マネジメントの諸問題

人材マネジメントの諸問題とは，人々のモチベーションを高めるために，ど
のように企業や組織の目標を設定するか，どのように報酬を与えるか，どのよ
うに人々のキャリアを発達させるかといった課題である。

④ ヒューマンプロセスの諸問題

ヒューマンプロセスの諸問題とは，人と人との間で起こるコミュニケーショ
ン，意思決定，リーダーシップとフォロワーシップ，文化や風土の変革に関す
る課題である。

2. 組織開発の手法

組織開発の対象は，個人レベル，チームレベル，組織全体レベルであり，さ
まざまな手法が存在する。その中でも，組織開発の古典的手法として知られて
いるのは，マネジリアル・グリッド理論による組織開発である。マネジリア
ル・グリッド理論による組織開発が提唱されたのは1960年代であるが，その
考え方やアプローチは組織開発を考える基本となるものであり，現代でも適用
できる普遍的なモデルとされている（図表11 - 4）。

これまで述べてきた通り，組織全体レベルの変革という場合，組織文化の変
革が大きなテーマとなる。そして，マネジャーの養成や組織文化を変革する際
の指標として多く用いられてきたのが，マネジリアル・グリッド理論である。
マネジリアル・グリッド理論では，①業績に対する関心の度合い，②人に対す

| 図表 11 － 4 | マネジリアル・グリッド理論 |

```
9
8
7
・   ┌─────────────────────────────────────────────────┐
・   │   ┌──────────────┐         ┌──────────────┐       │
人  │   │  1・9型       │         │  9・9型       │       │
間  │   │   ②          │         │   ⑤          │       │
に  │   │ カントリー・   │         │ チーム・      │       │
対  │   │ クラブ型      │         │ マネジメント型 │       │
す  │   └──────────────┘         └──────────────┘       │
る  │            ┌──────────────┐                       │
関  │            │  5・5型      │                       │
心  │            │   ③          │                       │
・   │            │ 中道型        │                       │
・   │            └──────────────┘                       │
・   │   ┌──────────────┐         ┌──────────────┐       │
3   │   │  1・1型       │         │  9・1型       │       │
2   │   │   ①          │         │   ④          │       │
1   │   │ 無関心型      │         │ 権威服従型     │       │
    │   └──────────────┘         └──────────────┘       │
    └─────────────────────────────────────────────────┘
       1 2　3・・・業績に対する関心・・・7 8　9
```

出所：中村（2019）より引用。

る関心の度合いの組み合わせによって，マネジャーや組織文化の特徴を，以下
のように説明している。

① 無関心型（業績：低，人：低）

　組織としての体裁を保つために，最低限の努力と仕事だけはやる。

② カントリー・クラブ型（業績：低，人：高）

　友好的な人間関係の維持には熱心だが，業績の達成には積極的でない。

③ 中道型（業績：中，人：中）

　現状維持・現状即応的行動が特徴であり，率先的な行動はとらない。

④ 権威服従型（業績：高，人：低）

　業績のみに関心が向けられ，管理者と部下の関係は権限の行使と服従を基
　礎とする。

⑤ チーム・マネジメント型（業績：高，人：高）

　人間の独創性を引き出し，それを高い生産性とモラールに結びつける。

上記 5 つのタイプの中で，組織にとって最も望ましいのは，⑤のチーム・マ

ネジメント型であり，業績と人間関係の両方に関心が強いタイプである。そして，組織文化を変革する際には，このチーム・マネジメント型を目指すことになる。

こうしたマネジリアル・グリッド理論に基づいて行われる組織開発の手法は，最初のステップとして，マネジャー向けのトレーニングが行われる。その後，職場をチーム・マネジメント型に変化させ，最終的に組織文化をチーム・マネジメント型にすることを目指していく。つまり，業績と人のいずれに対しても関心の強い理想的なマネジャーを育成し，そのマネジャーが中心となって組織変革の推進者になることを想定しているのである。

組織全体を変革する際には，マネジャーが極めて重要な役割を担うことになる。組織全体レベルの変革を成功させるためには，組織の価値観に合うマネジャーを育成することが必要であり，マネジリアル・グリッド理論は，そのための方向性を提示している。

まとめ

本章では，組織変革をテーマに，組織変革に関する代表的な研究を概観し，組織変革が何を意味しているのか，組織変革はどのようなプロセスで行われるのかを説明した。

第1節では，本章において組織変革をどのように捉えているのかを説明した。そして，本章では，組織内外に生じる環境変化に適応するため，現在の状態から望ましい状態へと変えていくプロセスと定義した。第2節では，ナドラー・ショー・ウォルトンの研究に依拠し，組織変革のタイプが，環境変化の連続性の度合いと環境変化に対応するタイミングによって分類されることを説明した。

次いで第3節では，レヴィンとコッターの研究を取り上げ，組織変革のプロセス，および組織変革を阻害する要因について説明した。第4節は，第3節の内容をさらに詳細に検討したものであり，組織変革の阻害要因を，組織全体レベルと個人レベルから検討した。

参考文献

Cummings, T. G. & C. G. Worley (2015), *Organization development and change*, 10th ed, Cengage Learning.

青木幹喜編著『人と組織を活かす経営管理論』八千代出版，2009年。

東俊之・當間政義編著『経営組織の基礎―要点の整理―』五絃舎，2021 年。

小倉讓「Kotter（1996）による企業変革プロセスの実践と理論に関する考察」『商大ビジネス　レビュー』第 9 巻第 1 号，2019 年，17 〜 34 ページ。

コッター，J. P. 著，梅津裕良訳『企業変革力』日経 BP 社，2002 年。

十川廣國編著『経営組織論』中央経済社，2015 年。

高垣行男編著『経営学 I ―基礎理論編―』五絃舎，2018 年。

高垣行男編著『経営学 II ―応用編―』五絃舎，2018 年。

中原淳・中村和彦『組織開発の探求』ダイヤモンド社，2018 年。

中原秀登『基本経営学』新世社，2011 年。

中村和彦『入門　組織開発―活き活きと働ける職場をつくる―』光文社新書，2019 年。

ナドラー，D. A.・R. B. ショー・A. E. ウォルトン編著，齋藤彰悟監訳『不連続の組織変革―　ゼロベースからの競争優位を創造するノウハウ―』ダイヤモンド社，1997 年。

バーナード，C. I. 著，山本安次郎・田杉競・飯野春樹訳『経営者の役割』ダイヤモンド社，　1968 年。

開本浩矢編著『組織行動論』中央経済社，2019 年。

松尾睦「育て上手のマネジャーの指導方法：若手社員の問題行動と OJT」『日本労働研究雑　誌』第 639 号，2013 年，40 〜 53 ページ。

レヴィン，K. 著，猪股佐登留訳『社会科学における場の理論』誠信書房，2017 年。

ロビンス，S. P. 著，高木晴夫訳『組織行動のマネジメント』ダイヤモンド社，2009 年。

第 *12* 章

組織文化

学習目標
1 「組織または企業はなぜ同業種でも異なる雰囲気があるのか」
  について調べる。
2 組織文化がもたらす役割と逆機能について明らかにする。
3 優れた組織文化を持っている企業の事例について調べる。

はじめに

　私たちの身の回りには実に数多くの組織に接する機会がある。しかし，それらの組織が同一の業界，同一の地域，同一の国においても「それぞれ異なる形で経営される理由は何か」という素朴な疑問が浮かび上がる。さらに，それらの組織の成果物として残されているものも実にさまざまである。なぜそうなのか。さまざまな原因の1つに組織文化がある。組織文化は，一般的に組織の全般的な性向，経営者の信念，そして組織の内部で行われる慣習と規範によって異なる傾向を見せている。

　組織文化が米国で注目を集めるようになったのは1970年代後半ごろであった。すなわち，優良企業には優れた企業文化が育成されているという認識が拡散され，当時の米国の企業経営者たちに大きな影響を与えたという（梅澤，2003）。

　このような動向は，日本においても1980年代に『シンボリック・マネ

ジャー』や『エクセレント・カンパニー』などのいくつかの優れた米国の書物が翻訳されることをきっかけにその重要性が問われるようになったといえる。特に，後者の『エクセレント・カンパニー』では，マッキンゼーが取り上げた超優良企業の条件として7つの「S」が問われたことがわかった。すなわち新製品を発売して売上高を上げる能力以外に，周囲のあらゆる変化に機敏に対応する能力を有する企業の核心的な内容であった。ここでいう「7つのS」には，機構（structure），戦略（strategy），システム（system），スタッフ（staff），経営スタイル（style），経営スキル（skill），上位目標（shared value）などがある。この研究が有する重要性は，組織の構造や戦略などのようなハード面だけを修正・変更しても望ましい結果は得られないため，スタッフ・スキルなどのようなソフト面も同時に変える重要性についても強調されている。

　実際に，この組織文化は組織構成員が共有しているものであるため，ある意味では他の組織と区分できる特質として認識されている。かつて組織における文化概念を用いて研究を進めたものの多くは，社会学・文化人類学・文化論からの「文化論的アプローチ」であった。ここでいう「文化論的アプローチ」とは，文化要因のみによって組織特性をとらえようとするアプローチである。そのため，経営学的な面ではさまざまな限界を持っている。この文化論的アプローチで国家間の文化の相違を明らかにしたのが，ホフステッド（G. Hofstede）などであった。図表12－1では文化分類と組織設計との関係について分析されているが，特に環境としての文化が組織に与える影響がいかなる存在なのかという検証が欠如している。この「文化論的アプローチ」は，文化概念を経営学の分野で取り上げた多国籍企業論や比較研究に限られ，最終的には国が異なる組織を対象にその相違点を見つけることに留まっていた。

　組織文化が市場文化である場合，規範やルールなどによる縛りが少なく融通が利く体制が整う類型になるのに対し，機械文化では各種の規範やルールの手続きによって厳格に支配される集権的な組織構造を有する。

　しかし，近年では組織を1つの社会システムとしてみなすところに大きな優位点があると思われる（高橋他，1998）。すなわち，文化が組織目的，組織変革など組織に影響を与える重要な要因として認識されたのは1980年代以後で

図表 12 － 1　文化分類と組織設計

強い

○市場文化（スカンジナビア）
・分権化
・非公式・自立性
・融通性
・低いヒエラルキー

○大家族文化（アフリカ）
・集権化
・公式を無視
・柔軟性
・高いヒエラルキー

不確実性

○機械文化（ドイツ）
・分権化
・公式化・規定化
・硬直性
・低いヒエラルキー

○ピラミッド文化（日本）
・集権化
・公式化・規定化
・硬直性
・高いヒエラルキー

弱い

近い　　　　　　　　　　上下の距離感　　　　　　　　遠い

出所：Hofstede（1980），p.187.

あった。日本の文化的特性としては，「日本型近代化」と「日本的集団主義」などがある（植村，1993）。

第 1 節　組織文化の意義

　組織文化（organizational culture）は，近似の概念としてしばしば「企業文化（corporate culture）」，「組織風土（organizational climate）」，「組織道徳」，「組織性格（organizational character）」，社風などの形で取り上げられ，明確な区分をしないままに使用されているのが一般的である。しかし論者の中では，理論的な支柱として組織風土を組織構成員に知覚されたモチベーションと，組織文化よりマクロ的な志向をもつコンティンジェンシー理論や組織心理学の範疇に入れて分析を行った加護野（1982），組織風土が主に応用心理学の領域に，組織文化は人類学の分野に基盤を置いていると主張するライヒァーズ・シュナイダー（Reichers and Schnider, 1990）のように両者を厳密に区分する場合もある。ここでは両者を厳密に区分しない一般的な見方に立っている。

　ダフト（Daft, 2001）によれば，組織文化とは「組織のメンバーが共有し，新

しいメンバーに正しいものとして教えられる一組の価値，ガイドライン的，信念，理解のしかた，考え方のこと」であるという。伊丹・加護野（2003）によれば，組織文化とは「共有化された価値観・規範・信念」と定義している。さらに，河野（1988）は，日本企業の社風を表す言葉として，日立を「野武士」に，東芝を「紳士」に，三菱を「殿様」に，パナソニック（旧松下電器産業）を「商人」に，そしてソニーを「モルモット」として取り上げているのは興味深い。

　組織文化論が登場した背景については，1980年代以後「日本的経営」に対する評価と関心が高まったことと無縁ではない。当時，戦後の敗戦国から経済大国にまで成長した日本企業の原動力を探る研究が増える中，オオウチ（W. G. Ouchi）の『セオリーZ』などの研究が注目された。当時，生産性の低下が著しく見られた米国企業に対し，それに代わって大躍進していた日本企業への関心があった。オオウチは特に，日本企業の組織の理念系と米国企業の組織の理念系の比較をした。このような研究の動向は，かつてまでは東洋の思想や考え方を後進的なものに過ぎないと評価していた欧米の先入観を真正面から否定する考え方であった。このような考え方は，「ジャパン・アズ・ナンバーワン（世界一としての日本）」として賞賛されたエズラボーゲルの主張，すなわち民主主義先進工業国の中で，日本が唯一の非西欧国である点に注目した。

　この組織文化についての研究では，米国で1980年代に好業績を上げた超優良企業が有した特質について明らかにしたピーターズとウォーターマン（Peters and Waterman, 1982）の研究，そして成功を続けている企業にはシンボリック・マネージャーが作る強い組織文化の存在を主張したディールとケネディ（Deal and Kennedy, 1982）が発端を開いたという見解が多い。しかし，組織文化論としての地位を獲得するに当たっては，シャイン（Schein, 1985, 1999）の研究が注目に値する。

　さらに，組織文化論が世に登場した背景として，「制約された合理性」など人間の情報処理能力の限界を指摘したサイモン理論の問題点，そして組織の合理性モデルを環境不確実性という要因を踏まえた上で構築し直したトムソン・モデルの限界から出発したという見解もある（槇谷, 2018）。言い換えれば，サ

イモン理論で排除された組織の中の集団的価値観にさらに注目する必要があったという。これが現代組織文化論が注目される理由の1つであった。このように組織文化が注目される背景には，あまりにも単純化し過ぎた過去の経営理論の限界を克服する意図が研究の出発点としてあったのである。

一方，ホフステッド（Hofstede, 1984）によれば，組織文化と組織構造との関係を以下のように整理している。

まず，上下間の距離感がどの程度であるかによって，組織構造は多くの影響を受けるという。一般的に，距離感が大きいと組織構造は集権化され，命令と地位体系は厳しくなる傾向がある。

第2に，不確実性や冒険を選好する程度によって，組織構造はルールや規定通りに動く組織構造を有するという。彼は，図表 12 - 2 が示しているように，上下間の距離感を横軸，不確実性の選好度を縦軸に文化の類型を4つに分類している。

さらに，ダフト（Daft, 2002）は企業文化の類型について，「戦略的集中」と「環境のニーズ」を軸とした分類を行っている。前者の戦略的集中には，当該企業が有する戦略的集中度合や強みによって外部志向と内部志向に分類している。そして後者の環境のニーズは「適応能力・企業家的文化」と「ミッション重視文化」に分けられている。こうして企業文化は，図表 12 - 2 のように

図表 12 - 2　環境および戦略と企業文化との関係

環境のニーズ

	柔軟性	安定性
外部志向	適応能力・企業家的文化	ミッション重視文化
内部志向	仲間的文化	官僚主義的文化

戦略の集中

出所：ダフト著・高木訳（2002），197 ページ。

「適応的・企業家的文化」,「ミッション重視文化」「仲間的文化」「官僚主義的文化」という 4 つに大別できる。

第 2 節　組織文化の機能

　では,組織の中に文化という特有なものを形成または維持することによるメリットには何があるのか。その答えを得るためには,組織文化がいかなる機能を果たすのかを明らかにすればよい。

　組織文化の機能は,梅澤 (2003) によって提起された以下の 3 つに集約できる。

　まず,対メンバーへの機能である。これは組織の一員としてどう考え,どう行動すべきかに関する青写真を提供し,組織に蓄積されてきた知識・情報・技能・思想・ノウハウを仕事の上で活用して,組織への所属感を与えるという。

　第 2 に,対組織それ自体への機能がある。これは組織としての統一性と連帯性,組織としての独自性を意味する。

　最後に,対外的機能がある。これは組織の目指すものを外部に明示し,社会からの承認と認知を獲得して,理念やビジョンへの関心を高める。

　ピーターズとウォーターマン (Peters and Waterman, 1982) によれば,持続的に高い業績を上げている企業は,必ずといっていいほど「強い企業文化」を有し,これが成功の鍵となっているという。彼らが分析した優良企業 43 社は,いかなる経営環境でも以下の 8 つの基本的な特質を有しているという。具体的には,①行動の重視,②顧客に密着した情報収集,③自主性と企業家精神,④ヒトを通じた生産性向上,⑤価値観に基づく実践,⑥基軸から離れない関連型の多角化,⑦単純な組織と小さな本社,⑧集権と分権の使い分けなどがある。

　彼らは米国企業の持続的な成功の背景には「強い企業文化」が働いているという。ここでいう「強さ」は,組織内で共有・浸透されている度合いと,文化を示す内容の明確さを表している。

　次に,組織文化を構成する要素には何があるのか。シャイン (2010) によれば,図表 12 − 3 が示しているように,組織文化は「人工物として創造された

図表 12 - 3　組織文化のレベル

現象レベル（人工物・創造物） 技術・製品 観察可能な行動パターン	観察可能 しかし真意は時に解釈不可能
価値レベル 物的環境において検証可能 社会的合意によって検証可能	かなり意識されている
基本的仮定 環境との関係についての考え方 「真実」についての考え方 人間の本性についての考え方 人間の行動についての考え方 人間関係についての考え方	目的とされている 観察不可能，前意識的

出所：シャイン（1985）。

もの」，「信奉された価値」，「基本的仮定（理念）」という 3 つのレベルで考えられる。

　まず，「人工物として創造されたもの」についてである。これは組織内に形成された技術，建物，熟練度，オフィスのレイアウト，衣服のマナーなど特に目に見える行動様式に関わるようなものである。しかし，これは内部の人間にとっては分析や解釈することが可能であるが，外部の人間にとってはその分析や解析が困難な問題として挙げられる。

　第 2 に，「信奉された価値」である。これは第 1 の「人工物として創造されたもの」の行動様式を支配する価値のことをいい，行動様式についての希望や正当化の理由について説明できるものである。例えば，日本においてはトヨタ自動車の「豊田綱領」が事例として挙げられる。これは豊田佐吉の中心的な考え方を豊田利三郎と豊田喜一郎が整理したものとして知られており，1935 年10 月 30 日に発表された。その後は，トヨタ各社で全従業員の行動指針として

受け継がれている。

　第 3 に，「基本的仮定」である。これは環境に対する関係，現実・時間・空間の本質，人間性・人間行動・人間関係の本質などについての仮定がその内容に当たる。

第 3 節　組織文化の形成プロセス

　次に，組織文化がいかに形成されるのかについて探る。シャイン（Schein, 1970）によれば，組織と人間の間には「心理的契約」が働くという。すなわち，組織メンバーの期待する人間らしい扱い，仕事と成長の機会の提供，欲求満足，成果に対する適正な評価などが満たされると，人間は組織の内部にとどまり，組織のために貢献するという。一方，組織側も組織メンバーに対して「組織のイメージを高め，忠誠心があり，秘密を守り，組織のために最善を尽くしてくれる」ことを期待するという。

　しかし，現実には組織と個人の間には，各々目指す目標が異なることがありうるため，両者の異なっている溝を埋めるコミットメントの過程が必要となる。

　いずれにせよ，このようなコミットメントのプロセスを経れば，コミットメントの強い人たちだけが残り，非常に類似した価値観や考え方を有する組織を形成することになる。

　では先述した強い文化は，いかなる形とプロセスで形成されるのか。図表 12 − 4 が示しているように，組織文化は最初に創業者の理念と哲学から生まれるが，組織内ですでに定まっている選択の基準に強い影響を受ける形で受け入れの有無と程度が決まる。次に，最高経営責任者であるトップマネジメントが受け入れる行動をとり，それをさらに組織全体に拡大させる雰囲気をつくるというのが一般的なパターンである。組織内に組織文化として定着するかどうかは，従来培ってきた組織の価値と組織成員の価値観による社会化の過程を経ることで決まるのである。

　言い換えれば，企業文化の形成プロセスを時間という次元や組織効率・成果

図表 12－4　組織文化の形成プロセス

```
┌──────────┐   ┌──────────┐          ┌──────────────┐
│創業者の  │   │          │      ┌──→│トップ        │
│理念と哲学│──→│選択基準  │─────┤   │マネジメント  │
│          │   │          │      │   └──────────────┘      ┌──────────┐
└──────────┘   └──────────┘      │           │        ┌──→│組織文化  │
                                  │           ↓        │   └──────────┘
                                  │   ┌──────────────┐ │
                                  └──→│社会化        │─┘
                                      └──────────────┘
```

出所：ロビンス著，高木訳（1997），378 ページ。

の観点から捉えると，現在の組織文化は過去の歴史や現在の経営環境から何らかの影響を受ける形で形成されるのが一般的である。

　さらに，組織文化は現在の組織文化を構成する「信念と価値」以外に，具体的には組織運営上の方針や手段，行動のパターンを意味する「政策と慣行」が相互に作用することによってまったく異なる形に生成される場合もある。

　組織文化の形成には，一般的に組織のリーダーであるトップマネジメントの価値観や行動パターンが大きな影響を与えるとされるが，組織メンバーの学習の結果として組織文化が形成される側面もある。組織全体や組織メンバー個人の過去の何らかの成功体験によって，価値観や行動パターンが選択的に認められる。結果的に，メンバー間での価値観の共有や共通の行動パターンの定着が進み，組織の効率や成果に反映される。

　ここで「ソーシャル・リアリティ（社会的事実あるいは実在，social reality）」の重要性が問われる。ここでいう「ソーシャル・リアリティ」とは，人間は，自分の行動や意見の妥当性が物理的実在性によって保障され確認できないと，できるだけ多くの人から保障され確認されることに従って行動する傾向が強いことを意味する。

　では，組織文化は組織にいかなる影響を及ぼすのか。

　第 1 に，「斉一性への圧力（pressure for uniformity）」である。これは，集団凝集性の高い集団であればあるほど，従うべき社会的な価値を創造し，その価値をすべての組織成員に受け入れさせ，それへの同調を強要することを意味する。

　第2に，「集団凝集性（group cohesiveness）」についてである。ここでいう集団凝集性とは「集団の持つさまざまな要素を活用することによって構成員を引き付け，集団の一員として長期に渡り活躍してもらうための動機付けを行う力」を意味する。集団凝集性の高い組織では，上記のソーシャル・リアリティが強固になり，逸脱者に同調させようとしてコミュニケーション量が増加する傾向を見せている。しかし，それが無駄であると判断すれば，逆に仲間外れにしてしまう傾向が強いことも否めない。江戸時代に横行した村八分の慣行は興味深い。村で定めた規範に従えば，他のメンバーから組織の一員であることを認められる。しかし，それに従わなければ，制裁を受けるか一員であることを認められないで村から追放される結果になることと同様であろう。

　このように，いったん組織の中に強力な組織文化が形成されると，組織成員に忠誠を強要するだけでなく，安定した組織構造の中で重要な価値が共有され，組織構造が安定的になるなどの効果も期待できる。しかし，いったん強力な組織文化が形成されてしまうと，組織を取り巻く経営環境が変わり，新たな組織文化の形成が必要とされた際に，逆に障害物として働く場合もある。

第4節　組織文化と倫理的価値観

　組織内の文化について語る際に，重要なテーマとして取り上げられるのが倫理的価値観である。ダフト（2001）は，企業慣行を有するものには，組織文化が持つ価値観，姿勢，行動パターンが反映されているという。したがって，倫理は組織成員個々人の問題でありながら，組織全体の問題でもある。これはしばしば企業が追求すべき価値観として，経営者や組織成員全体に対して求められる収益性（または合理性），倫理性，社会性である。

　経営組織論の父といわれているバーナードの著名な著書『経営者の役割』の中で，組織のリーダーに必要な徳目としてリーダーシップについて触れている。彼はリーダーシップについて「信念を創り出すことによって協働する個人的意思決定を鼓舞するような個人の力」と定義している。彼によれば，さらにこのリーダーシップには，体力，技能，知識などの個人的優位性を教育で育て

ることが可能な「技術的側面」と，決断力，忍耐力など個人が本来持っている
資質であって，教育によって育てることが困難な「道徳的側面」があるとい
う。バーナードはこの道徳的側面の実現に必要な要因として，①経営者自ら
が，自分の信念，価値観に基づいた経営理念・経営哲学を打ち立て，それに則
して企業目的を掲げること，②掲げた企業目的を共有するための働きかけを行
うこと，③「目的の共有化」によって，メンバー間で協働が促進されているか
どうかをチェックすることの重要性について主張している。

　企業倫理の求める究極的な到達点は，企業を完全な倫理的組織体として作り
変えるところにある。しかし，現実の世界でそれを短期間で実現するには無理
があり，しかも不可能である。したがって，企業に対して倫理的業績を時間を
かけて徐々に高めさせるためには，企業内部と外部に働きかける体系的かつ制
度的枠組みが必要とされる。

　中村（1998）によれば，図表12－5が示しているように，企業倫理を企業
経営の中で実現させるためのシステムづくりは，以下のように3つの段階に分
けて考えることができるという。

　第1に，法律などの制度的な強制力を加えることによるものである。これは
最も短期間で効果が見える手段として知られている。しかし，この手法は，法
律の成立に至るまでに時間がかかりすぎるなどの弱点を有している。場合に
よっては，企業活動を萎縮させるなどの後遺症が生じやすい点がしばしば指摘
されている。実際に，2002年に発生した米国のエンロンやワールドコムなど
の不祥事を契機に，内部統制を企業内に強制するための装置としてサーベン
ス・オクスレー法を制定するところまで至った。しかし，この法律の成立後，
米国の企業は義務化された内部統制を徹底するために，専門家を雇う膨大な費
用を甘受しなければならない状況にある。

　第2の段階としては，業界自らが規制をすることがある。要するに，法律な
どの規制が成立する前に，業界の構成員たちが集まって規制のための基準を定
め，業界のメンバーらに強制する方法である。これは法律などのように身柄の
拘束や罰金などの拘束力はないが，メンバー間の結束力が強い場合には，法律
以上の力を発揮することもありうる。例えば，日経連が定めた原則に違反した

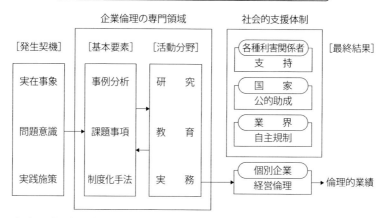

図表12−5　企業倫理の実現に向けての社会的取組み

出所：中村（1998）に掲載のものを一部修正。

場合，当該産業内での取引が全面的に停止される場合であろう。

　最後に，企業自らの自主的な規制がある。これはトップマネジメントによって強力に推進される場合が多い。しかし，これは業績が悪化した場合や経営者交代のような変動要因が発生した場合には持続しない恐れがある。

　企業倫理を企業活動の中で実現するためには，いかなる枠組みが必要となる。図表12−5は，上述した3つの方法を総合的に実現できる仕組みを表している。すなわち，研究，教育，実践という3つの分野で企業倫理に関わるあらゆるものを総合的に取り上げ，企業倫理の実践のためのシステムを築き上げることである。さらに，常に企業倫理の実践度合いが高い企業に対しては，国家，関連業界，利害関係者が社会的に支援する取組みが必要とされる。

　企業の内部に企業倫理を具体化するためにしばしば取り上げられるのが「企業倫理の内部制度化（Institutionalization of Business Ethics）」という考え方である。1990年代半ばから，制度化の手法として注目されているのが，「コンプライアンス」と「価値共有」である。前者は，外からの規制を示すものであり，定められたある基準の下で組織構成員を服従，追従，従順させる。これに対し，後者は，企業自らの自発性を引き出すものであり，企業のすべてのレベルの意思決定に倫理を統合させる役割を果たすことになる。

　前者のコンプライアンス・プログラムを実現させるためには，基本的に倫理綱領，倫理委員会，倫理訓練プログラム，倫理監査が必要とされる。

① 倫理綱領または行動憲章の制定・遵守
② 倫理教育・訓練体系の設定・実施
③ 倫理関係相談への即時対応体制の整備
④ 問題発生後の内部受容と解決保証のための制度制定
⑤ 企業倫理担当常設機関の設置とそれによる調査・研究，立案，実施，点検，評価の遂行
⑥ 企業倫理担当専任役員の選任とそれによる関連業務の統括ならびに対外協力の推進
⑦ その他，各種有効手段の活用（倫理監査，外部規格機関による認証の取得），等々」

　次に，企業の外部からの支援である。要するに，これは「企業倫理の社会的制度化」を意味し，これによって企業倫理の制度化が完結される。これは以下のような内容を含んでいる。

① 各種利害関係者（出資者，従業員，顧客・消費者，地域住民，納入業者，配給業者，債権者など）の支持。
② 業界（同業者団体，地域経済団体，全国経済団体など）による自主規制。
③ 公的権力（国家および地方の立法・行政・司法機関など）による組成・奨励。

　具体的に企業倫理体制を徹底している企業に対しては，量刑の一部を減免する量刑ガイドライン，奨学財団設立など社会的貢献が活発な企業に対して行う税金減免制度などがこれにあたる。
　ここでは筆者が2005年のインタビュー調査で明らかにしたイオン・グループについて紹介する。
　まず，企業倫理の実践を宣言する意味としての企業行動憲章は「基本理念」の中に明示されている。近年，スーパーマーケットの業界で急成長を成し遂げ

ているイオン・グループは，社会・環境報告を毎年発行している。この報告に
よれば，同グループは基本理念として「平和」「人間」「地域」を掲げ，実践と
しての企業行動の指針を宣言している。

　次に，企業倫理を組織内に浸透させる仕組みとしての倫理プログラムについ
ては，全社員が携帯を義務化されている「行動規範」の中に示されている。行
動規範を全従業員に携帯させて，思わぬ事件や事故に対応できるように備えて
いる。この行動規範の中には「行動規範110」が書かれており，内部告発に対
応できるように増設機関を設けている。

　また，最高経営者組織の中に監査委員会，指名委員会，報酬委員会などの法
律で定められている機関以外にも，「『お客様』諮問委員会」，「『夢ある未来』委
員会」，「『経営』諮問委員会」などイオン独自の諮問委員会を設置し，社会から
の要請を積極的に取り入れている点が興味深い。さらに，先述した「『お客様』
諮問委員会」のメンバーは，日本全国の各店舗の支店に「お客様副支店長」と
いう制度を設けており，しかも時給2,000円を支払いながら顧客からの要求や
店内の改善点などに前向きな姿勢で取り組んでいることが明らかになった。

第5節　組織文化の事例

　ここでは組織文化の事例として，日米韓の代表的な企業を取り上げる。

1．トヨタ自動車

　今や全世界の自動車メーカーのトップ走者としてグローバルな事業展開を繰
り広げているトヨタは，組織文化を代表するものとして「トヨタウェイ」を標
榜している。「豊田綱領」や「トヨタ基本理念」という従来受け継がれてきた
経営理念やミッションをベースに，グローバルな事業展開が激化した1990年
代にその必要性が強く求められた。

　いよいよ2001年4月に「トヨタウェイ2001（Toyota way 2001）」という形
で，従来，暗黙知として受け継がれてきていた価値観や理念を，社内で部門別
に議論を重ねて体系的に整理した。このように明文化されることで，グローバ

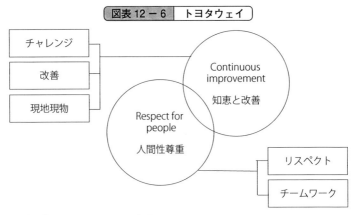

出所：「トヨタウェイ 2001」（http://www.toyota.co.jp/jpn/company/
history/75years/data/conditions/philosophy/toyotaway2001.html
2019 年 2 月 22 日にアクセス）。

ルな事業展開を繰り広げる各事業体が共通の価値観を共有することが可能に
なったといえる。

　トヨタウェイは，図表 12 − 6 に示しているように，「知恵と改善」と「人間
性尊重」という 2 つの軸から構成されている。前者の「知恵と改善」が「常に
現状に満足することなく，より高い付加価値を求めて知恵を絞り続けること」
を意味するのに対し，後者の「人間性尊重」は「あらゆるステークホルダーを
尊重し，従業員の成長を会社の成果に結びつけること」を意味している。

2．アップル

　米国のハイテク産業の代表的企業であるアップルの組織文化は，「個人型マ
ネジメント」に集約される。これは「チーム型マネジメント」に象徴される日
本企業とは対照的な組織文化を有している。同社ではトップダウンの意思決定
を大前提にしているが，個人型差別志向のマネジメントシステムを有するのが
特徴として知られている。日本企業の組織文化と異なる点は，組織をコミュニ
ティと見なしているが，退社した社員はただちに忘れ去られるものという認識
が根付いていることである。したがって，組織はキャンプ場のテントと同様に
畳んでいかなければならない場として認識されている。組織成員間でも常に競

争しており，個人目標の設定とその達成を重視している。'Think Different' という言葉に表されているように，創造的な発想と市場においての差別化を重要な価値としているのが特徴である。これはいうまでもなく，個人主義でクリエイティブな人材を自ら追い求めていた故スティーブ・ジョブズの価値観が強く反映されている。

3．サムスン電子

　韓国財閥企業の多くは，日本や米国に比べて経済発展が遅れたため，所有と経営が分離されていない財閥企業として出発したといえよう。短期間に凝縮した形で急激な発展を成し遂げているサムスン電子の場合，韓国4大財閥の他の企業とは異なる組織文化を有しているのが興味深い。図表12－7は韓国4大財閥の組織文化の特徴について明らかにしている。

　同図表が示しているように，業種によっても非常に異なる組織文化を有しているといえよう。創業当初，サムスンの創業者一族が日本の経営スタイルから大きな影響を受けたのは否めない。

　「管理のサムスン」という表現に代表されるように，建設や重工業分野に重点を置いていた現代グループとは非常に異なる組織文化を有している。さらに，同様の電子産業や家電を中心に事業展開を営んでいる LG グループや SK グループに比べても，サムスン特有の組織文化を持っている。「管理のサムスン」と象徴されるように，グループ全体の大きな方向性を示すオーナーと，それに基づいて緻密な戦略を立てる「未来戦略室」，そしてこれを実行する専門経営者という体制が整っている。

　サムスングループの主力事業の1つであるサムスン電子の場合，創業者2代目の李健煕氏が最高経営責任者に就任してから急激な発展を成し遂げたといわれている。特に，「人材と技術をもとに，最高の製品とサービスを創り出し，人類社会に貢献する」というスローガンを掲げた「新経営」によるものであった。1993 年当時，サムスングループはグループを挙げて新たな経営理念の実現に向けて一歩一歩進んでいた。このような推進力は，半導体・LCD・情報通信事業を通した「技術化経営」，グループ全体としての「人材第一経営」と

図表 12 − 7　韓国財閥企業の組織文化の類型

企業グループ名	企業文化を象徴する表現	特　徴
サムスン	「管理のサムスン」	管理に基づく強い成果主義，緻密で繊細な「公式主義」，「創造経営」の定着
現代自動車	「大胆，猪突な現代」	関係重視の文化，大胆さと推進力の「男性的」文化，「システム経営」の定着
LG	「水平と規範の LG」	最小限の規範と自律，開かれた意識
SK	「別々と一緒の SK」	組織力の SK，チャレンジ精神の SK テレコム

出所：筆者作成。

「ブランド戦略」という形で実を結ぶことになった（日本に根付くグローバル企業研究会＆日経ビズテック編，2005）。

　一方で，近年では，既存の主力事業として大きな役割を果たしてきた半導体，家電，スマートフォンなどの製造業中心の産業からいかに脱却するかの岐路に立っている。従来の事業とはまったく異なる AI 分野，新産業に対応するためにも，スタートアップ・カルチャーのイノベーションを引き起こす新しい組織文化が必要とされている。

まとめ

1　組織文化は，1980 年代以後「日本的経営」に対する高い評価を契機に注目された概念である。この組織文化は組織のメンバーが共有し，新しいメンバーに正しいものとして教えられる一組の価値としての意義を持っている。
2　組織文化には，①組織の一員としてどのように考え，行動するかを提示する対メンバーへの機能，②組織としての統一性や連帯感，独自性を創出する対組織それ自体への機能，③組織の目指すものを外部へ提示する対外的機能がある。
3　トヨタの「トヨタウェイ 2001」，アップルの「個人型マネジメント」，サムスン電子の「管理のサムスン」にたとえられるように，グローバルな事業展開を繰り広げられる多国籍企業には，優れた組織文化が企業内で共有されている。

【参考文献】

Deal, T. E. and Kennedy, A. A.（1982）, *Corporate Culture*, Addison-Wesley Publishing Company.（城山三郎『シンボリック・マネジャー』新潮社，1983 年）

Jenna B. Arocha（2017）, Getting to the Core: A Case Study on the Company Culture of Apple Inc. March, 日本に根付くグローバル企業研究会＆日経ビズテック編『サムスンの研究』日経 BP 社，2005 年。

Peters, T. J. and Waterman, R. H.（1982）, *In Search of Excellence*, Harper & Row Publisher.（大前研一訳『エクセレント・カンパニー』講談社，1983 年）

Reichers, A. E. and Schneider, B.（1990）, *Climate and Culture: An Evolution of Constructs, Organizational Climate and Culture*, Revised Edition, Jossey-Bass.

Robbins, Stephan P.（1997）, *Essence of Organizational Behavior 5th Edition*, Prentice Hall.（高木晴夫訳『組織行動のマネジメント』ダイヤモンド社，1997 年）

Schein, E. H.（1985）, *Management by results: the dynamics of profitable management*, New York: McGraw-Hill.（梅津裕郎・横山哲夫訳『組織文化とリーダーシップ』白桃書房，2012 年）

Schein, E. H.（1999）, *The Corporate Culture Survival Guide*, Jessey-Bass.（金井壽宏・尾川丈一・片山佳代子訳『企業文化』白桃書房，2004 年）

伊丹敬之・加護野忠男『ゼミナール経営学入門』日本経済新聞社，2003 年。

植村省三『日本的経営組織』文眞堂，1993 年。

梅澤正『組織文化　経営文化　企業文化』同文館出版，2003 年。

オオウチ，W. G. 著・徳山二郎訳『セオリーZ—日本に学び，日本を超える』CBS・ソニー出版，1981 年。

加護野忠雄「組織文化の測定」『国民経済雑誌』第 146 巻第 2 号，1982 年，82 〜 98 ページ。

河野豊弘『変革の企業文化』講談社，1988 年。

企業倫理研究グループ『日本の企業倫理』白桃書房，2007 年。

田尾雅夫『現代組織論』勁草書房，2016 年。

高巌，T・ドナルドソン『ビジネス・エシックス』文眞堂，2003 年。

ホフステッド・G・H 著・安藤文四郎訳『経営文化の国際比較』産業能率大学出版部，1984 年。

「トヨタウェイ 2001」（http://www.toyota.co.jp/jpn/company/history/75years/data/conditions/philosophy/toyotaway2001.html）2019 年 2 月 22 日アクセス。

索　引

タ

《編著者紹介》

文　載皓（むん・ちぇほー）担当：第1章，第2章，第4章，第7章，第10章，第12章
　明治大学大学院商学研究科博士後期課程修了
　現職　常葉大学経営学部准教授　博士（商学）
　専攻　企業倫理　経営学

【主要著書】

『企業倫理と企業統治－国際比較－』文眞堂　2003年（共著），『スマート・シンクロナイゼーション』同文舘出版　2006年（共著），『コーポレート・ガバナンスの国際比較』ミネルヴァ書房　2007年（共著），『オンデマンド時代における企業経営』創成社　2008年（共著），『コーポレート・ガバナンスと企業倫理の国際比較』ミネルヴァ書房　2010年（共著），『経営品質科学の研究』中央経済社　2011年（共著），『グローバル企業の経営倫理・CSR』中央経済社　2013年（共著），『企業のサステナビリティ戦略とビジネス・クォリティ』同文舘出版　2017年（共著），『コーポレート・ガバナンス改革の国際比較』ミネルヴァ書房　2017年（共著）など

《著者紹介》（執筆順）

北野　康（きたの・こう）担当：第3章，第11章
　福井県立大学経済学部助教

郭　智雄（かく・じうん）担当：第5章，第9章
　九州産業大学経済学部教授

村瀬慶紀（むらせ・よしき）担当：第6章，第8章
　常葉大学経営学部准教授

（検印省略）

2023年4月20日　初版発行　　　　　略称―現代組織論

現代の経営組織論

編著者　文　　載皓
発行者　塚田尚寛

発行所　東京都文京区　**株式会社　創成社**
　　　　春日2－13－1
　　　　電　話　03（3868）3867　　FAX　03（5802）6802
　　　　出版部　03（3868）3857　　FAX　03（5802）6801
　　　　http://www.books-sosei.com　　振　替　00150-9-191261

定価はカバーに表示してあります。

©2023 Jaeho Moon　　　　　　　組版：スリーエス　印刷・製本：鳩
ISBN978-4-7944-2607-9　C3034
Printed in Japan　　　　　　　　落丁・乱丁本はお取り替えいたします。

経営・マーケティング

現代の経営組織論	文 載皓	編著	2,800 円
働く人の専門性と専門性意識 ―組織の専門性マネジメントの観点から―	山本 寛	著	3,500 円
地域を支え，地域を守る責任経営 ―CSR・SDGs時代の中小企業経営と事業承継―	矢口義教	編著	3,300 円
供給の科学 ―サプライチェーンの持続的成長を目指して―	北村義夫	著	3,500 円
コスト激増時代必須のマネジメント手法 「物流コストの算定・管理」のすべて	久保田精一 浜崎章洋 上村聖	著	2,500 円
部品共通化の新展開 ―構造と推移の自動車企業間比較分析―	宇山通	著	3,800 円
ビジネスヒストリーと市場戦略	澤田貴之	著	2,600 円
イチから学ぶ企業研究 ―大学生の企業分析入門―	小野正人	著	2,300 円
イチから学ぶビジネス ―高校生・大学生の経営学入門―	小野正人	著	1,700 円
ゼロからスタート ファイナンス入門	西垣鳴人	著	2,700 円
すらすら読めて奥までわかる コーポレート・ファイナンス	内田交謹	著	2,600 円
図解コーポレート・ファイナンス	森直哉	著	2,400 円
流通と小売経営	坪井晋也 河田賢一	編著	2,600 円
ビジネス入門 ―新社会人のための経営学―	那須一貴	著	2,200 円
eビジネス・DXの教科書 ―デジタル経営の今を学ぶ―	幡鎌博	著	2,400 円
日本の消費者政策 ―公正で健全な市場をめざして―	樋口一清 井内正敏	編著	2,500 円
観光による地域活性化 ―サスティナブルの観点から―	才原清一郎	著	2,300 円

(本体価格)

創成社